관제사 없는 공항이란 생각할 수 없다. 관제사의 조정이 있으므로 비행기는 공항에 안전하게 이륙하고 착륙할 수 있다.

그 실제적인 직함이 어떻든 교육 목사는 교회교육의 관제사다. 그는 담임목사의 교육적인 팔로서 교회교육을 기획하고, 조율하며, 교육 일꾼들을 세우고 지원하는 교육의 사령탑이다.

그러나 한국교회의 다음 세대가 몸과 마음으로 교회를 떠나게 된 가장 심각한 이유 중 하나는 교육을 관제하는 사람이 없다는 것이다. 대부분 교회에서 교회교육은 신학교에 다니는 교육 전도사의 손안에서 기획되고 실행되고 있다. 이 땅의 교회교육은 그야말로 제 소견에 옳은 대로 이루어지고 있는 교회교육 사사 시대를 벗어나지 못하고 있다. 교육 목사, 교육 디렉터, 교육사, 교육 전도사 등 그 이름은 다양하지만, 교회교육을 총체적으로 그리고 실제로 조율하고 관제하는 기능이 살아 작동하는 교회는 별로 없다는 것이 우리의 가슴 아픈 현실이다.

이 책은 교회교육 사역자를 교회교육 관제사로 무장하게 해 그 실제적인 기능을 하게 함으로써 한국교회의 내일을 준비하게 하시는 하나님의 선물이다. 이 책은 교육 목사란 누구이며, 어떤 기능을 해야 하는지 실제적인 가이드라인을 제공한다.

양승헌 목사_세대로교회 담임, 파이디온 디렉터스쿨 원장, 교육학박사

교육목사론

교육목사론

1쇄 인쇄 2017년 5월 22일
1쇄 발행 2017년 6월 1일

지은이 제리 스터블필드
옮긴이 김진선
펴낸이 고종율

펴낸곳 주) 도서출판 디모데 〈파이디온선교회 출판 사역 기관〉
등록 2005년 6월 16일 제 319 – 2005 – 24호
주소 서울특별시 서초구 서초대로 141–25(방배동, 세일빌딩)
전화 마케팅실 070) 4018–4141
팩스 마케팅실 031) 902–7795
홈페이지 www.timothybook.com

값 20,000원
ISBN 978–89–388–1613–9 03230

교육목사론

교회교육 디렉터로서의 소명과 역할

제리 스터블필드 지음 | 김진선 옮김

서문 _7

1부

교육 목사는 누구인가?

1. 다양하게 표현된 하나의 소명 _15
2. 교육 사역자의 기원 _31
3. 인격적 특성 _49
4. 전문가적 측면 _69
5. 교육 사역자로 사는 기쁨 _89

2부

교육 목사의 역할

6. 행정 관리자 _117
7. 기획자 _139
8. 구비시키고 온전하게 하는 자 _157
9. 위임자 _173
10. 평가자 _203
11. 성장 조력자 _229
12. 커뮤니케이터와 프로모터 _243
13. 교육자 _257
14. 동기 부여자 _273
15. 신학자 _291

3부

교육 목사가 다루어야 할 관계

16. 영적 관계 _311
17. 가족 관계 _325
18. 다른 교역자와의 관계 _335

4부

교육 목사로서 첫발을 내딛는 방법

19. 사역할 교회 물색하기 _345
20. 사역할 가능성이 있는 교회 방문 _355
21. 새 사역지에서 새 출발하기 _371
22. 지혜롭게 사역 마무리하기 _383

주 _397

1970년에 사우스캐롤라이나 그린빌의 제일침례교회 교육 사역자* 로 부임한 후, 나는 교육 사역자의 역할을 이해하는 데 도움이 될 만한 책과 기사, 소책자를 찾아보았다. 그리고 신학교를 졸업하고 나서 기독교 교육학으로 학사, 석사, 박사학위를 취득했다. 목회자들의 관계를 다룬 책은 많이 나와 있었지만 당시 내게 가장 중요한 질문이었던 '교육 사역자는 무슨 일을 하는가?'에 구체적으로 대답하는 책은 단 한 권도 찾을 수 없었다. 이때 가장 큰 도움을 주신 분은 나의 은사이자 멘토이고 교육 사역자이며 당시 신학교에 재직 중이던 어니스트 로스너(Ernest J. Loessner) 교수님이다. 그분의 강의안과 개인적으로 나눈 토론은 내게 큰 힘이 되었다.

1951년 핀들리 에지(Findley B. Edge)는 교육 사역자라는 직책과 관련해 이렇게 썼다. "소명으로서 이 분야를 다룬 자료들이 너무 빈약하므로 이 분야에 종사하는 사람들을 위한 가이드 역할을 해줄 책의 출판이 매우 절실하다."[1] 교육 사역자의 사역을 단편적으로 다룬 책

* 이 책에서는 교육 목사를 포함한 모든 교육 사역 담당자를 '교육 사역자'로 통칭한다.

자들은 몇 권 있다. 하지만 교육 사역자가 활용할 만한 종합 개론서는 내가 알기로는 단 한 권도 없다.

수년 동안 신학교에서 교육 사역자의 역할에 대해 강의하면서 교과서를 선정하는 데 늘 애를 먹었다. 이 책을 집필하게 된 동기는 여러 가지다. 먼저, 교회 교육 사역자에 대한 책이 필요하지만 턱없이 부족해서다. 교육 사역자의 소명을 가진 신학생들을 위해 대학교나 신학교에서 이 책을 교과서로 사용할 수 있다. 둘째, 교육 사역에 입문할지를 고민하는 사람들이 기독교 교육 사역자에게 필요한 자질과 능력이 자신에게 있는지 스스로 판단할 수단을 마련해주기 위해서다. 셋째, 기독교 교육 사역자들이 감당해야 할 역할과 사명을 명확히 이해하도록 돕기 위해서다. 넷째, 장담할 수는 없지만 목회자들과 교회 인사위원회에 도움이 되기 위해서다. 목회자가 이 책을 읽는다면, 교육 사역에 유익한 지식을 얻게 될 것이다. 목회자는 교회 사역과 목회에 교육 사역자가 어떤 역할을 하는지 알게 되어 그들을 올바로 감독할 수 있는 안목이 생길 것이다. 교회 인사위원회는 이 책을 활용해 교육 사역자의 직무 설명서를 작성할 수 있고 그들에 대한 기대 수준과 사역 기준을 정리할 수 있다.

교육 사역자는 어떤 사람인가? 해리 먼로(Harry Munro)는 이렇게 말했다.

> 종교교육 책임자는 전문적인 훈련을 받은 종교교육자로서, 교회에 고용되어 교회의 전체 프로그램 중 교육 분야를 전반적으로 책임지며 교회 직원 중 전문 인력으로서 목회자를 지원하고 돕는다.[2]

30년이 넘게 책을 저술한 하우스(W. L. Howse)는 이렇게 덧붙였다. "교육 사역자는 하나님의 부르심을 받고, 그에 준하는 적절한 훈련을 받았으며, 교회에 고용되어 자기 시간의 대부분 혹은 전부를 교회 교육 사역에 헌신하는 사람이다."[3] 마리아 해리스(Maria Harris)는 교육 사역자를 "교구 내의 종교교육 분야를 지도하고 조직하며 공고히 할 목적으로 급여를 주고 교구에서 고용한 사람"[4]이라고 밝혔다. 가톨릭교회에서 이런 사역자들은 새로운 공동 사역자이지만 정식 서품은 받지 않는다. 그녀는 이들을 신학, 교육, 행정에 전문 지식을 지닌 사람들이라고 보았다.[5] 도널드 에믈러(Donald Emler)는 그녀의 정의를 받아들여 "종교교육 책임자(DRE)는 정식 신부가 아닌 전문가로 지역 교회의 교육 사역을 감당할 책임을 맡은 사람이다. 종교교육 책임자는 가장 높은 수준의 전문 교육 자격증을 요구하는 교계의 기본 자격 요건을 충족시켜야 한다"[6]라고 말했다.

나는 교육 사역자를 이렇게 정의했다.

> 교육 사역자는 하나님의 부르심을 받은 사람으로 기독교 교육자로서 훈련받고, 교회 전체 프로그램의 교육 분야에서 리더십을 발휘하도록 요청받으며, 대부분의 시간을 교회의 교육 사역에 헌신하기로 결단하고, 교회 직원 중 전문 사역자로 목회자를 돕는 사람이다.

오랫동안 종교교육 책임자 혹은 기독교 교육 책임자는 'DRE'(Director of Religious Education) 혹은 'DCE'(Director of Christian Education)라는 이니셜로 통칭되었다. 종교교육 사역자 혹은 기독교 교육 사역자의 경우는 'MRE'(Minister of Religious Education) 혹은 'MCE'(Minister of

Christian Education)를 사용했다. 이 책의 1부에서는 시대적 배경에 맞춰 다양하게 이 호칭들을 사용할 것이다. 그 외에는 교육 사역자라는 의미로 'ME'(Minister of Education)를 사용할 것이다. 이 사역은 남성과 여성에게 열려 있으므로 이 책 전반에서 남성 대명사와 여성 대명사를 골고루 사용할 것이다.

이 책은 실제 경험을 바탕으로 집필했다. 여러 참고 구절과 문헌을 인용했지만 학술적 차원에서 글을 쓰려는 의도는 전혀 없었다. 나의 개인적인 통찰과 고민과 분투를 함께 나누고자 애썼다. 나는 이 책에서 교육 사역자의 실제 사역을 조명하는 데 집중했다.

이 책은 다음 네 가지 질문에 대답하는 네 가지 주요 분야를 중심으로 서술되었다.

- 교육 사역자는 어떤 사람인가?
- 그 혹은 그녀는 어떤 일을 하는가?(어떤 역량 기술이 필요한가?)
- 그 혹은 그녀의 중요한 관계는 무엇인가?
- 교육 사역자의 길로 입문하는 방법은 무엇인가?

독자는 이 책을 순차적으로 읽어도 되고 주요 단원이나 장별로 필요에 따라 참고해도 좋다. 각 장의 내용은 독립적으로 구성되어 있지만 필요하다면 다른 장들의 내용도 서로 연계해 참고할 수 있다.

나는 교육 사역자의 사역을 이해하기까지 많은 분의 도움을 받았다. 남침례교신학교의 종교교육 교수님인 어니스트 로스너, 핀들리 에지, 로버트 프록터(Robert A. Proctor), 세이빈 랑드리(Sabin P. Landry), 윌리엄 크로머 주니어(William R. Cromer Jr.), 앨런 그레이브스(Allen W.

Graves)에게 감사를 드린다. 그들은 교회가 교육 과정을 통해 최고의 잠재력을 발휘할 수 있는 법을 알려주어, 내가 교회가 가진 기독교 교육 사역의 가능성과 잠재력에 눈을 뜨도록 도와주었다. 또한 훌륭한 역할 모델이 돼주었을 뿐 아니라 여러 모로 부족한 나를 격려하고 벗이 돼주었다. 골든게이트 침례신학교의 동료인 로저 스켈턴(J. Roger Skelton)은 많은 통찰을 아낌없이 나눠주었고 교회와 교회 교육 사역에 대한 깊은 사랑을 일깨워주었다.

30년 넘게 나는 여러 교육 사역자와 교류하면서 많은 것을 배웠다. 그들의 전문성과 그리스도와 교회를 향한 위대한 사랑으로 말미암아 나는 풍요로움을 누렸다. 그들과의 우정으로 내 인생과 사역이 부유함을 입었다. 나는 교육 사역자로서 두 교회를 섬겼다. 사우스캐롤라이나 그린빌의 제일침례교회에서 5년간 사역했고, 캘리포니아 티부론의 티부론침례교회에서 3년간 파트타임 사역자로 섬겼다. 그린빌의 교회는 신입 사역자를 초빙해서 교육 역사와 전통이 풍부한 교회에서 섬길 기회를 주었다. 나는 이론이 실제로 실행 가능하다는 것을 이 교회에서 배웠다. 티부론의 교회는 이론을 실천할 수 있게 해줌으로써 신학교에서의 내 강의가 정직한 강의가 되도록 도와주었다. 이 두 교회 덕분에 나는 교회 교육 사역을 감당할 하나님의 사람들의 역량에 대해 확신할 수 있었다.

이 책이 완성되기까지 많은 분이 도와주었다. 내 아내 조앤(Joanne)은 이 책을 세련되게 다듬어주었다. 그녀는 이 책을 집필하는 작업뿐 아니라 모든 사역에서 나를 지지하며 격려를 아끼지 않았다. 그 밖에 여러 사람이 원고를 읽고 유익한 제안을 해주어 내용이 더욱 풍성해졌다. 완성된 원고를 읽어 준 어니스트 로스너, 로저 스켈턴,

마이클 호튼(Michael Harton), 맨실 에젤(Mancil Ezell)에게도 감사를 드린다. 다니엘 알레셔(Daniel Aleshire)는 15장 '신학자' 편에 도움을 주었고, 배리 스트라이커(Barry Stricker)는 원고를 읽고 여러 유익한 제안을 해주었다. 테리 스위프트(Terry Swift)는 17장을 읽어주었다. 13장 '교육자'에 대해서는 내가 가르친 학생들에게 특별한 감사의 인사를 전한다. 이 책에 실린 자료는 대부분 그들에게 가르친 내용을 토대로 하고 있다. 그들은 유익한 제안을 해주었고 아이디어들을 명료히 다듬고 보강해주었다. 내 비서인 바버라 그로스(Barbara Gross)는 원고의 내용을 타이핑해주고, 표들을 한눈에 보기 좋게 만들어주었다. 이렇게 여러 모로 도와준 분들에게 일일이 깊은 감사를 전한다. 만약 이 책에 부족한 부분이 있다면 전부 내 책임이다.

마지막으로, 이 원고를 완성하도록 한 학기 동안 시간을 주고 지속적으로 격려와 지원을 아끼지 않은 골든게이트 침례신학교 행정국에 감사드린다.

1부

교육 목사는 누구인가?

1부에서는 '교육 목사는 누구인가?'라는 질문의 대답을 찾는 데 주력한다. 교육 사역자가 교육 분야에서 유능한 사역자가 되기 위해서는 자기 정체성을 이해하고 받아들이는 것이 중요하다.

1장에서는 소명의 성경적 개념, 다양한 영적 은사, 신약성경에 소개된 다양한 사역 기능, 사역의 역할을 기술한다. 교육 사역자의 됨됨이와 사역 내용의 성경적 근거를 확인한다.

2장에서는 교육 사역자의 직책을 역사적으로 개괄한다. 교육 사역자에게 공통으로 요구되는 역할을 성경 시대부터 추적한 다음, 더욱 현대적인 사례들을 소개한다. 교육 사역은 20세기에 등장한 개념이다. 1990년대 초반에 성숙기로 접어든 교육 사역자의 역할을 집중하여 조명한다.

3장에서는 교육과 인격 면에서 지도자의 역할을 효과적으로 감당하기 위해 교육 사역자에게 필요한 자질을 소개한다. 그중에서도 교육 사역자에게 특히 필요한 인격적 자질을 살펴본다.

4장에서는 전문가로서 필요한 부분을 살펴본다. 교육과 전문가적 훈련, 교회 중심의 인물, 복음 전도에 대한 헌신, 안수 문제 이외에도 교육 사역자에게 꼭 필요한 역량 기술을 다룬다.

5장에서는 여러 교육 사역자가 교육 사역을 하면서 느낀 기쁨과 보람을 들려주는 것으로 마무리한다.

1

다양하게 표현된 하나의 소명

신약성경은 목사, 복음 전도자, 교사처럼 다양한 사역자의 존재를 확인해준다. 목회 사역은 신약 시대부터 존재해왔다. 초대교회 때는 교사들이 사역자 역할을 감당하면서 목사들과 함께 섬겼다. 그들은 사역자의 다양한 표현을 인정했다. 신약성경은 목사가 '가르치기를 잘해야' 한다고 강조한다(딤전 3:2). 모든 사역자는 가르치는 역할을 감당해야 했다. 이 장의 한 가지 목적은 교육 사역자의 위치에 대한 성경의 사례들을 설명하는 것이다.

신약성경의 교회는 교사이자 목사의 존재를 인정하는 데 아무 어려움이 없었지만, 21세기 교회는 때로 다른 시각을 드러낸다. 교인들이 사역자의 소명을 인식하는 태도에서 이 점이 드러난다. 회중교회 전통에서는 교회가 목사나 담임목사가 필요하면 목사 청빙위원회(강단위원회, Pulpit committee라고도 함)를 임명한다. 그들은 후보들의 이력서를 받고 검토한 후 성령님이 목사로 청빙하도록 인도하신다고 생각하는 인물을 추천한다. 그러면 교회는 이 사람에게 목사나 담임목사로 와달라고 '청빙'(call)을 한다.

교회가 교육 사역자(혹은 다른 사역자)를 구할 때는 인사위원회나 다른 교회위원회가 그 일을 맡는다. 이 위원회는 목사 청빙위원회와 동일한 절차에 따라 처리한다. 교회는 후보자를 '청빙'하지 않고, 종종 해당 사역자를 투표에 부쳐 고용한다.

이런 사례들은 교회와 교인들이 교회 내의 다양한 사역과 사역자들을 바라보는 태도가 동일하지 않다는 것을 보여준다. 또한 다음과 같은 질문들을 검토하고 대답하도록 유도한다.

- 성경에서는 목사의 소명에 대해 어떻게 가르치는가?
- 그리스도인의 소명에 위계가 존재하는가?
- 교회가 목사는 '청빙'하고 다른 사역자들은 '고용해야' 하는가?
- 목회 사역이란 무엇인가?
- 교육 사역은 유효한 사역인가?

이 장에서는 이런 질문이나 문제에 대한 답을 찾는 데 집중할 것이다.

실제 관심사

이런 질문과 문제들을 논의하기 전에 고려해야 할 실제 관심사가 있다. 그동안 내가 감당한 사역은 대부분 누군가를 지원하거나 보조하는 자리였다. 나는 대학과 신학교에서 가르쳤고, 종교학과와 종교교육학과에서 교수 생활을 하며 학장을 역임하기도 했다. 담임목사의 감독하에 교육 사역자로 섬기기도 했다. 대형 메트로폴리탄 연합(교회 연합)의 간사로서 직계 상급자인 선교 책임자와 함께 일하기도 했다. 교회를 비롯한 모든 기관에는 인정할 수 있는 확실한 지도자가 있어야 한다. 지역 교회에서는 목사나 담임목사가 그런 사람이다. 나는 교회의 최고 관리자가 목사라는 점을 인정한다. 목사는 동료 사역자 중 가장 중요한 사람이라는 인식이 있어야 한다. 웨스팅(Westing)은 "동등한 관계라도 맡은 기능은 다양하다. 조직의 책임자 혹은 리더의 역할이 동등성을 파괴하지는 않는다"[1]라고 지적한다. 회중과 교회 직원의 리더가 바로 여기에 해당한다. 권위와 최종 결정권은 교회에 있지만, 목사에게는 사역자들을 이끌고 감독할 권위가 있다. 이 문제는 소명의 위계라는 문제와 관련해 다룰 것이다.

소명의 의미

소명(calling)이라는 단어에는 여러 의미가 있다. 사전적으로는 크게 세 가지로 정의할 수 있다. 첫째, 소명은 '사업, 직업 혹은 거래'의 의미로 사용된다. 둘째, 소명은 '초청, 명령, 소환'의 의미로 사용된다. 셋째, 소명은 '특별한 직책이나 봉사의 자리로 부르는 영적 소환 혹은 신적 소환'[2]이다. 소명은 '천직, 경력, 일, 거래'와 동의어다. 이것은 '소명'이 단순히 개인의 직업이나 경력 이상의 의미가 있음을 시사한다. 나는 '소명'이라는 단어를 세 번째 사전적 의미로 사용했다. 소명이란 특별한 사역을 받아들이라는 하나님의 리더십에 한 개인이 보이는 반응이다. 대부분 교단은 전통적으로 소명의 개념을 세속적 일을 하는 그리스도인보다는 교회와 관련된 일을 하는 사람과 연관하여 이해했다. 이런 경향은 소명이 곧 기독교 전임 사역에 몸담는 것이라는 인식과 연결된다.

나는 이런 식의 개념 정의가 그리스도인을 성직자와 평신도로 가르기 때문에 자못 불편하다. 이런 이분법적 이해는 신약성경의 가르침이 아니다. 나는 조지아 남서부의 한 수박 농가 곳간에 쓰인 글귀에 담긴 생각을 좋아한다. "기독교 신앙은 우리의 사업이고, 농사는 단지 비용을 치르기 위한 수단이다." 그 농부의 말이 옳다. 그리스도인의 주된 과업은 기독교 신앙이라는 사업에 종사하는 것이므로, 어떤 일로 생계를 유지하는지는 상관없다. 하나님의 종이 되는 것이 모든 신자에게 가장 중요하다.

모든 그리스도인은 그리스도를 개인의 주와 구세주로 영접하라는 하나님의 소명에 일차적으로 응답한다. 이 소명에 응답함으로 우리는 하나님을 섬기거나 어떤 사역에 참여하기를 기대한다. 따라서 모든 그리스도인은 사역자이며 각자 감당할 사역이 있다. 클라우니(Clowney)는 "그리스도인이라면 누구나 하나님의 자녀이자 종으로서의 자기 소명이 있다"[3]라고 말한다. 우리는 사업가로서, 주부로서, 노동자로서, 점원이나 전문 직종 종사자로서 하나님을 섬길 수 있다. 그리스도 안에서 하나님의 은혜로운 소명에 응답한다는 것은 개인이 전 삶을 드려 하나님의 뜻에 복종한다는 의미다. 바네트(Barnette)는 "소명이란 그리스도에게 구속의 관계로 이끌림을 받고 하나님 나라에서 섬기도록 위임받는 경험의 상징이다…구속받은 사람들은 화해의 사역자로서, 하나님의 구원하시는 은혜를 증언하는 목격자로서 온 세상에 보내심을 받았다"[4]라고 말한다. 이것은 기독교 전담 사역자로 섬기는 이들뿐 아니라 예수를 주와 구세주로 영접한 모든 이에게 주시는 하나님의 소명이다.

신약성경에 나타난 소명

신약성경에서 '소명'(클레시스, *klēsis*)이라는 단어는 구원으로 이끄시는 하나님의 부르심을 가리키는 신학 용어다.[5] 소명은 개인적 사역으로 교회(그리스도의 몸)를 세움으로써 교회를 통해 세상 속에서 하나님을 섬기는 것이다.

> 사역자가 되라는 '일반 소명' 안에는 다양한 은사로 차별화되는 다양한 사역자가 되라는 특별한 소명이 포함된다. 그리스도인마다 하나님이 주신 은사가 있으며 공동의 선을 위해 교회를 세우도록 그 은사를 활용해야 한다(고전 12:4-6). 개인의 사역은 그의 은사에 따라 성격이 결정되며 교회생활과 사역은 그 은사를 통해 이루어진다.[6]

클라우니는 이렇게 덧붙인다. "한 개인의 사역 범위는 그 사람의 영적 은사가 얼마나 풍성한지로 결정되므로, 개인의 사역 분야는 그 사역 영역에서 성령이 주신 은사를 인식하고 있느냐에 달려 있다."[7] 그러므로 한 개인의 사역은 그의 영적 은사와 연관이 있다.

영적 은사

‘소명’의 개념은 영적 은사를 언급한 구절에 나타난 다양한 사역 기능을 설명해준다. 영적 은사의 기능을 검토하는 작업은 소명을 올바로 이해하는 데 꼭 필요하다. 에베소서 4장 11-13절에서는 이렇게 말한다.

“그가 어떤 사람은 사도로, 어떤 사람은 선지자로, 어떤 사람은 복음 전하는 자로, 어떤 사람은 목사와 교사로 삼으셨으니 이는 성도를 온전하게 하여 봉사의 일을 하게 하며 그리스도의 몸을 세우려 하심이라 우리가 다 하나님의 아들을 믿는 것과 아는 일에 하나가 되어 온전한 사람을 이루어 그리스도의 장성한 분량이 충만한 데까지 이르리니.”

이 구절에 소개된 다양한 기능을 다 설명하는 것은 이 책에서 다루려는 주제가 아니므로, 마지막에 언급된 목사와 교사의 기능에 집중하고자 한다.

한편에서는 목사와 교사라는 단어를 분리해 설명하지만, 주석가들은 이 구절을 목사나 교사로 읽어야 한다는 데 모두 동의한다. 이 두 단어는 상호 보완적이다. 문장 구조를 보면 동일한 사람이 두 가지 기능을 감당한다는 의미로 사용했음을 알 수 있다. 나머지 기능들에는 ‘어떤 사람’이라는 단어가 먼저 나온다. 바울이 두 가지 구별된 기능을 의도했다면 ‘어떤 사람’이라는 단어를 목사와 교사 앞에 각각 사용했을 것이다. 목사의 기능과 교사의 기능은 모두 교회를 교회답게 하는 데 필수적이었다.

브루스(Bruce)는 이렇게 썼다. "교회는 복음을 선포하고 사람들이 진리를 아는 지식에 이르도록 돕는 이들이 없다면 존속될 수 없다. 또 복음 전도를 받고 회심한 사람들을 진리로 가르치고 인도할 수 있는 이들도 마찬가지다."[8] 따라서 그는 목사들이 다양한 사역을 해야 함을 지적한다. "사역자는 기독교 신앙과 삶의 길을 교훈과 모범으로 다른 그리스도인들에게 보여줌으로 하나님의 양 떼를 돌보고 그들의 안녕을 보살피는 사람이다."[9] 카버(Carver)는 목사와 교사의 역할을 옹호하며 다음과 같은 근거를 내세운다. "어느 곳이든 복음이 선포될 때 새로운 교제와 조직과 제자훈련과 함께 공동체에서 그 기능이 제대로 발휘되기 위해서는 하나님의 인도하심과 지도하심이 필수다."[10] '목사와 교사'라는 표현에서 그가 양 떼에 리더십을 발휘하고 교리적 문제를 가르치는 사람이라는 것을 알 수 있다. 이것은 그 직책을 지닌 개인보다는 이 직책의 기능에 더 강조점이 있다. 어떤 주석가는 사도와 선지자가 일반적 의미의 리더를 가리키며, 복음이 각 공동체에서 어떻게 시작되었는지를 보여준다고 생각한다.[11]

목사와 교사는 매일 교회를 세우는 책임을 지도록 은사를 받는다. 폴크스(Foulkes)는 "물론 가르치는 은사가 탁월한 사람이 분명히 있고, 그들이 교회 내에서 특정한 사역 분야를 맡을 수도 있다. 하지만 모름지기 목사라면 누구나 '잘 가르칠' 수 있어야 한다(딤전 3:2, 딛 1:9)"[12]라고 말한다. 이런 면에서 가르침은 교회라는 상황에서 이루어지는 독특한 사역 활동이 확실하다. 많은 교회는 그들의 목회자를 '목사'(pastor)라고 부르고, 교육 사역자를 '교육 목사'(educational pastor)라고 부른다. 이것은 에베소서 4장 11절의 목사와 교사라는 개념과 일치한다.

영적 은사를 설명하는 또 다른 구절은 고린도전서 12장 28-30절이다. 바울은 교회의 다양한 직책 혹은 기능을 열거하는 것으로 시작해서 각 직책에 필요한 은사를 가진 자들에 대한 일련의 질문으로 마무리한다.

> "하나님이 교회 중에 몇을 세우셨으니 첫째는 사도요 둘째는 선지자요 셋째는 교사요 그다음은 능력을 행하는 자요 그다음은 병 고치는 은사와 서로 돕는 것과 다스리는 것과 각종 방언을 말하는 것이라 다 사도이겠느냐 다 선지자이겠느냐 다 교사이겠느냐 다 능력을 행하는 자이겠느냐 다 병 고치는 은사를 가진 자이겠느냐 다 방언을 말하는 자이겠느냐 다 통역하는 자이겠느냐."

이 목록에는 복음 전도자가 빠져 있고, 목사와 교사를 언급한 에베소서 4장 11절과 달리 교사를 별개의 기능으로 소개한다. 1세기 교회인 에베소와 고린도 교회에는 모두 교사의 직책이 분명하게 존재했다. 바울의 질문은 누구도 영적 은사를 다 가진 자가 없으며 또한 다양한 은사를 모두 가질 수도 없음을 시사한다. 각자 하나님이 주신 은사를 사용하여 교회를 세우고 강건하게 할 책임이 있다.

바렛(Barrett)은 고린도전서 12장 28절의 교사에 대해 논하면서 "아마 그들은 기독교 신앙의 의미와 도덕적 함의를 다른 사람들에게 가르치는 성숙한 그리스도인이었을 것이다"[13] 라고 결론을 내린다. 바클레이(Barclay)도 이와 유사한 결론을 내린다.

그들은 교사였다. 어떤 의미에서 그들은 교회에서 가장 중요한 일을 맡았다. 그들은 돌아다니는 순회 교사가 아니라 정착해서 한 회중에 대한 사역을 지속적으로 감당했다. 그들은 삼중 역할을 맡았다.
(1) 그들은 예수님의 생애에 관한 이야기를 알고 전달하는 일을 맡았다. 교회 내에서 예수님의 이야기를 전달받은 이들이 바로 그들이었다. (2) 따라서 이 교사들은 이방 세계에서 교회로 들어온 회심자들에게 기독교 신앙을 가르치고 알렸으며, 기독교 신앙의 위대한 교리를 가르치고 설명했다. 교리의 순수성을 지키는 일이 그들의 손에 달려 있었다. 기독교 신앙이 왜곡되지 않고 순수하게 우리에게 전해진 것은 바로 그들 덕분이다. (3) 그들은 또한 목사였다…그리고 그분의 양 떼를 돌보고 안전하게 지키는 것이 목사의 의무였다…하나님의 양 떼를 돌보는 목자는 하나님의 백성을 가슴에 품고 진리로 그들을 먹이며, 무리에서 이탈하는 이들을 찾아내고, 신앙을 해치거나 왜곡하고 파괴하려는 모든 것에서 양 떼를 지켜야 한다. 그리고 이것은 공식적인 직책이 아니다. 그리스도인이라면 모든 형제의 목자가 되어야 하며 이것은 모든 그리스도인이 담당한 의무다.[14]

영적 은사를 다룬 세 번째 성경 구절은 로마서 12장 6-8절이다.

"우리에게 주신 은혜대로 받은 은사가 각각 다르니 혹 예언이면 믿음의 분수대로, 혹 섬기는 일이면 섬기는 일로, 혹 가르치는 자면 가르치는 일로, 혹 위로하는 자면 위로하는 일로, 구제하는 자는 성실함으로, 다스리는 자는 부지런함으로, 긍휼을 베푸는 자는 즐거움으로 할 것이니라."

역시 여기서도 교사는 사역 팀의 일원으로 소개된다. 사도행전 13장 1절과 15장 35절 역시 선지자, 설교자와 나란히 교사를 소개한다. 하나님은 사도, 선지자, 복음 전하는 자, 목사와 같은 은사를 주시면서 교사의 은사를 주셨다. 그러므로 하나님이 주신 다양한 은사들은 각 은사를 주신 목적에 맞게 발휘해야 한다. 이렇게 할 때 온 교회가 유익하고 교회의 사역이 간소화된다.

목회 사역

에베소서 4장 12-13절에서는 하나님이 주신 다양한 은사의 목적을 다음과 같이 설명한다.

"이는 성도를 온전하게 하여 봉사의 일을 하게 하며 그리스도의 몸을 세우려 하심이라 우리가 다 하나님의 아들을 믿는 것과 아는 일에 하나가 되어 온전한 사람을 이루어 그리스도의 장성한 분량이 충만한 데까지 이르리니."

폴크스는 이 구절을 이렇게 요약한다. "각 지체가 교회의 주님이 주신 특별한 은사를 활용해 다른 지체들과 머리 되신 분을 영적으로 섬길 때, 교회는 성장하고 세워지며 각 지체도 세워진다."[15] 이런 은사를 받은 사람들은 하나님의 백성을 온전하게 하여 봉사의 일을 하도록 준비시킨다. 그 목적은 영혼들이 구원을 받고 교회의 일원이 되어 양육을 받으며, 성숙한 신앙을 갖춘 사람으로서 교회를 든든히 세우게 하는 데 있다.[16] 즉 교회의 지체들이 그리스도를 섬기는 일에 온전히 구비되도록 하는 것이 목사의 목표다. 바클레이는 이렇게 결론지었다. "교회 지체들이 충분히 가르침을 받고, 도움을 입으며, 인도하심과 돌봄을 받게 하고 어긋난 길로 갈 때 다시 회복시켜 마땅히 되어야 할 모습으로 변화되도록 돕는 것이 교회 직책을 맡은 자들의 역할이다."[17] '세운다' 혹은 '구비시킨다'는 개념은 반드시 이행해야 할 교육 사역이 있음을 암시한다. 목표는 사역의 모든 일을 혼자 다 하는 것이 아니라 다른 지체들이 이 섬김에 동참하도록 하는 것이다. 바클레이는 교회의 사역은 실제적 섬김과 함께 설교와 가르침으로 이루어진다고 주장한다. 이 세 가지 일, 즉 성도로 온전하게 하여 봉사의 일을 하게 하고, 교회를 세우며, 믿음으로 지체들이 하나 되게 하는 일은 사역자의 직접적이고 일상적인 목표다. 사역에는 교회 활동을 넘어선 더 중요하고 영원한 목적이 있다. 바울은 지체들이 하나 됨을 이루고 온전하게 되는 것이 최종 목표라고 천명했다. 바클레이는 교회 지체들이 흠잡을 데 없는 완벽한 그리스도인 남자 됨과 여자 됨을 본으로 보여주어야 한다고 주장한다. 최종 목표는 그리스도의 충만함으로만 측정할 수 있는 상태에 이른다는 가장 위대한 목표의 구현이다.[18]

윌리엄 헐(William Hull)은 온전히 구비하는 일의 중요성을 이렇게 언급한다.

에베소서 4장 12절에서 교회의 생명력에 필수적인 '온전히 구비함'의 신학적 개념에 대한 성경적 근거를 제공한다. 또 여러 특화된 사역의 주된 역할이 무엇인지 밝힌다. 그들은 모든 그리스도인이 완벽하게 '준비'되어 교회가 하나 됨과 능력으로 자랄 수 있도록 사역을 감당하게 한다.[19]

이런 목표를 이루기 위해서는 각 그리스도인이 철저하게 훈련되고 구비되어 성공적으로 사역 행위를 감당할 수 있어야 한다. 사역자는 온전히 구비시키는 자 혹은 온전하게 하는 자의 역할을 맡는다. 교회 일을 모두 떠맡는 것이 교육 사역자나 목사가 할 일이 아니다. 더 많은 사람이 교회 사역에 참여하도록 만들어 사역 범위를 확대하는 것이 그가 해야 할 구비시키는 일이다. 자기가 할 일을 잃을까 봐 두려워서 이런 접근 방식을 거부하는 사람도 있겠지만 교육 사역자는 구비시키는 자로 부르심을 받았다. 소명의 성격상 교육 사역자는 구비하는 사역을 벗어나서는 사역을 생각할 수 없다. 문제는 구체적인 사역의 의무를 감당할 사람이 자신밖에 없다고 사역자들이 생각할 때 발생한다. 헐은 "아무리 작은 일이라도 사역자가 교회 일을 혼자 다 떠맡으려고 한다면 그 노력은 실패하게 되어 있다"[20]라고 말한다. 사역자가 수많은 교회의 일을 도맡아 하려 한다면 정작 자신이 특별히 부르심을 받고 훈련해야 할 일에는 시간과 에너지를 쏟지 못하고 그 기회를 스스로 박탈하는 셈이 된다. 사역자가 유능한 구비자가 된다면 봉사의 일을 하도록 준비된 이들의 섬김으로 사역이 배가될 수 있다. 섬김을 위해 구비된 사람이 많아질수록 교회 지체들과 교회의 사역 역시 배가된다.

성경의 전례

교육 사역자의 위치와 역할에 대한 성경의 전례들이 있다. 초대교회는 가르침의 사역이 확립되어 있어서 새로운 회심자를 위한 교육의 필요성을 충족할 수 있었다. 유급 사역자가 이 일을 맡을지 성숙한 성도가 이 일을 맡을지의 여부 때문에 교회생활에서 그들이 맡은 필수 기능을 부정하지 않았다. 교사로 섬기도록 영적 은사를 받은 사람들은 어떤 제약도 없이 최대한 그 은사를 활용하도록 장려하는 분위기가 형성되어 있었다.

신약 시대의 교회는 가르치는 사역의 효용성과 필요성을 인정했다. 오늘날의 교육 사역자는 하나님과 교회가 그들에게 맡긴 이 사역의 성경의 모델을 자랑스럽게 소개할 수 있다. 교육 사역자라는 직분이 신약 시대에 있었음을 성경이 증명하지는 않지만, 교육 사역의 근거와 뿌리가 성경에 분명히 있다.

위인가? 섬김인가?

성경의 여러 은사가 중요한 순서대로 소개되었다는 입장을 지지하는 사람이라면, 소명 혹은 사역 기능에 위계가 있다는 개념이 옳다고 주장하는 셈이다. 성경의 증거는 모든 영적 은사에 공통된 한 가지 목적이 있다는 것을 가리킨다. 그것은 하나님의 백성이 사역의 일을 하도록 구비시키고 준비시킴으로 교회를 세우는 것이다. 성경의 모델은 소명의 위계가 아니라 섬김의 리더십이다. 교회가 하나님이 원래 의도하신 모습이 되기 위해서는 모든 은사가 필요하고 각 은사를 지닌 사람이 칭찬받아야 한다. 그런데 어떤 사람은 목사나 해외 선교사가 교회의 다른 사역자들보다 더 우월한 소명을 받았다고 믿는다.

은사에 위계가 있다는 이론은 주로 조직마다 핵심적 리더 혹은 지배적 리더가 있어야 한다는 행정 원리를 바탕으로 한다. 이런 시각은 맞다. 교회는 목사에게 최고 행정 책임자(CEO)의 역할을 맡긴다. 목사는 교회 각 직원의 일을 비롯해 교회의 전체 사역을 총괄할 책임이 있다. 교회의 목사로 부르심을 받은 사람은 자동으로 이 직책을 맡는다. 그러나 또한 실제적 리더십과 기능을 발휘함으로 스스로 최고 행정가가 될 자격을 입증해야 한다. 지위와 기능 면에서 이 위치를 모두 잘 감당할 수 있다면 더없이 이상적이다. 각각의 직원은 사역자로서 하나님과 교회를 섬기는 종이다. 목사는 교회 일에 우두머리 종이다. 목사에게는 종으로 섬기는 사역자들에게 방향을 제시하는 리드 서번트(lead servant)라는 인식이 있어야 한다.

에베소서 4장 11-13절에는 영적 은사의 구체적 목적 혹은 기능에 대한 설명이 나오지만 어떤 은사도 우위에 있지 않다. 고린도전서 12장 28-30절에는 한 개인이 영적 은사를 모두 갖는 경우가 있느냐는 질문이 나온다. 이것은 그런 경우는 없다는 반어적 질문이다. 로마서 12장 6-8절에서는 은사를 가진 사람이 교회를 세우고 하나님의 영광을 위해 은사를 활용할 것을 강조한다.

사역자는 누구나 동일한 소명을 받는다. 먼저 그리스도인이 되고 다음으로 성령의 인도하심을 받아 그리스도를 섬긴다. 신약성경은 하나님이 사람들을 부르셨고, 영적 은사를 줘서 교회에 필요한 여러 사역을 수행하게 하셨으며, 교회가 몸담은 세상에 복음을 증거하게 하셨다고 증언한다.

소명인가? 고용인가?

소명과 은사를 이해하는 문제는 목사를 소명, 즉 청빙의 대상으로, 교육 사역자나 음악 사역자, 청소년 사역자 혹은 다른 전문 사역자를 고용의 대상으로 생각하는 교회의 관행 때문에 복잡해진다. 일부 교회가 고용이란 표현을 사용하는 이유는 담임목사에게 다른 사역자들을 고용하거나 해고할 권한을 주기 때문이다. 내가 속한 교단에서는 회중 정치 제도를 채택한다. 회중 정치 제도에서는 이상적인 경우 목사나 위원회가 아니라 회중이 목사를 비롯한 모든 사역자를 청빙한다. 한 교회에서 목사를 '소명, 즉 청빙'하면서 다른 이는 '고용하려' 한다면 모순적으로 보인다. 하나님이 원하신다고 여기는 여러 사역에 필요한 리더십을 발휘할 사역자들이 필요하다면 교회는 각 사역자를 담임목사처럼 신중하게 선발해야 할 것이다.

2

교육 사역자의 기원

전문 교육 사역자는 20세기에 등장했다. 1903년 종교교육협회가 발족되고 하트포드 종교교육학교가 설립되면서 생기기 시작했다. 1906년에는 켄터키 루이스빌의 남침례신학교에서 주일학교 교육학 강좌가 개설되었다. 1907년에 이미 지역 교회에서 유급으로 주일학교 교장으로 섬기는 사람들이 있었다. 그들은 교육 사역자의 선구자다. 1915년에 텍사스 주 포트워스의 남서부침례신학교는 종교교육과를 개설했다.

교육 사역의 효시는 구약 시대 초창기로 거슬러 올라간다. 구약성경에서는 부모가 자녀에게 종교를 가르쳐야 한다고 권면했다. 신명기 6장 4-9절에는 이렇게 나와 있다.

> "이스라엘아 들으라 우리 하나님 여호와는 오직 유일한 여호와이시니 너는 마음을 다하고 뜻을 다하고 힘을 다하여 네 하나님 여호와를 사랑하라 오늘 내가 네게 명하는 이 말씀을 너는 마음에 새기고 네 자녀에게 부지런히 가르치며 집에 앉았을 때에든지 길을 갈

때에든지 누워 있을 때에든지 일어날 때에든지 이 말씀을 강론할 것이며 너는 또 그것을 네 손목에 매어 기호를 삼으며 네 미간에 붙여 표로 삼고 또 네 집 문설주와 바깥문에 기록할지니라."

부모는 하나님과 그분의 길을 가르치는 자녀의 스승이었다. 자녀에게 종교를 가르치는 능력을 기르도록 부모에게 종교교육을 해주는 사람도 있을 정도였다. 제사장이 맡은 역할 중 하나는 율법 교사가 되는 것이었다.

성경의 전례

구약 용어 '토라'(Torah) 역시 신적 가르침을 의미한다. 토라는 하나님의 신탁과 하나님의 요구 사항을 제사장들에게 가르친 것이다. 이런 가르침은 백성에게 전달되었다. 백성을 가르치는 주체는 제사장이었다. 어른 특히 아버지들은 하나님의 이런 교훈을 자녀를 비롯한 가족에게 전달했다. 구약 시대 초기에 제사장은 일상생활에 대해 조언하며 계시 전달자 이상의 역할을 했다. "제사장의 가르치는 역할을 제사보다 더 우선시했던 것으로 보인다."[1] 신명기 33장 10절에 두 기능이 열거되는데, 가르침이 먼저 나온다. "주의 법도를 야곱에게, 주의 율법을 이스라엘에게 가르치며 주 앞에 분향하고 온전한 번제를 주의 제단 위에 드리리로다." 제사장은 가르치는 교사로서, 정의의 집행자로서, 예배 인도자로서 다양한 역할을 감당했다.[2]

포로기 이후에는 또 다른 교사 집단이 등장했다. 바로 서기관이다. 이들은 전문 율법 해설가이자 율법 교사였다. 에스라는 율법을 해석하고 가르치는 서기관의 전형적 모범이었다. 또한 랍비라는 집단이 등장했다. 이들은 율법에 정통했고 율법을 가르치는 책임을 맡았다. '랍비'(rabbi)라는 명칭은 제사장과 서기관들과 대조적으로 일부 평신도에게 주어진 존경의 호칭이었다. 랍비는 평신도로 시작했다가 사역자가 된 20세기의 초창기 교육 사역자 모델과 유사하다. 일부 교육 사역자는 목사가 되는 대신 평신도로 남는 길을 선택했다.

전문 종교교육자의 필요성

1780년에 주일학교가 설립되고 그 후 120여 년간 발전을 거듭하면서 교육 사역자의 필요성이 대두되었다. 주일학교가 활성화됨과 동시에 그 당시 학교 제도에서 학생을 가르칠 교사를 양성하는 일반 학교가 등장했다. 1900년대가 되자 미국의 대부분 주에서 공립학교를 설립하여 운영하기 시작했다. 공립학교 교사를 위한 교사 교육이 대중화되기 전까지는 주일학교 교사가 공립학교 교사보다 더 우수하다는 인식이 강했다. 주일학교는 평신도 운동으로 출발해 지금까지 그 흐름을 유지하고 있다. 교사 경력을 준비하는 사람들이 늘어나면서 그들은 심리학, 방법론, 교수법 훈련을 받았다. 이런 현상 때문에 교회에서 가르치는 교사들도 이와 유사한 준비를 해야 한다는 여론이 형성되었다. 존 듀이(John Dewey)와 조지 앨버트 코(George Albert Coe)는 종교교육 발전에 중요한 영향을 끼쳤다. 퍼니시(Furnish)는 이렇게 말한다.

이 두 사람은 다른 전문가들과 합세해 문제를 해결할 과학적 방법이 있다는 개념을 교육에 도입했다. 여기에는 산업 분야의 과학 기술적 문제뿐만 아니라 학습, 인격 형성, 제도적 조직의 문제까지 포함된다.[3]

이런 과학적 발견 덕분에 〈통일 공과 시리즈〉(*Uniform Lesson Series*)에서 권장하는 기존의 전달식 교육 방법이 쓸모없다는 주장이 제기되었다. 퍼니시는 그 도전을 다음와 같이 설명한다.

교사는 미리 선택한 내용을 학생들의 머리에 집어넣으려 시도하는 대신 학생들이 관심을 갖는 주제들을 찾아내고 그 관심사와 연관된 활동에 학생들이 참여하도록 도와 그들이 그 경험을 성찰하도록 이끌어줄 과업을 받았다. 학생들은 교사의 안내를 받아 문제를 정확히 표현하고, 대안이 될 해결책을 제시하며, 여러 의견을 검증해 결론을 평가하고 도출해야 한다.[4]

공교육의 교사 훈련이 진일보할수록 주일학교의 처지가 불리해졌다.

공립학교는 종교, 윤리, 도덕 교육을 제공할 목적으로 설립되지 않았다. 그러므로 교회는 역점을 두고 시행하던 종교교육을 강화하고 더 발전시킬 수밖에 없었다. 수많은 평신도 지원자가 이미 주일학교와 청소년 프로그램과 같은 종교교육 활동을 주도하고 있었다. 이런 상황에서 교회는 이 지원자들이 이미 하던 일을 더 효과적으로 하도록 준비시키고 훈련해야 하는 큰 도전을 안게 되었다.

전문적인 교육 사역이 발전하기 위해서는 다른 문제들이 중요했다. 교회의 교육 사역이 단순히 주일 성경공부반을 운영하는 데 그치지 않고 더 체계적이고 포괄적으로 운영해야 한다는 인식이 확산되었다. 또 다른 문제는 교회가 상이한 회중 집단을 위해 점점 더 많은 교육 활동과 기회를 제공한다는 것이었다. 활동이 많아짐에 따라 풀타임 리더십으로 체계적이고 포괄적인 프로그램을 계획하고 감독하며 조절할 사람의 필요성도 절실해졌다. 또한 교회가 성장함에 따라 목회자의 책임이 가중된다는 점 역시 전문 교육 사역자의 등장에 영향을 끼쳤다. 목사들은 교회생활의 중요한 분야인 교육 프로그램을 운영하는 데 시간과 에너지를 쏟기가 쉽지 않음을 절감했다.[5]

특별 훈련을 받은 전문가가 교회에 투입되어 교회의 종교교육 프로그램을 전반적으로 책임져야 한다는 공감대가 조성되기까지 여러 요인이 영향을 끼쳤다. 먼저 주일학교가 성장하고 발달함에도 평신도 자원봉사자에게 의존하는 상황이 지속되었다. 또한 대학교와 일반 학교에서는 현대 심리학과 과학적 방법론을 활용하는 공교육 교사를 길러냈다. 이런 현실 속에서 교회들은 교회학교 역시 공립학교 못지않게 전문성을 갖춰야 할 필요성을 인식했다.

이제부터는 교육 사역자의 등장과 이 전문 사역의 성장을 이끈 교회 내의 발전 내용을 소개할 것이다.[6]

교육 사역자라는 전문 직종의 변천사[7]

전문가의 등장

교육 사역자가 등장해야 했던 배경을 두고 그동안 여러 해석이 제시되었다. 많은 목회자는 교회 성장을 위해 적극적으로 노력했고, 교회들은 한 사람의 목사가 충분히 감당할 수 있는 수준을 넘을 정도로 성장했다. 이런 상황에서 목사들과 교회들은 교회 교육을 활성화할 방법을 찾기 시작했다. 당시 신학교에서는 목회자들에게 종교교육 훈련을 하지 않았기 때문에 목사와 교회는 자체적으로 이 문제를 해결하고, 주일학교 책임자에게 의존할 때가 많았다. 목회자와 교회 지도자는 교회 교육 프로그램에 도움을 주기 위한 방편으로 행정 능력과 아웃리치 활동의 리더십을 갖춘 유급 주일학교 책임자를 고용하기 시작했다. 이들은 교육 심리학, 교육학, 커리큘럼 기획에 대해 정식 훈련을 받지 않았지만 주일학교 프로그램 운영에 관한 필요를 충족해주었다. 때로 전문적으로 훈련을 받은 공립학교 교사와 관리자를 고용하기도 했다. 이들은 목회자가 아닌 평신도로서 목사를 보조하는 역할을 했다. 여성들도 이 분야에서 활약했는데 주로 '교육비서'(Educational Secretary)라는 명칭으로 불렸다.

유급 주일학교 책임자가 기독교 교육 프로그램의 전반적인 필요를 총괄하지는 않았다. 그러나 주일학교를 운영하는 검증된 능력과 영적 성숙 그리고 주일학교가 교회의 복음 전도 수단이라는 확신으로 교회 성장에 도움을 주었다.

1907년에 이미 〈종교교육 저널〉(*Religious Education Journal*)에서 교회에서 유급 주일학교 책임자로 섬기는 사람들을 소개했다. 1908년에 윌리엄 부콕(William H. Boocock)은 뉴욕 버팔로의 제일장로교회에서 '종교교육 책임자'라는 직함을 달고 사역했다. 퍼니시는 1910년 이전에 종교교육으로 교회를 섬기기 시작한 사람 8명을 확인해준다. 그들 중 누구도 처음부터 종교교육 책임자라는 직함으로 불리지 않았다. 지역 교회에서 섬기는 도중에 자연스럽게 그 직함을 얻게 되었다. 그중 한 사람은 제자교회에서 섬긴 여성이었다. 이런 추세에 감리교, 침례교, 장로교, 회중교회도 동참하기 시작했다.[8]

■

미래는 우리의 것(1910–1930년)

1910년에 종교교육협회는 1차 종교교육 책임자 모임을 후원했다. 그들의 회의록을 보면 종교교육 책임자(DRE)로 섬기는 사람이 10명이었다고 기록되어 있다. 그들은 종교교육협회 모임의 일환으로 이 비밀회의를 개최했다. 그 모임에 참석한 이들이 구체적으로 누구인지 혹은 스스로 자신을 그 신종 사역자로 인식한 사람이 몇 명인지는 기록에 남아 있지 않다. 종교교육협회 지도자들이 그런 모임의 필요성을 인식하고 주도적으로 모임을 지지했다는 점이 의미가 있다.[9] 이 모임과 이후의 여러 모임을 거쳐 종교교육 책임자 및 사역자협회가 탄생했다.

1915년 회중교회, 침례교, 유니테리언교, 장로교, 독일 복음주의 교회, 감리교, 성공회, 제자교회를 비롯해 여러 교단에서 교육 책임자가 등장했다. 미국의 주요 복음주의 교단은 교회 교육 전문가의 필요성을 인식하고 이 사람들을 확보해서 자신들의 교회를 섬기게 했다.[10]

교육 전문가가 일반적으로 여성이었다고 믿는 사람도 있지만 기록에 따르면 이런 견해는 적절하지 않다. 퍼니시는 "1910년 종교교육협회의 창립 회원으로 등록되어 교회 프로그램에 교육 전문가로 관여한 여성은 한 명도 없었다"[11]라고 보고한다. 초창기에 이 협회 회원으로 확인된 여성은 거의 없었다. 이런 초창기 경향은 점차 달라져서 젊은 여성이 이 사역의 적임자라는 인식이 생기기 시작했다. 폴 비에스(Paul Vieth)는 1926년 즈음 이 사역을 하는 남성이 203명이고 여성이 192명으로, 남자와 여자의 비율이 거의 대등할 정도가 되었다고 말한다. 초기에는 남성이 주도했지만, 항상 그 문은 남성과 여성에게 모두 열려 있었다.

이 시기에는 교회 교육 책임자라는 개념의 정립과 표준화가 주요 현안이었다. 종교교육 책임자의 역할과 책무를 규정하려는 시도가 있었고, 종교교육 책임자와 교회 내 그룹들과의 관계 설정 문제도 중요한 주제로 부상했다. 종교교육 책임자로 섬기는 데 필요한 자격 조건을 두고 많은 토론이 벌어졌다.

1922년까지 종교교육협회가 종교교육 책임자의 양성을 독려하고 지원했다. 1922년 복음주의 교단의 주일학교 위원회와 국제 주일학교 연합이 합병되어 종교교육 국제위원회가 출범했다. 이 새 기관은 개신교 교단 기관들의 협력으로 인한 결과물이었으나, 종교교육협회는 개별 회원이 주축이었다. 종교교육 책임자와 사역자협회는 1928년까지 종교교육협회 소속으로 존속했다. 그 이후 교회 전문교육자협회라는 새 기관이 등장했다.[12]

빙햄(Bingham)과 로스너(Loessner)는 이 시기를 이렇게 설명한다.

이 소명은 출발이 미미했고 목사들과 교회 지도자들의 의식 속에 중요하다는 인식이 자리 잡기까지 시간도 많이 걸렸다. 초창기에 일부 대형 교회는 '유급 주일학교 책임자'을 고용했다. 그들의 가장 중요한 소임은 주일학교를 '운영'하는 것이었다. 초기 교육 지도자는 대부분 젊은 기업가로, 사람들을 조직화하고 주일학교 심방과 성장을 위한 프로그램을 개발하고 운영하는 능력이 탁월한 사람들이었다. 신학 교육이나 기본적인 신학 훈련이 되어 있지 않는 사람이 태반이었고, 대학을 졸업하지 않은 사람도 많았다. 그들은 교육자라기보다 기획자이자 조직자였다. 목사들은 주일학교 성장을 목적으로 그들을 '고용했다.' 따라서 그들의 주요 관심사는 가르치고 배우는 과정이 아니라 조직과 사람들을 끌어오는 데 있었다.[13]

이들은 교회의 복음 전도와 아웃리치 사역을 풍요롭게 해준 진정한 개척자였다. 그러나 기획자이자 조직자라는 그들의 역할 때문에 미래 교육 사역자의 등장이 늦춰졌을지도 모른다.

이 20년의 기간은 미국에서 번영과 위대한 낙관주의가 팽배하던 시절이었다. 한 직책의 성공과 인기를 오직 숫자로만 측정할 수 있다면 종교교육 책임자가 바로 그 주인공이다. 이들은 1910년에 불과 10명이었는데 1926년에는 800명까지 인원이 증가했다.[14]

■

환멸과 절망(1930–1945년)

이런 번영이 오래가지는 않았다. 1929년 경제 대공황으로 교회도 다른 기관들과 마찬가지로 재정적 어려움에 봉착했다. 대공황과 2차 세계대전의 심각한 여파가 교회에도 고스란히 전달되었다. 종교교육계도 마찬가지였다.

종교교육계의 쇠락이 모두 경제적이고 사회적 여건 탓이라고 한다면 순진하고 불공평한 판단일 것이다. 종교계에도 신정통주의가 등장했다. 종교교육으로는 세상의 모든 병폐를 해결할 수 없다는 회의론이 팽배했다(일부 사람의 믿음과는 달리).

또한 이 소명에 대한 이해의 부족도 종교교육계의 쇠락에 일조했다. 특히 목사의 사역과 종교교육자의 사역을 철저히 분리한 교회의 탓이 컸다. 또 다른 한편으로 많은 교회 지도자가 종교교육 사역에 대해 명확한 개념을 정립하지 않고 있었다. 그들은 종교교육 책임자가 교육 훈련이나 전문화와 무관한 일에 참여하기를 원했다. 또한 시기심과 다른 문제들이 발생해 교회 직원이 될 가능성이 있는 사람들이 갈등을 빚으면서 종교교육자들이 직면한 문제가 증폭되었다. 일부 종교교육자의 오만한 태도는 이 문제를 더 악화했다. 일부 교회는 종교교육자들을 교회 직원으로 너무 성급하게 수용한 탓에, 그들이 그 일을 하기에는 제대로 훈련받지 못했거나 준비되어 있지 않았음을 뒤늦게 확인했다.

퍼니시는 이 문제에 대해 더 중요한 통찰을 보여준다.

> 아이러니하게도, 최고의 훈련을 받은 사람들이 이 직책에 또 다른 문제를 일으켰다. 일종의 '전문가주의'다. 그들은 이론적이고 기술적 부분은 오랫동안 훈련을 받았지만, 타인과 어울리는 사회성이 부족하거나 이론을 뒷받침하는 데 필요한 실전 경험이 부족했다.[15]

전문가주의의 병폐에 대한 아주 훌륭한 예가 이 시기에 반데빌트대학의 하퍼(W. A. Harper) 교수가 쓴 『교육 사역자』(*The Minister of Education*)에 나온다. 이 책은 교육 사역자가 필요한 한 교회에 대한 허구의 이야기다. 이 교회의 목사는 해당 교회 기관들을 설득해 세 신학교로 교육 사역자 후보생들을 면접하러 간다. 두 신학교의 학생들은 교육 사역에 대한 인식이 없었다. 마침내 그 목사는 세 번째 신학교를 찾아간다. 그곳에서 박사학위를 마친 적당한 후보 학생을 만난다. 때가 되어 졸업한 그 학생이 사역자로 교회에 부임한다. 그는 늘 교회의 평신도 리더들과 모임을 열어 교육에 관한 다양한 주제를 두고 강의했다. 커리큘럼, 조직, 교수법에 대해 활발한 토론이 오고 갔다. 그의 제안과 강의는 참석자들의 열렬한 호응을 받았고 실천으로 옮겨졌다. (내 추측이지만 이 젊은 교육 사역자의 입을 빌려서 하퍼 교수가 강의 내용을 그대로 읊조리는 듯한 느낌이 들었다.) 그 젊은 사역자는 교회가 안고 있는 모든 문제에 대한 해답을 알고 있었다. 교인들과 담임목사와 교회학교 교장(공립학교 교장이기도 한)은 그의 제안을 아무 이견 없이 수용했다. 이 책은 지역 교회를 배경으로 교육 사역자의 역할에 관해 쓴 핸드북이라기보다는 마치 동화 속 이야기에 더 가깝게 들린다.[16]

종교교육 책임자에게 끔찍한 악몽과 같았던 이 시기는 수많은 어려움이 그 원인이지만 특히 1930년대의 경제 공황이 가장 큰 원인이었음은 두말할 필요가 없다. 많은 교회가 목사 외의 다른 사역자를 둘 경제적 여력이 없었다. 사람이든 기관이든 재정적으로 겨우 생존하는 시대였다. 교육 책임자들이 다 사라지지는 않았지만 많은 사람이 이 직종을 기피할 수밖에 없었던 시대인 것만은 분명하다. 이 시기에 이 직종에서 섬기는 사람은 남성보다 여성이 더 많았다. 종교교육자의 75퍼센트가 여성이었다.

교육 사역자는 교육 이외의 의무를 강요당하거나 감당하느라 늘 씨름했다. 심각한 경제난과 더불어 종교교육 책임자로서 여성의 증가가 이 문제를 더 악화시켰다. 많은 여성 사역자가 교육 사역에 필요한 비서 업무뿐 아니라 교회 전반의 비서 업무를 해야 했던 탓에 때로 '교육 비서'라 불리기도 했다. 교육과 음악 사역 혹은 교육과 청년 사역처럼 교육 외에 다른 사역들을 겸하는 경우가 비일비재했다. 일단 교육 의무 외에 다른 의무들을 떠맡게 되자 경제 위기가 끝난 후에도 그런 현실에서 벗어나기가 거의 불가능해졌다. 퍼니시는 이 시대를 아주 적절하게 요약한다. "남성들이 교육 사역 직책을 외면한 점, 교육 외에 다른 사역을 부담해야 하는 현실, 직업 기회의 부족 때문에 이 직종의 지위가 점차 약화되었다."[17]

빙햄과 로스너는 이 외에 다른 중요한 두 가지 문제를 지적한다. 첫째, 경제 공황으로 재정난에 봉착한 많은 교회가 교육 사역자를 해고할 수밖에 없었다. 둘째, "그들이 내세운 홍보 전략 때문에 교회 내부가 갈등과 오해에 휘말린 상황에서 경제 공황은 많은 교회가 그들을 해고하는 아주 좋은 구실로 작용했다."[18]

이런 많은 어려움에도, 이 시기에 그 직책의 이미지를 쇄신하는 계기가 된 중요한 변화가 일어났다. 다양한 호칭이 사용되었지만 가장 대중적으로 사용된 호칭은 종교교육 책임자(director)였다. 그런데 갑자기 '책임자'(director)와 '종교적'(religious)라는 두 단어의 사용이 문제가 되었다. 책임자라는 단어는 냉정함과 전문가주의를 떠올렸다. 또한 독선적이거나 지나치게 지시적이라는 인상을 풍겼다. 종교적이라는 단어는 구체적이지 않고 깊이가 부족한 단어라는 이유로 거부 대상이 되었다. 물론 이 문제가 다 정리되지는 않았지만, 종교교육 책임자(DRE)와 기독교 교육 책임자(DCE)라는 두 용어는 사라지지 않고 그대로 사용되었다.

회복과 성장(1945-1965년)

2차 세계대전이 종식되면서 새로운 희망에 대한 자각과 경제 성장으로 교회는 다시 양육에 관심을 갖게 되었다. 전쟁 직후에 교회 수가 눈에 띄게 늘어났다. 더불어 주일학교가 성장하면서 자원봉사로 섬기는 주일학교 책임자는 더 많은 교사를 훈련해야 한다는 큰 과제에 직면했다. 결국 많은 교회는 그들의 종교교육 프로그램을 전담할 전문 리더십을 구할 수밖에 없었다.

경제 공황으로 미루었던 교회 건축을 완성하게 되었다. 교회 건축 붐이 일어나 전문 종교교육자의 리더십이 필요해졌다. 교수법의 일대 혁신으로 공립학교 교육에 변화가 일어났다. 교회학교 교사들은 이런 최신 교수법을 훈련받아야 했다. 교회 내에서 종교교육자들의 필요성이 점점 더 부각되고 많은 교단에서 새 커리큘럼을 개발하기 시작했다. 새로운 기술과 접근 방식이 필요한 새 커리큘럼은 교육적으로는 적절했지만 활용하기가 쉽지 않았다. 이런 새 커리큘럼 자료를 기획하고 교재 사용을 홍보하며 이 교재들을 사용할 사람들을 훈련하기 위해서는 기독교 교육 책임자가 있어야 했다. 또한 종교교육자 가운데는 새 커리큘럼 자료를 기획한 적이 없는 사람이 많았지만, 그들은 교단에서 제공하는 교재를 무조건 사용해야 했다. 그들은 많은 시간을 투자해 주일학교 리더들과 다른 교회 기관의 리더들이 교단에서 제공한 교재를 활용하도록 훈련했다.

이전 시대에는 이 직책에 입문하는 사람이 적었지만 20년 동안 그 수가 크게 늘어났다. 종교교육자로 섬기는 사람들이 11,000명을 넘어섰지만 현장에서 요구하는 필요를 충족할 훈련된 사람은 매우 부족했다. 많은 교단이 종교교육계에 진출하기 원하는 사람들의 교육을 위한 기준을 마련하기 시작했다. 교단들은 종교교육 책임자의 지위를 전문적 수준으로 더 끌어올리고, 그들의 사역을 교단 차원에서 지원했다. 교단 차원의 자격 인증 필요성이 대두되자 이 직책에 입문한 사람들은 적절한 기초 훈련을 받아야 했고, 지속적인 교육 프로그램을 통해 전문가로 성장해야 했다.[19]

이제 종교교육자에 대한 인식이 달라졌다. 빙햄과 로스너는 이렇게 말한다.

> 2차 세계대전이 끝나고 나서야 교회들은 교육 직원들을 기획자, 조직자, 사업 관리자 이상의 존재로 바라보기 시작했다. '교육 목사'(minister of education)라는 용어가 교회에서 사용되기 시작했고, 교육 사역자가 중요한 직책이라는 개념이 교인들의 의식 속에 자리 잡았다.[20]

호칭의 문제가 이 시기에 정리된 것으로 보인다. 세 개의 호칭이 인준을 받았다. '기독교 교육 책임자'(director)는 신학적, 전문적 훈련을 받지 않은 사람으로, 이들은 대개 평신도였다. '기독교 교육 사역자'는 신학 훈련을 받은 이들을 가리켜 사용되었다. 일부 교단에서 이 호칭은 정식 목회자로 안수를 받고 전임으로 섬긴다는 의미였다.[21] '교육 보조자'(educational assistant)는 이 직책의 기준을 충족하지 못한 사람을 가리키는 호칭이었다. 장년 그룹을 대상으로 사역하거나 현장 경험이 부족한 이들에게 이 호칭을 사용하기도 했다. 내가 속한 교단에서는 호칭이 교육적 배경과 아무 상관이 없었다. 시도가 없지는 않았지만 교육 사역에 관한 기준을 설정하는 작업의 속도가 다른 복음주의 교단에 비해 매우 느렸다. 목사가 부여한 호칭을 그대로 사용하는 경우도 종종 있었다.

전문화와 발전(1965년–현재)

이 시기에 나는 교육 사역자라는 직책의 학생이자 참여자였고 관찰자였다. 누구도 1965년 이후로 이 직책에 생긴 변화를 평가하거나 서술하려고 시도하지 않았다. 나는 이 기간에 기독교 교육 사역에 종사했기에 완전히 객관적일 수는 없지만 그동안 관찰한 몇 가지 경향과 패턴은 설명할 수 있다.

1960년대 중반부터 후반에 이르는 동안 엄청난 교회 성장이 이루어져서 교회에 필요한 기독교 교육 리더의 수요가 급증해 신학교와 신학대학원에서 배출한 졸업생으로는 충족할 수 없을 정도였다. 교육 사역자가 크게 필요했을 뿐 아니라 유치부, 아동부, 청년부, 장년부 사역자처럼 교회들은 연령별 집단에 맞게 사역자들을 새로 선발했다. 1960년대 후반에 몇몇 주요 교단은 공동으로 새 커리큘럼 계획안을 마련했고 자체적으로 교재를 개발하는 교단도 있었다.[22] 내가 속한 교단에서는 커리큘럼의 대대적 변화를 시도해 집단별, 단계별로 새로운 교육 계획을 마련했다. 따라서 전문 기독교 교육자의 필요성이 더욱 커졌다.

1960년대 후반에 교세가 극적으로 감소했고, 1990년대까지 이 현상이 지속되면서 교회 성장이 전혀 이루어지지 않았다. 복음주의 주요 교단들은 대부분 30년 이상 지속적 쇠퇴를 경험했다. 어떤 면에서 1965년부터 1980년대에 이르는 기간은 실망과 쇠퇴의 시기로 대공황 이후와 비슷한 양상으로 전개되었다. 교역자들은 자리가 없어지거나 여러 역할을 동시에 감당해야 하는 처지로 내몰렸다. 많은 교회는 여러 교역자를 둘 형편이 아니었다. 하지만 이 기간에 대형교회로 성장한 교회가 많았다는 점 역시 흥미롭다. 어떤 부문은 교역자 수가 줄었지만 교육 사역자의 수는 오히려 증가했다.

1980년대에는 또한 전문 기독교 교육자 훈련 프로그램의 등록자 수가 증가했다. 연구 통로가 다양하게 확대되었다. 신학교 혹은 신학대학원 학생들은 기독교 교육학 학사, 종교교육학 학사, 기독교 교육학 석사, 기독교 교육 목회학 석사, 기독교 교육 전공 목회학 석사와 같은 학위를 이수할 수 있었다.

교회가 대형화되면서 기독교 교육을 더 전문화해야 할 필요성이 커졌다. 캘리포니아의 한 교회는 연령별로 각 그룹에 목회자 1명과 22명의 사역자를 배치하고 또한 미혼자나 노인과 같은 특수 집단의 필요성을 충족하기 위한 전담 목회자를 따로 두었다. 이런 방식은 다른 지역에서도 되풀이되고 있으므로 교육 사역자의 호칭을 고쳐 쓸 수밖에 없다. 많은 교역자가 프로그램 디렉터, 프로그램 총괄 조정자, 행정 담당 사역자, 프로그램 사역자, 프로그램 컨설턴트와 같은 기능을 담당한다. 그들은 교회의 교육 사역과 프로그램을 조정하고 지도하며 감독한다.

많은 교단이 교육 사역 관련 자격증의 인증 기준을 도입한 것은 교육 목사라는 직책에서 큰 진전이었다. 현재 일부 교단은 후보자들에게 기독교 교육 학위 프로그램을 이수할 것을 요구하거나 기독교 교육을 전공하고 신학 학위를 받도록 요구한다. 교육 사역자의 자격증 기준을 갖춘 교단은 다음과 같다. 미국연합 그리스도의 교회, 루터교–미주리연회, 하나님의 교회–인디애나 앤더슨, 감리교회, 로마 가톨릭교회[23] 현재 여러 교단이 교육 사역자의 자격증 인증 기준을 도입하거나 개정하려고 시도하고 있다.

전문 기관

교육 사역자가 증가함에 따라 전문 기관의 필요성 또한 대두되었다. 초교파적 차원에서 교육 사역자를 지원하고 전문적 도움을 제공하는 기관은 두 곳이다. 먼저, 연 2회 개최되는 종교교육협회에 소속된 일부 조직은 기독교 교육 수련생을 지원한다. 또 다른 기관은 기독교 교육 전문협회로 이전에 기독교 교육 책임자 전국협회로 불리던 곳이다.

많은 교단이 기독교 교육기관을 두고 있다. 전국 조직으로는 기독교 교육자 모임(연합 감리교회), 장로교 기독 교육자 연합(그리스도의 제자 교회), 남침례교 종교교육 연합, 교회 교육 사역자 연합회(미국 연합 그리스도의 교회), 기독교 교육 사역자협회(그리스도의 교회), 종교 책임자 모임(로마 가톨릭)이 있다. 이 외에 지역별, 주별, 지방별 기관이 있다.

현재 교육 사역자로서 교회를 섬기는 사람의 수가 얼마인지 밝히는 작업은 거의 불가능에 가깝다는 것이 입증되었다. 이 정보를 얻을 수 있는 곳은 전국 종교교육협회가 유일하다. 여러 교단에서 수집한 자료를 요약해서 소개하겠지만 완벽한 자료는 아니다.

1975년에 교육 사역자로 섬긴 사람은 5,128명이었다. 이 수는 7개 교단과 전국 기독교교육 책임자협회에 등록된 회원들을 토대로 작성한 것이다. 대표적 교단으로는 남침례교, 연합 감리교회, 미국 침례교, 그리스도의 제자교회, 유니테리언교, 장로교, 연합 그리스도 교회다. 새로 포함된 기관은 가톨릭교회가 있다.

1980년대 후반에는 대략 12,700명이 교육 사역자로 활동했다. 교육 사역자로 활동하는 많은 이가 교육 사역과는 무관한 직함인 부목사라는 직함을 갖고 있었다. 교육 사역자로 섬기는 사람 중 남침례교회나 로마 가톨릭 소속의 사람이 가장 많았다. 목사로 안수를 받은 사람이 어느 정도인지에 대한 정보는 입수할 수 없었다.

3

인격적 특성

교육 사역자의 궁극적 성공은 복음 메시지와 예수 그리스도의 인간성을 체화하려는 노력에 달려 있다고 해도 과언이 아니다. 루이스 맥콤(Louise McComb)은 "무엇보다 중요한 자격 요건은 생생한 신앙 경험이다. 진정으로 인품이 그리스도를 닮은 사람만이 다른 사람들의 신앙이 성장하도록 인도할 수 있다"[1]라고 주장한다. 해리스는 교육 사역자에게 필요한 인격적 특성을 "내면의 시간, 즉 물리적 시간이 아니라 우리가 사는 현재 삶의 질과 이 시대에 대한 강렬한 현실 인식으로 특징되는 시간"[2]이라고 주장한다. 교육 사역의 향상에 유익한 인격적 자질로는 성실성, 원만한 대인 관계, 신앙의 성장, 사람을 사랑함, 건강한 자아상, 가르치는 능력, 지성, 열정, 그리스도인의 모범, 목적의 일관성이다. 이 장에서는 교육 사역자들과 관련해 이 특성들을 분석할 것이다.

성실성

목사들이 교육 사역자에게 바라는 자질을 거론할 때 교육 능력을 염두에 둔다. 주일학교를 성장시키고, 리더들을 훈련하며, 교육 프로그램을 운영하는 데 뛰어난 사람을 원하는 것이다. 그들은 종종 '성실한 사람을 원한다'는 말을 덧붙인다. 인격적으로 성실하다는 것은 개인 생활과 직장 생활에 한결같이 정직하다는 의미가 담겨 있다. 이것은 빚을 잘 갚고, 거짓말을 하지 않으며, 말한 대로 실천하는 생활 모습을 포함한다.

성실성은 일관된 태도를 뜻한다. 자신이 원하는 목표를 정확히 알고 윤리적 수단으로 그 목표에 도달하려는 태도다. 계획이 어긋나는 것처럼 보일 때라도 쉽게 그 길을 포기하지 않는다. 계획이 어긋나는 것 같을 때 성실한 교육 사역자는 다른 사람의 말을 경청하며, 그들의 조언을 주의 깊게 받아들이고, 앞에 놓인 목표를 향해 계속 전진하려 시도할 것이다.

누구라도 실수를 인정하기란 참으로 쉽지 않다. 문제와 실수를 다른 사람의 탓으로 돌리고 싶은 유혹을 받는다. 리더라고 다 옳을 수는 없다. 성실하다는 것은 자신의 실수와 약점을 인정한다는 뜻이다.

성실성은 자신의 행동에 책임을 지는 태도다. 또한 자신의 직무 영역에 책임을 진다는 의미도 있다. 이전에 나를 돕던 비서는 자신의 직무로 발생하는 일이 모두 자기 책임이라고 생각했다. 이것은 지기에 참 버거운 짐이다. 그녀는 교육 비서였지만 교회가 내게 부과한 책무를 마치 자기 일인 것처럼 처리해주었다. 그러나 교육 사역자는 교회의 교육 사역과 관련해 문제가 발생하면 책임을 져야 한다. 해리 트루먼(Harry S. Truman)의 집무실 책상 위에 붙어 있었다는 유명한 글귀가 있다. "모든 책임은 내가 진다"(The buck stops here). 교육 사역자는 함께 일하는 사람들이나 주도하는 교육 프로그램에 책임지기를 두려워해서는 안 된다.

원만한 대인 관계

교육 사역자는 기독교 교육 전문가다운 역량과 더불어 대인 관계 기술이 좋아야 한다. 사역자라면 누구나 대인 관계가 좋아야 하지만 특히 교육 사역자에게는 이 자질이 중요하다. 원만한 대인 관계 기술이란 다음과 같다.

- **사람들의 필요에 민감하기** 교육 사역자는 성도들이 영향을 받기 쉬운 감정, 필요, 동기를 파악하고 인지한다. 사람들에게 순수하고 진지한 관심을 갖는다. 하나님의 형상으로 창조된 특별한 인격체가 아니라 하나의 대상에 불과한 것처럼 취급하거나 그런 태도로 사람들의 심리를 분석하지 않는다. 자원봉사자든 다른 직원들이든 교육 사역자가 감독하는 사람들에게 이런 민감성이 전달되어야 한다. 연구에 따르면, 최고의 리더십 방식은 그 개인의 성숙함과 실행해야 할 과업으로 결정된다고 한다.[3] 각 사람마다 개별적 인격체로 대해야 하고 획일적인 잣대를 들이대서는 안 된다. 모든 사역자가 다른 사람의 필요에 민감하다면 교회 직원들 사이에 생기는 수많은 문제를 예방할 수 있을 것이다.

- **다른 사람들과 어울릴 수 있는 능력** 우리는 사는 동안 사람들과 많은 관계를 맺게 된다. 다른 사람들과 유연하게 협력하고 원만한 관계를 형성하려는 태도는 성공의 중요한 요소다. 유능한 교육 사역자는 밀고 당기는 능력이 탁월한 외교관과 비슷하다. 사람들이 앞으로 나아가도록 다그칠 때와 독자적으로 혹은 자기 속도에 맞게 일하도록 허용할 때가 언제인지 안다. 잘못을 지적하고 나무랄 때와 그 방식을 아는 것도 중요하다. 그래야 단순한 징계로 끝나지 않고 회복의 발판이 될 수 있다. 때로 제삼자에게 현재의 방식이 옳은지를 확인받는 시간이 필요하다. 교육 프로그램을 두고 사역자 간에 갈등이나 어려움이 생길 수 있다. 일이 더 중요한지 사람이 더 중요한지를 선택해야 할지도 모른다. 성격 차이가 일에 심각한 영향을 미치지 않는 한, 프로그램보다는 사람이 더 중요한 것이 이상적이다.
- **동기 부여의 풍토 조성하기** 동기가 외부적인 것이 아니라 내부적 영향이라는 의미라면 개인이 다른 사람에게 동기를 부여한다는 말은 성립하지 않는다. 교육 사역자는 사람들이 안정감을 느끼도록 도와주고 기독교 사역자들과 리더들이 최고의 역량을 발휘할 수 있는 풍토를 조성한다.[4] 동기 부여의 긍정적 분위기를 조성하는 또 다른 방법으로는 사역자들이 적절한 교재와 보조 도구들을 갖추도록 지원하는 것이다.
- **훌륭한 대화 능력** 원만한 대인 관계 기술에서 글로든 말로든 제대로 소통할 수 있는 능력이 필수다. 메시지는 받아들이는 사람이 쉽게 이해할 수 있도록 명쾌해야 한다. 여러 가지로 해석할 수 있거나 오해의 소지가 있는 용어를 선택해서는 안 된다.

전문적 표현이나 용어는 가급적 삼가야 한다. 훈련이나 교육에서 의사소통은 매우 중요하다. 신임 사역자가 익숙하지 않은 일을 익히도록 훈련하거나 경험이 많은 사역자가 재교육을 받을 수 있도록 도울 때 교육 사역자의 의도가 충분히 전달되어야 한다. 교육 사역자는 언어적, 비언어적 의사소통으로 교회 리더들과 지체들을 존귀한 인격체로 존중하고 있음을 보여줄 수 있다.

- 지혜로운 위임자 개인이 모든 일을 다 할 수는 없다. 위임할 것이 무엇이며, 언제 위임할 것이고, 누구에게 위임할지를 아는 지혜는 유능한 사역자라면 항상 갈고닦아야 할 기술이다. 위임을 할 때의 중요한 원칙은, 역량을 갖춘 가장 낮은 직급의 사람에게 위임하는 것이다. 이 원칙대로라면 가장 사리에 맞거나 최적의 자격을 갖춘 사람에게 위임해야 한다. 위임할 사람을 찾아보라. 이 원칙을 적용하지 않으면, 가장 높은 직급의 사람이 위임을 받는다. 낮은 직급의 사람들에게는 리더십 능력을 훈련하거나 개발할 기회가 주어지지 않는다. 이때 교육 사역자는 자신이 하고 싶지 않은 일을 위임해서는 안 된다. 자신의 역량이나 능력이 부족하다고 생각하는 일을 위임해야 한다. 대체로 그 일을 잘 처리할 수 있는 사람이 꼭 있기 마련이다.[5] 교육 사역자의 시간을 상당 부분 앗아가는 반복적인 일 중에 대표적인 것은 자료를 정리하고 배포하는 일이다. 대부분 교육 사역자는 이런 일 때문에 다른 중요한 일을 할 수 없다고 생각한다. 나 역시 이런 일에 얼마나 많은 시간을 허비했는지 모른다. 주중에 이런 일을 할 시간이 없었기 때문에 토요일 오후 내내 이 일에 매달린 적도 많았다. 자료를 정리하고 배포하는 일은 교육 프로그램과 관

련이 있는 평신도에게 맡길 수 있다.

- 좋은 경청자 남의 말을 잘 경청하는 사람은 상대방에게 자신이 중요한 존재라는 느낌이 들게 한다. 사역자는 대부분 경청하는 기술을 훈련할 필요가 있다. 존 드레이크포드(John Drakeford)는 『경청의 놀라운 능력』(*The Awesome Power of the Listening Ear*)[6]이라는 책에서 상대방의 말을 경청할 때 우리가 사람들에게 미치는 영향력을 설명한다. 그는 경청의 기술을 향상시킬 다양한 방법을 소개한다. 하나는 '창의적 경청'으로 상대방이 하는 말을 듣고 이해한 내용을 반복하는 것이다. 때로 우리는 상대방의 말을 듣지 않고 자기가 하고 싶은 말에 골몰하는 실수를 한다. 경청은 말할 차례를 기다리는 시간이 아님을 기억하라. 훌륭한 대인 관계 기술은 좋은 경청자가 되는 데서 출발한다.

신앙의 성장

얼마 전에 『성장하는 사역자와 성장하는 교회』(*Growing Ministers Growing Churches*)[7]라는 제목의 책을 보았다. 제목을 보는 순간, 순서를 거꾸로 쓴 것이 아닌가 생각했다. 하지만 곰곰이 생각해보니, 틀린 순서가 아니라는 생각이 들었다. 사역자가 성장해야 교회도 성장한다. 사람들은 교육 사역자가 양적으로나 질적으로 교회 성장에 도움이 되기를 기대한다. 교육 사역자는 보통 새신자를 찾아 함께 성경 공부를 하고 그가 교회에 등록할 수 있도록 돕는 책임을 맡는다. 교회가 성장하도록 이끌고자 한다면 다른 사람들에게 요구하기 전에 먼저 그 일에 솔선수범해야 한다. 교육 사역자는 구원받지 못한 사람들, 교회 다니지 않는 사람들, 결석자, 교인에 대한 돌봄 등 모든 분야의 교회 아웃리치 사역에 관여한다. 또한 교회의 제자훈련 프로그램을 책임지고 단순히 새신자만이 아닌 모든 신자가 신앙으로 성숙하고 성장하도록 도와야 한다. 또한 교육 사역자는 예수 그리스도와의 관계에서 스스로 자라갈 뿐 아니라 남들도 같이 자라도록 돕는다. 스스로 그리스도의 제자가 되고 남들도 제자가 되도록 돕는 것을 우선순위로 삼아야 한다.

교회에서 교사나 리더 자신은 하지 않으면서 남들에게 그 일을 하라고 가르치거나 인도하기란 사실상 거의 불가능하다. 성장은 기독교 리더에게 선택의 문제가 아니다. 기독교 신앙의 성숙이 무엇인지 본으로 보여주는 일은 교회 생활과 사역의 중요한 부분이다. 예수님은 누가복음 2장 52절 말씀대로 본을 보여주셨다. "예수는 지혜와 키가 자라가며 하나님과 사람에게 더욱 사랑스러워 가시더라." 그리스도인은 언제나 예수 그리스도를 닮아가는 사람이다. 그리스도인은 삶이 정적이지 않고 언제나 동적이며, 그리스도의 형상으로 변화되고 자라간다.

신앙 성장은 저절로 이루어지지 않는다. 계획이 필요하다. 교육 사역자는 성경 공부와 기도에 시간을 투자하고 삶에 필요한 변화와 훈계를 기꺼이 받아들임으로 영적으로 자라간다. 그러면 대인 관계 기술이나 사람들과의 관계가 성장한다. 동료 사역자들과의 관계보다 신앙 성장의 여부가 극명하게 드러나는 것은 없다. 웨스팅은 팀에서 생길 수 있는 문제를 여덟 가지로 정리했다.[8] 이런 문제들의 위험을 예방하고 극복하면 사역자 팀이 한마음으로 협력하는 능력이 향상된다. 사역자 간의 알력과 갈등은 사역자에 대한 교인들의 믿음을 저버리는 최악의 적이다. 그리스도가 원하시는 인품과 태도에 적합하도록 자라가는 일은 모든 사람에게 필요하다.

사람을 사랑함

교육 사역자의 가장 중요한 도구는 사람이다. 해리스는 "종교교육 책임자는 사람들을 매우 직접적이고 인격적으로 돕는 데 전적으로 매진해야 한다"[9]라고 이야기한다. 사람에 대한 순수한 사랑이 교육 사역의 특징이다. 사람을 사랑하는 마음이 있으면 사람들과 협력하고 동역하는 능력도 함께 생긴다. 다양한 기독교 교육기관의 사역자나 참여자 혹은 잠재적 일원을 진심으로 사랑할 줄 아는 사람이 돼야 한다. 어니스트 로스너 교수님의 강의를 듣거나 그분과 개인적으로 대화를 하면서 나는 한 가지를 유심히 살펴보게 되었다. 그분이 사람들을 대하는 태도에서 드러나는 깊은 사랑과 존중이었다. 그분이 사람들을 사랑한다고 입으로 소리 내어 말한 적은 없다. 그저 말과 사람들과의 관계에서 그런 태도가 저절로 드러난다. 그분의 솔선수범 덕분에 나는 사랑으로 사람들을 대하고자 최선을 다하게 되었다. 사람을 진심으로 사랑하는 마음이 없으면 화려한 언변과 설득으로 개인의 목적이나 프로그램의 목표를 달성하고자 다른 사람을 이용하는 잘못을 저지를 수 있다.

교육 사역자에게 사랑이란 각 직분자의 개성과 필요와 관심사를 골고루 살피고 각자의 특별한 필요를 염두에 두면서 공평하게 각 사람을 대하고, 언제라도 경청하려는 태도로 나아가며, 그들의 필요를 채우고자 진지한 관심을 기울이는 것이다. 사랑은 수고에 대한 감사를 개인적이고 공개적으로 표현함으로써 드러난다. 한 교육 사역자가 새로운 사역지로 가게 되어 교회를 떠난다고 하자 성도 두 명이 서운해했다. 두 사람은 "이제 누가 '고맙습니다'라고 말해줄까요?"라고 되물었다. 그 사역자는 잘한 일이 있으면 그것을 인정해주고 언제나 인격적으로 그들을 대해주었다. 그들은 그런 사역자에게 아낌없이 감사의 마음을 전했다.

일을 하는 사람들은 사랑받는다는 느낌이 들지 않아도 필요한 일과 과업으로 내몰릴 수 있다. 하지만 일이 제대로 되지 않거나 어려움이 생기면 포기하기 쉽다. 교육 사역자가 사람을 사랑하는 사람인지 확인할 수 있는 좋은 방법은 그와 일하는 사람들의 이직율을 살펴보는 것이다. 사랑받고 있다는 확신이 들 때 사람들은 자발적이고 열정적으로 일한다. 또한 교회를 통해 그리스도의 사역을 감당하고자 최선을 다한다. 사랑받는다는 확신이 있는 사람은 다른 사람들을 사랑할 수 있다. 또한 창의력을 자유롭게 구사하며 잠재력을 마음껏 발휘할 수 있다.

건강한 자아상

교회의 사역자 가운데 특히 교육 사역자는 자아상이 건강해야 한다. 교육 사역자는 주로 뒤에서 전체 교회 프로그램을 지원하는 역할을 하지만 이들이 성취감을 누리도록 도와줄 자원은 많다.

• 소명 의식 이 사역은 '목사로서 더 중요한 위치'로 가기 위한 디딤돌이 아니라 영구적 소명이다. 교육 사역자는 가르치는 사역으로 부름 받았다는 명확한 소명 의식이 필요하다. 하나님의 소명을 확신하면 자존감이 향상된다.

• 하나님이 원하시는 사역을 한다는 확신 하나님이 원하시는 곳에서 원하시는 사역을 한다는 확신이 있으면 교육 사역자의 자긍심이 고취된다. 하나님의 뜻에 순종한다는 확신이 들면 일상적인 일이라도 열정적으로 임할 수 있다. 이런 확신이 없으면 사역이 따분하고 무미건조하게 느껴진다. 교육 사역자는 최선을 다해 사역을 감당하고 최대한의 역량을 발휘해야 한다. 이들이 솔선수범하면 동역하는 사람들 역시 열정을 바쳐 최선을 다하고 싶은 도전을 받는다.

• 담임목사와 다른 동역자들의 인정과 격려 교육 사역자의 일은 교회 전체적으로는 그렇게 두드러지게 드러나지 않는다. 때로 교회에서 누구도 자신처럼 열심히 일하지 않는다는 생각이 들 때, 수고를 해도 알아주는 사람이 없다는 자괴감에 시달릴 수 있다. 그래서 담임목사, 다른 교역자와 교인들의 공개적인 격려가 필요하다. 제대로 일만 진행된다면 그 공을 인정받는 문제는 부차적 문제라는 말이 틀리지는 않다. 하지만 제대로 일을 하고 목표를 성취하면 인정을 받아야 한다. 사람은 누구나 인정이 필요하다. 다른 사역자들은 비교적 인정받기가 쉽다. 목사들은 설교로 인정을 받는다. 음악 사역자는 솔로, 특별 찬양, 음악 연주회 등으로 교인들의 박수갈채를 받는다. 청소년 사역자는 청소년들과 학부모들에게 칭찬을 듣는다. 교육 사역자는 사역을 잘

감당해도 지속적이고 꾸준하게 칭찬하고 격려해줄 고정 집단이 없다. 뒤에서 돕는 사역자로서 교회의 전반적인 일을 지원하는 역할을 할 뿐이다. 그러므로 교육 사역자들은 다른 사역자들에게 인정과 격려를 받아야 한다. 그래야 교회 전체가 효과적으로 기능할 수 있다. 교회 사역은 팀의 노력이 필요하며 교회 프로그램의 성공은 모든 사역자의 협력이 있어야 가능하다.[10]

- **역량, 과업을 감당할 능력** 유능해야 사역자로서 자아상이 견고해진다. 은사나 능력은 사람마다 차이가 있더라도, 이 사역은 모든 면에서 확신이 필요하다. 다양한 역할을 효과적이고 효율적으로 처리하는 교육 사역자는 하나님이 주신 은사와 능력으로 능숙하게 일할 때 만족감을 얻는다. 또한 이들은 교육 사역의 발전과 사람들이 예수 그리스도와의 관계에서 성장하는 모습을 보아야 한다. 즉 자신이 제대로 사역을 감당하고 있는지 알아야 하며, 담임목사나 다른 사역자나 교인들, 특히 가까이서 동역하는 핵심 리더들의 인정과 격려가 큰 의미가 있다.
- **정기적 업무 실적 평가와 자기 평가** 담임목사와 교회 인사위원회의 정기적인 업무 평가가 긍정적일 경우에는 자아상에 도움이 된다. 자기 평가 역시 자아상을 확인하는 데 기여한다. 대부분 사람은 자신이 언제 일을 잘하고 있는지 알고 있다. 이런 평가 절차는 교육 사역자가 자신의 재능과 능력을 현실적으로 파악하고 자신의 장단점을 명확히 평가하는 데 도움이 된다.
- **그리스도인과 교육 사역자로서 성장** 교육자로서 성장하고 발전하고 싶다는 욕망은 신앙의 성장이 뒷받침되어야 한다. 교육 사역자로서 발전하고 직무를 확장하며 개선하고자 끊임없이 노력하

는 일은 중요하다. 모든 그리스도인이 그렇지만 특히 교육 사역자는 디모데후서 2장 15절을 좌우명으로 삼아야 한다. "너는 진리의 말씀을 옳게 분별하며 부끄러울 것이 없는 일꾼으로 인정된 자로 자신을 하나님 앞에 드리기를 힘쓰라."

- 동료 집단 교육 사역자의 자아상은 동료 집단과 교류할 때 크게 강화될 수 있다. 나는 교단의 교육 사역자 모임과 초교파 모임에 두루 참석해왔다. 같은 교단 소속 교육 사역자들과의 교제는 유사한 어려움을 겪는 동료들과 동지애를 확인하는 데 도움이 된다. 초교파 모임은 교육의 지평이 확장되고 교육 사역을 바라보는 시각의 다양함을 알게 되는 장점이 있다. 같은 교단 내의 동료 집단이든 초교파 차원의 동역자든, 동료 전문가들의 인정은 안정적이고 건강한 자아상을 형성하는 데 긍정적 영향을 미친다. 같은 분야에서 일하는 동료들과의 만남이 알찬 경험이 되기 위해서는 그 모임에 적극적으로 참여하는 헌신적 태도가 필요하다.

가르치는 능력

교육 사역자는 최고의 선생이 되어야 한다. 예수님은 최고의 선생님이셨다. 가르친 대로 실천하셨고, 가르침을 받는 사람들의 처지에서 다양한 교수법을 효과적으로 활용하셨다.[11] 교육 사역자는 예수님처럼 탁월한 교사의 인생과 교수법을 공부함으로써 훌륭한 선생이 될 수 있다. 또한 그 목표를 실현할 수 있는 기술을 개발하고자 노력해야 한다. 교육 사역자는 교사 중의 교사로 교회에서 최고의 선생이 되어야 한다. 사람들은 듣는 것보다 직접 볼 때 더 잘 배운다. 빙햄과 로스너는 "사람들에게 가르치는 기술을 전달하고 싶다면, 말보다는 행동으로 보여주는 것이 더 효과적이다. 교사는 좋은 가르침을 실제로 보아야 한다. 교사 중의 교사인 당신이 그들을 가르치는 모습을 직접 보아야 한다"[12]라고 강조한다.

교육 사역자는 가르치는 예술의 명인이다. 내용으로나 가르치는 방법으로나 좋은 교수법을 몸소 보여준다. 이것은 좋은 교육의 요소들을 제대로 이해하고 실천할 때 가능하다. 교육 사역자는 좋은 교수법의 모델로 사람들이 좋은 교사가 되도록 도울 기술과 능력이 있다. 또 교사들을 훈련하는 사람으로 그들이 주일학교의 목적과 다양한 교수법, 각 연령 집단과 관련된 발달 문제, 교회 교육 프로그램의 운영 방식을 배우도록 돕는다.

가르칠 수 있다는 것은 가르칠 준비가 되어 있다는 뜻이다. 교육 사역자는 단순히 한 반이나 한 그룹이 아니라 교회 전체를 대상으로 하기 때문에 특정한 반을 맡아 가르치는 것은 좋은 생각이 아니다. 그러나 교사가 결석할 경우, 어떤 연령 집단이든 기꺼이 대신 가르칠 수 있어야 한다.

빙햄과 로스너는 교육 사역자를 코치에 비교하면서 네 가지 핵심 요소를 소개한다.

1. 교사와 학생이 진지하고 체계적으로 공부하도록 도우라. 어떤 수업이든 철저한 준비가 얼마나 중요한지를 강조하라.
2. 교사와 학생이 학습 보조 수단을 활용하도록 권장하라. 타고난

실력으로 충분하다고 여기는 사람은 스스로 속는 것이다.

3. 리더들과 정기적인 평가를 실시하라(경기 내용을 담은 영상). 다음 주에 가르칠 내용에 대한 전략을 서로 이야기하라(경기 계획). 다음 학습 과제라는 '현장'에서 리더들에게 필요한 '스카우팅'(scouting)을 진행하라.
4. 나머지 '코치들'에게 경기의 승리가 중요하다는 확신을 주라. 잃어버린 세상에 예수 그리스도의 실재를 가르칠 때 경기 방법은 승리나 패배처럼 결정적으로 중요한 부분이 아니다. 많은 교사는 그들이 수고한 결과가 얼마나 중요한지를 확신하지 못하기 때문에 비효율적이다.[13]

빙햄과 로스너는 다음 글에서 교육 사역자의 가르치는 역할을 잘 드러냈다.

> 가르치는 데 무관심하다거나, 교회의 가르치는 사역에 적극적이지 않다거나, 일을 자기 홍보 수단으로 생각한다거나 하는 비판은 우리의 소명에 대한 본질적인 비판이 아니다. 실제 현장과 멀리 떨어진 채 방관자의 자세를 유지한다는 비판이 가장 본질적인 비판일 것이다. 코치가 기자석에 앉아서 최선의 지도를 할 수 없듯이, 교육 사역자는 가르치는 현장에 있을 때 가장 효과적으로 사역할 수 있다.[14]

지성

교육 사역자는 전문 교육 기술과 지식을 활용할 뿐 아니라 하나님이 주신 지성을 최대한 활용해 창의적으로 사고해야 한다. 교육 사역에는 분석 능력이 필요하므로 사역자는 지적 능력을 찾추어야 한다는 도전을 받는다. 사람이나 프로그램에 관한 필요나 방법론에 관한 필요가 있다면 그것을 진단하고 그 필요를 충족할 계획을 세워야 한다. 교육 사역자는 학생이 되어야 한다. 즉 하나님의 말씀과 성경을 배우고, 사람들과 그 사람들을 움직이는 동력이 무엇인지 배우는 학생이어야 한다. 가르치는 기술과 방식을 연마하며, 가르치고 배우는 과정에 영향을 미치는 인간 발달 과정을 배우는 학생이어야 한다. 그뿐 아니라 효과적인 경영을 배우고, 경건한 삶을 통해 배우며, 예수 그리스도를 통해 하나님과 인격적 관계를 누리는 법을 배워야 한다.

교육 사역자는 자기 자신을 걸어 다니는 백과사전이 아니라 교회의 교육 사역에 대한 책임자라고 여겨야 한다. 사람들은 교육 사역자가 교회의 커리큘럼을 잘 알고 있으리라 기대한다. 또한 교육 사역자는 연구가 필요한 영역이나 사람들의 발달 필요 그리고 잘 가르칠 수 있는 방법에 대한 자료를 제안해야 한다. 이 분야의 성공은 활용 가능한 핵심적인 관련 자료를 알고 그 자료들을 구하는 능력에 좌우된다.

가르치거나 강의를 할 때 성경에서 가르치는 바를 이해하도록 철저히 준비하는 일이 중요하다. 그래야만 하나님의 진리를 정확하게 전달할 수 있고, 청중이 그 진리를 삶에 올바로 적용할 수 있다. 교육자들은 창의력을 발휘해 그 진리를 매력적이고 받아들이기 쉬운 것으로 제시해야 한다. 그들의 지성을 활용하는 것이다.

마지막으로 교육 사역자는 하나님이 자신에게 맡겨주신 일에서 최고가 되어야 한다. 다양한 주제에 대해 많은 책을 읽고 정통해야 하며 교수 · 학습 과정과 그 역학을 전문적으로 배우기 위해 노력해야 한다. 배움은 배움을 위한 것이 아니라 최고의 사역자가 되기 위해 필요한 것임을 기억하라.

열정

열정(enthusiasm)이란 단어는 '하나님이 숨을 불어넣으시다'는 뜻이다. 교육 사역자의 뜨거운 열정은 하나님의 성령이 그들 안에 내주하심으로 생긴다. 그들이 하는 일은 하나님의 일이며, 예수 그리스도의 복음을 진하는 깃으로 인식하고 존중해야 한다. 교육 사역자는 개인의 성격과 기질이 어떠하든 열정을 다해 사역해야 한다. 하나님의 일에 참여하고, 변화시키는 능력으로 사역하며, 선한 방향으로 하나님을 향하도록 사람들의 인생을 근본적으로 변화시키는 것이 중요하다. 자신이 하는 사역 덕분에 성도들이 그리스도를 위해 사는 사람들로 변화될 수 있다는 확신만 있다면 내성적인 사람이라도 이런 열정을 보여줄 수 있다.

뜨거운 열정은 교육 사역에 동참하는 사람들의 마음을 사로잡고 의욕을 불러일으키는 힘이 있다. 교육 사역자가 열정적이면 동역자 역시 지금 하는 일이 중요하고 최선의 노력을 할 가치가 있다고 생각한다. 이런 역할은 치어리더보다는 군악대의 지휘자나 밴드의 리더에 가깝다. 그들은 사람들이 그리스도와 이웃과 교회를 섬기는 일에 최선을 다하도록 격려하고 힘을 준다.

그리스도인의 모범

교인들은 교육 사역자가 어떻게 살아가는지 주시한다. 빙햄과 로스너는 교육 사역자의 삶의 이런 측면을 다음과 같이 서술했다.

> 교육 사역자는 또한 그리스도인이 어떤 존재인지를 보여주어야 한다. 기독교 교육에서 훌륭한 리더십을 발휘할 기회는 교회를 구성하는 사람들과 매일 부대끼는 일상에서 찾아온다. 스스로 의식하든 의식하지 못하든, 사람들은 사역자의 생활 모습과 태도, 습관, 리더십 방식, 언어 사용을 주시하며 많은 부분에서 그가 하는 말보다는 그의 내면에서 드러나는 모습을 본받으며 살아간다.[15]

목적의 일관성

교회 성장의 큰 걸림돌은 명확한 전략이 없는 목사들이다. 그들은 마법처럼 교회가 성장할 수 있다고 유혹하는 온갖 유행에 쉽게 마음이 흔들린다. 어떤 일이든 가치 있는 일은 성실한 노력이 반드시 뒤따라야 한다. 성공에 이르는 쉬운 길은 없다. 교육 사역자로 섬길 때 나는 주일학교 책임자와 함께 출석률이 떨어지지 않게 유지하자는 목표를 세웠다. 6개월 후 주일학교 기록부를 살펴보자 그 교회 역사상 가장 많은 수의 이탈자가 발생했다. 우리는 치밀한 분석을 하고는 제대로 된 전략을 세우고 끝까지 밀어붙이자고 결정했다. 그로부터 6개월이 지나자 주일학교는 다시 성장하기 시작했다.

목적의 일관성은 교육 사역자가 자신이 누구인지 알고 어디로 가야 할지를 알 때 가능하다. 그에게는 분명한 방향 감각이 필요하다. 낙담할 수도 있고 가는 길이 험난할 수도 있지만 교육의 목표를 추구하기 위해 전문가로서 자신의 미래를 걸 수도 있어야 한다. 사도 바울은 "푯대를 향하여 그리스도 예수 안에서 하나님이 위에서 부르신 부름의 상을 위하여 달려가노라"(빌 3:14)는 말씀에서 이 점을 잘 표현했다.

나는 목표 지향적인 사람이다. 이 책을 쓰는 이유는 목표를 성취하기 위해서다. 처음에는 꿈에 지나지 않았지만, 대략적인 내용을 구상하고 마침내 각 장을 실제로 집필했다. 여러 차례 집필을 중단하기도 하고 많은 요구 사항 때문에 진척이 늦어졌다. 그러나 나는 이 일을 포기하지 않으려고 많은 애를 썼다. 교회도 마찬가지다. 교육 사역자는 하나님이 원하시는 교회의 모습을 이루려는 나름의 꿈을 품고 있다. 그 꿈을 이루고자 계획을 짜고 전략을 세우지만 그것이 신속하게 성취되는 것을 방해하는 문제들과 어려움에 부딪힌다. 하지만 꿈을 이루고자 끝까지 노력하고 굳게 결심하면 결국 승리를 얻는다.

이 사역이 얼마나 광대한지를 정직하게 인식하는 사역자는 압박감에 짓눌린다. 이런 압박감이 과도하면 때로 아무것도 하지 못하는 상태가 된다. 그러면 포기하거나 단기간에 실행할 수 있는 일, 편한 일에 안주하려 든다. 그럴 때는 한꺼번에 다 하려 하지 말고 조금씩 차근차근 밟아나가는 것이 중요하다. 지금 할 수 있는 일을 하라. 완수될 때까지 한 번에 한 걸음씩 포기하지 말고 나아가라. 목표에 대한 비전을 세우고 그 일을 이룰 때까지 포기하지 않겠다고 결심하라. 성공적으로 일을 완수하면 "잘하였도다 착하고 충성된 종아"(마 25:21)라는 예수님의 칭찬을 듣게 될 것이다.

다른 인격적 자질

교육 사역자가 더 효과적인 사역을 하는 데 도움이 될 인격적 특성이 있다. 이런 특성은 다른 사람들과 동역하는 리더라면 누구나 갖추어야 하는 자질이다.

교육 사역자는 진정으로 겸손해야 한다. 자신이 맡은 직분을 이해하고 다른 사람들을 존중해야 한다. 사역자에게서 몸에 배인 겸손함을 바라볼 때 사람들은 교회를 통해 하나님의 일에 참여하고 싶다는 강력한 도전을 받을 것이다.

또한 교육 사역자는 수준 높은 도덕성을 지녀야 한다. 도덕성은 행동으로나 말로나 사람들을 정직하게 대하고 진지하며 진실한 것이다.

교육 사역자는 훌륭한 인품과 외양을 갖추어 사람들에게 호감을 주어야 한다. 인격적으로나 기질적으로나 사람들에게 호감을 불러일으킬 수 있어야 한다.

훌륭한 유머 감각은 교육 사역자에게 멋진 자산이다. 유머로 자신은 여유를 누리고 다른 사람들을 즐겁게 할 수 있다. 적절하게 유머를 활용하면 다른 사람들과 건강한 관계를 형성하는 데 큰 장점으로 작용한다. 마음이 즐거워지면 긴장이 풀리기 때문이다. 그러나 웃기자고 다른 사람을 깎아내리고 헐뜯거나 비웃는 농담을 해서는 안 된다.

사람들과 프로그램에 대해 인내해야 한다. 사람들에게 강요받는다는 느낌이 아니라 안내받는다는 느낌을 주어야 한다. 쇠사슬을 강제로 끌어당기듯이 사람들에게 억지로 강요하기가 쉽다. 둘 다 끌어당길 수 있지만 어느 것도 쉽게 끌려오지는 않을 것이다.

어떤 것도 건전하고 오래된 상식을 대체해서는 안 된다. 교육 사역자는 어떤 결정이나 생각이든 다른 사람들이 어떻게 해석할지를 염두에 두어야 한다. 건전한 판단이 뒤따라야 상식에 위배되지 않는다. 사람들은 교육 사역자가 신뢰할 수 있는 사람이며, 그가 내리는 제안과 결정이 심사숙고하고 합리적인 것이라는 생각이 들어야 한다.

4

전문가적 측면

이 장에서는 교육 사역자를 위한 교육 훈련과 준비 과정을 살펴볼 것이다. 그들이 교회를 대하는 태도에 대해 집중적으로 다룰 것이다. 교육 사역에 헌신해야 할 필요성과 전문적인 기독교 교육 훈련을 받고 역량을 갖추어야 할 필요성도 살펴볼 것이다. 또한 효과적 팀워크와 교육 사역자의 리더십에 대해서도 알아볼 것이다.

이 장은 목사나 교회 인사위원회에서 적절한 교육 사역자를 선택할 때 참고 자료로 활용할 수 있다. 또 교회에서 효과적으로 사역할 때 필요한 전문적 훈련과 기술에 대한 정보도 제공한다. 특히 이 장은 전문가로서 기독교 교육 분야에 입문하려는 사람들에게 필요하다.

전문가란 무엇인가?

사전은 전문가를 '특별한 분야나 활동에 탁월한 기술이나 경험이 있는 사람' 혹은 '특별한 분야나 직종에 검증된 역량을 갖춘 사람'[1] 으로 정의한다. 그렇다면 교육 사역자는 사전적 의미에서 전문가에 속한다. 이들은 기독교 교육에 탁월한 기술과 경험이 있으며, 사역을 하기 위한 역량을 갖추고 있다.

또 다른 중요한 질문은 '전문 직종이란 무엇인가?'이다. 몽고메리(Montgomery)는 이렇게 정의한다. "전문 직종은 단순히 특별한 기술이나 훈련 혹은 그 기능을 이루기 위한 지속적 연구가 필요한 직업이나 소명을 말한다."[2] 이 정의가 모든 전문 직종에 해당한다 할지라도, 이 기준에 특히 부합한다. 교육 사역자는 그중에서 종종 지속적 교육 혹은 연구가 부족할 때가 있다. 목회자라는 직종 전반도 이 개념이 적용된다. "건전한 훈련과 적절한 교육과 섬김의 질에 대한 책임을 권장한다는 생각에서 사역을 전문 직종으로" 보는 사람들이 있다.[3]

글래스(Glasse)는 이 전문 직종의 특징을 다섯 가지로 이야기한다.[4] 첫째, 전문 사역자는 정식 교육 과정을 밟는다. 교육 사역자는 신학과 기독교 교육을 모두 이수한다. 그들은 공인된 교육기관에서 교육을 받아야 한다. 둘째, 그들은 사역 경험을 통해 신학과 기독교 교육 양면에 역량을 갖추게 된다. 글래스가 말한 대로 "이 기술은 감독을 받는 수련 과정(practice under supervision)으로 습득하고 연마할 수 있다."[5] 교육 사역자는 종합적인 지식이 아니라 신학과 기독교 교육에 대한 전문 지식이 있어야 한다. 셋째, 그들은 기관 사역을 한다. 교육 사역자는 일차적으로 교회에서 일하지만 또한 교단 행정과 출판에 참여할 수 있다. 넷째, 그들은 책임을 다하고 자기 일에 유능해야 한다. 엄격한 역량과 윤리 기준에 따라 전문가로서 활동해야 한다. 다섯째, 소속 기관과 자신의 전문 직종에 모두 헌신해야 한다.

몽고메리는 사역이 전문직임을 알려주는 일반적 특징 여섯 가지를 언급했다. 이것은 특히 교육 사역에 맞게 적용하면 다음과 같다.

1. 교육 사역자는 다른 교육 사역자들과 교제한다. 그들은 다른 지역의 기독교 교육자들과 협력하며 교단이나 초교파 산하 기관의 지역별, 지방별 기독교교육협회나 전국기독교교육협회에 소속된다. 이런 교제는 현안에 대해 토론하고, 문제와 해결책을 공유하며, 다른 사람들의 조언을 구해야 할 필요에 기반한다. 서로 교제함으로 영감을 얻고, 학습 경험을 나누며, 다른 교회나 집단과 협력 사업을 모색하고, 합심하여 하나님의 인도하심과 도우심을 구할 수 있다.
2. 교육 사역자는 소속 교단과 다른 그룹에서 출간하는 기독교 교육 사역 관련 정기 간행물을 구독한다. 전문 기관은 대부분 회원들에게 현장 상황, 연구 논문, 기타 관심 항목의 발전에 대해 지속적으로 조언하기 위해 정기 간행물을 출판한다.
3. 교육 사역자의 생계는 전적으로 혹은 부분적으로 그들이 섬기는 교회가 감당한다. 목사들이 사례비를 받듯이 교육 사역자도 사례비를 받는다.
4. 교육 사역자는 사역 특성상 소속된 공동체에서 전문가로 인정을 받는다. 전문적인 사역 훈련을 받았고, 교육 사역에 자신의 삶을 헌신했음을 입증한다.
5. 교육 사역자는 거룩한 소명에 응답함으로써 사역에 헌신한다. 그들이 사역에 응하는 태도에 전문 사역의 성격이 반영된다. 그것은 단순한 직업이나 경력 이상이며, 하나님께 받은 소명이다.
6. 교육 사역자는 그들의 사역으로 확인된 기독교 세계관과 윤리

에 따라 살아간다. 모든 전문직에는 관련 전문가들의 개인 행실과 직무 수행 방식을 규정한 윤리 강령이 세워져 있다. 교육 사역자는 예수 그리스도의 삶과 성경의 명확한 교훈에 의거해 자신의 행실을 평가한다. 하나님의 사랑과 의로우심 때문에 윤리적 행위를 선택하고 가치를 부여한다. 그러므로 개인 생활뿐 아니라 직무에 책망할 점이 없어야 한다.[6]

준비

많은 신학교와 신학대학원은 교육 사역자를 양성하기 위한 강좌를 개설하고 있다. 이런 기관에서 학위를 이수하기 위해서는 대학 입학 자격증이 필수다. 신학교나 신학대학원을 준비하는 사람들이 종교나 기독교 교육을 전공해야 하는지에 대해서는 기독교 교육자들의 의견이 갈린다. 대학에서는 목회자 지망생들이 성경과 종교에 매진하기보다 든든한 인문학적 소양을 갖추는 데 주력하는 것이 더 낫다고 생각하는 이들도 있다. 사람들은 그들의 교단 소속 대학이나 성경 대학에 다니더라도 인문학을 공부함으로 시야를 넓힌다. 신학교에 가는 사람이 모두 대학 학위를 취득한 것은 아니다. 일부 신학교에서는 30세 이후에 신학을 전공하도록 허용한다.[7]

기독교 교육을 전공하는 학생은 이수할 수 있는 학위가 많다. 기본 학위는 일반적으로 2년 과정인 종교교육 혹은 기독교 교육의 학사 과정이나 기독교 교육학 석사 과정이 있다.[8] 기독교 교육 목회학 석사는 보통 3년 과정이다. 보통은 이 두 학위를 모두 이수한다. 기독교 교육 목회학 석사 과정을 이수하는 학생은 목회 사역을 준비하는 학생과 동일한 신학 강의를 받지만 집중적인 기독교 교육을 추가로 받는다. 교육 사역자를 위한 가장 초창기 기관인 종교교육 교회 책임자협회는 1913년에 설립되었고, 4년제 대학과 종교교육 강좌가 개설된 3년제 신학교나 종교교육학교에서 2년 공부하고 인증을 받아야 회원으로 인정해주었다.[9] 1930년에 먼로는 "종교교육 책임자의 학문적 훈련은 규모와 내용 면에서 목회자와 동등한 수준이어야 하며, 추가로 종교교육을 중점적으로 받아야 한다"[10] 라고 썼다. 학위 이수에 따라 교단에서 사역자로 정식 인준을 받을지에 대한 여부가 결정될 수도 있다. 성직 안수 문제는 뒤에서 논의할 것이다.

교회 중심

교육 사역자는 교회에서 섬기든, 교회 연합이나 교단에 소속되어 섬기든 교회를 중심으로 사역한다. 교회에서 교육 사역을 하는 경험은 매우 유익하다. 이런 경험은 교회가 기독교 교육으로 추구하는 목표를 이해하고 필요한 지식과 태도를 형성할 수 있는 기회가 된다. 교회의 교육 프로그램 지도부와 동일한 입장이 돼보는 것 또한 유익하다. 신학교에서 가르치면서 나는 학생들이 주일학교 프로그램, 제자 훈련, 교육이 교회의 사명에 기여하는 부분을 직접 경험하지 않고는 이해하기가 쉽지 않다는 사실을 발견했다. 교육 사역을 시작하기 전, 교회에서 직접적으로 교육 경험을 쌓는 것은 교육 사역자에게는 더없이 소중하다. 그들에게는 교회의 교육부서에서 세운 목표와 프로그램을 이해하고 파악할 수 있는 장이 필요하다. 이런 배경이 없는 사람이라도 강력하고 균형 잡힌 기독교 교육 프로그램을 갖춘 대학이나 신학교를 다니면서 교회에 출석하면 이런 경험을 할 수 있다. 이처럼 실전 경험과 신학교 공부를 통해 교회에 대한 건전한 성경적 교리와 교회와 그 사명에 대한 깊고 견고한 애정이 생겨야 한다. 여기에는 교회 정책에 대한 지식, 즉 자신의 교회가 어떤 방식으로 사역을 진행하고 사명을 이루고자 어떻게 조직을 꾸리는지에 대한 지식, 교육 프로그램으로 자신이 목표한 바에 도달하도록 교회를 이끄는 능력이 포함된다.

교육 사역자가 교회의 목표를 어떻게 해석하느냐는 교회 사역에 직접적인 영향을 미친다. 그들은 그리스도인이 되는 것이 무엇인지를 해석하는 교회의 교육기관에 리더십을 발휘한다. 교회가 다른 그리스도인뿐 아니라 교회의 영향력 밖에 있는 사람들에게 그 소명과 사역을 일관되게 감당할 수 있도록 돕는다. 그리스도를 모르거나 교회에 다니지 않는 사람들은 종종 교회의 교육기관을 통해 교회와 접촉한다. 교회에 출석하지 않더라도 그리스도와 교제해왔거나 이전에 교회에 다닌 적이 있는 사람이 있다. 이처럼 교회는 교육을 통해 구원을 설명하고 제안함으로써 사람들을 그리스도께로 인도할 수 있다. 사람들은 교육으로 교회의 사명에 동참하도록 초청받고 권면받는다. 이것은 교회와 온 세상에 다 적용된다.

복음 전도에 대한 헌신

교육 사역자는 개인적인 복음 전도에 헌신해야 한다. 다른 사람들이 영혼을 구원하는 참여하도록 훈련할 뿐 아니라 그 자신도 모범을 보여야 한다.

주일학교 프로그램을 이용하는 데 우선적으로 시간을 투자하라. 일부 교단에서는 아웃리치 사역과 복음 전도에 주일학교를 일차 수단으로 활용한다. 그들이 주일학교로 한 개인을 구원할 수 있다고 믿어서가 아니다. 주일학교 수업에 참여하게 할 수 있다면, 성령님이 성경 공부와 사역자나 교인들의 간증을 이용하셔서 그 사람이 구원받도록 인도하실 수 있다고 믿기 때문이다.

성직 안수

오늘날 많은 교단에서 성직 안수가 뜨거운 토론 주제가 되고 있다. 여러 교단에서 시행 중인 정책은 성직 안수 논쟁과는 별로 관련이 없다. 현행 안수 제도와 관련된 다양한 주제와 관심사는 구구절절 설명할 의사가 없지만 교육 사역자와 연관된 부분은 짚고 넘어갈 필요가 있다.

성직 안수에서 문제가 되는 부분은 여성의 안수 여부다. 일부 교단과 교회에서는 여성 사역자에게 안수를 한다. 회중교회에서는 정책적으로 교회에 안수 문제를 일임한다. 교육 사역자가 교회에서 사역을 확고하게 감당한다면, 그는 교회와 교단의 다른 사역자들처럼 안수를 받아야 한다.

교육 사역자 중에는 안수를 원하지 않는 사람도 있다. 주로 스스로 평신도라고 생각하는 사람이 그렇다. 성직 안수를 받으면 평신도와 구분된다. 담임목사의 의중 때문에 안수를 받지 않으려는 교육 사역자도 있다. 어떤 담임목사는 안수를 받은 사역자가 교회 직원으로 있으면 불편하게 생각한다. 어떤 교육 사역자는 목회 사역에 참여하기 싫어 안수를 받지 않으려 한다. 안수는 권위와 책임을 의미하므로 이런 것을 불편하게 여기는 교육 사역자가 있다. 안수를 받으면 소명이 없거나 역량이 부족하다고 생각하는 역할을 억지로 떠맡아야 할 수도 있다. 교육 사역자의 안수 문제는 교단과 해당 교회와 교육 사역자들이 결정해야 하는 사안이다.

몽고메리는 안수로 인해 교회와 교육 사역의 소명자가 누리는 네 가지 유익을 소개한다.

1. 안수는 그 사람의 소명에 대한 공식적 확인이다. 부르시고 사역의 역량을 구비하게 하시는 분은 하나님이시다. 하나님은 교회를 사용하셔서 개인의 소명을 확증해주신다.
2. 성직 안수로 사역에 헌신하게 된다. 침례교에서는 하나님이 사역으로 부르셨음을 개인이 인정하면 교회가 그 개인을 '공식 인증하는' 관행이 있다. 이런 절차는 소명을 받았다고 생각하는 사역을 정식으로 시작할 수 있는 용기를 준다. 교회는 일정 기간 그 사람의 사역 은사와 재능을 확인하는 작업을 거쳐 공식적으로 안수를 준다. 안수를 받는 사역자는 교회의 격려와 기도와 지원과 축복 속에서 사역을 시작할 수 있다.
3. 안수는 다른 교회들에 그 사람이 소명을 받고 특정 사역에 순종하기로 했음을 공표하는 것이다. 성직 안수를 받으면 평생 효력이 있다. 다른 교회로 청빙될 때 그 교회에서 다시 안수를 받

는 것이 아니라, 이미 받은 안수로 그 효력을 인정받는다. 안수를 받으면, 다른 교회들은 그 사람을 사역자로 청빙할 수 있다.

4. 성직 안수로 사역자의 합법적 지위를 부여받는다. 어떤 주에서는 안수를 받은 사역자만이 결혼식이나 기타 다른 예식을 집전할 수 있다. 연방 정부 역시 정식으로 성직 안수를 받은 사역자들에게 종교인 과세 혜택을 준다.[11]

현재 시행 중인 안수 제도의 연구 결과는, 안수에 관한 결정이 교회보다 교단 차원에서 이루어지고 있음을 보여준다. 종종 성직 안수의 결정은 사역의 지위보다는 교육 관련 자격 요건과 결부된다. 후보자가 신학 학위를 이수했는지가 안수의 핵심 기준으로 보인다. 한 신학 교수는 교육 사역자가 M.A.C.E. 학위를 얻기 위해 신학교에서 받아야 할 강의를 설명하면서 조직 신학을 공부하지 않은 교육 사역자는 절대 안수를 받을 수 없다고 단언했다. 이런 태도는 사역의 기능보다는 특정 신학 강좌를 더 중시하는 것이다.

아직 일부 교단이지만 신학교 학위에 관계없이 교육 사역자로 안수하는 추세가 감지된다. 그들은 안수의 요건으로 신학 학위를 요구하지 않는다. 전문 교육자로서 나는 당연히 교육이 중요하다고 확신한다. 그러나 안수 문제는 교육 사역자의 사역뿐 아니라 그들의 학문적이고 신학적인 준비도 평가에 반영해야 한다고 생각한다. 교육 사역자가 목양과 복음 선포, 혼인 예식과 장례식 주재에 관여한다면, 목회자들처럼 동일한 안수의 특권을 부여받아야 한다. 먼로는 이 문제를 잘 지적한다.

> 교회의 전문 리더십은 목회 리더십과 마찬가지로 안수를 받아야 한다. 종교교육과 설교와 목회는 동일한 프로그램을 서로 다른 방식으로 실행한다. 어느 부분에서 어느 한쪽이 다른 한쪽보다 더 신성하다거나 더 거룩한 일인지를 구분하기란 어렵다. 두 기능의 영적 자격 요건이 다를 필요가 없다. 목적이 일치한다면 교육 사역자가 안수를 받지 않을 이유가 없다.
> 교육 방법과 기능을 제대로 인식하고 그 리더들에게 막중한 책임을 부여하기 위해서는 성직 안수가 확실한 가치를 지니는 것 같다. 안수가 없을 때 교육 사역이 목회보다 열등하다는 불행하고도 거짓된 오해를 초래하게 된다.[12]

이 문제는 어떤 면에서 신학교 때문에 쉽게 해결되지 않는다. 신학교 중 일부는 기독교 교육을 이차적 혹은 열등한 교과 과정으로 치부하고 신학 교육을 더 중시한다. 이렇게 하는 한 가지 이유는 기독교 교육 분야가 신생 학문이기 때문이다. 수년 전 나는 종교교육 특별 강사로 신학교 교수진에 합류했다. 오랫동안 재직한 한 교수가 '내용이 없는 분야'를 가르치러 와서 반갑다며 나를 맞아주었다. 그 학교는 이론 분야와 실전 분야를 철저히 구분했다. 그는 이론이 실제보다 더 중요하다고 생각했다. 불행하게도 이런 시각은 신학교 교과 과정 배열 방식에 지금까지 반영되고 있으며 또한 많은 신학교를 분류하는 방식에도 반영되고 있다.

신학 학위가 안수의 유일한 조건이 된다면 교육 사역자들의 사역을 완전히 무시하게 된다. 흥미롭게도 안수 과정과 안수 대상자 결정은 주로 목회자나 목회적 배경이 있는 교단 지도자들이 좌우한다.

그러므로 교육 사역자들 스스로 일정한 전문가적 기준과 요건을 확립하는 것이 적절한 대응일 것이다. 이 기준에는 학문적 훈련, 교육 사역자에 유익한 인턴십, 전문적 지위를 유지하기 위해 필요한 평생교육의 기준 확정이 포함될 수 있다. 이것은 의사, 변호사, 간호사, 사회 복지사와 같은 전문 직종과 유사하다. 이런 대응이 아직 이루어지지 않은 것은 이 사역이 상대적으로 역사가 짧거나 교육 사역자들이 그런 기준을 적극적으로 제시하지 않기 때문일 것이다.

안수 제도는 교단이나 교회마다 차이가 있다. 성직 안수 문제로 교회나 교단에 왈가왈부할 생각은 없다. 다만 공정하게 안수 자격을 결정하기를 바랄 뿐이다.

자기 관리

성공적인 교육 사역자가 되려면 자기 훈련이 필수다. 교육 사역자는 교육 사역, 복음 전도, 평신도 리더 모집과 훈련으로 종종 부득이하게 교회 건물 밖에서나 일반적 근무 시간 외에도 일을 해야 하지만 일정한 근무 시간을 고수해야 한다. 예를 들어, 상담해야 할 일이 생기면 교회 건물 밖에서 때로는 근무 시간 외에 만남을 가져야 할 경우가 있다. 가정별 심방을 하고 위원회와 주일학교 기관과 만나느라 밤 시간을 계속 할애해야 할 수도 있다. 야간 모임이 있을 때는 오후 일찍 사무실을 떠나거나 다음 날 아침 늦게 출근해야 할 수도 있다. 이 모든 경우, 유연하게 근무할 특권이 있더라도 남용하지 말고 정해진 근무 시간을 충실히 지켜야 한다.

교육 사역자는 담임목사에게 보고할 책임이 있지만 본질적으로는 자기 자신이 주인이다. 매일 할 일을 결정하고, 시간을 정하며, 여러 일 중에서 선택해야 한다. 대표적인 일은 다음과 같다.

- 교회 교육 프로그램 운영
- 프로그램 위원회(가령 주일학교 위원회)와 무엇을 해야 할지 계획하기
- 기관 모임에 대비해 프로그램 리더들과 논의할 안건 정하기
- 강의와 그룹 활동 지도를 대비해 꼼꼼히 준비하기
- 기독교 교육에 영향을 미치는 교육 경향, 교육 혁신, 발달 심리를 연구하는 데 많은 시간 할애하기

스스로 잘 훈련해야만, 기혼일 경우 가족과의 시간을 희생하지 않을 수 있고, 미혼일 경우 자기 계발에 시간을 투지할 수 있다. 교회 리더들과 교인들에게 많은 시간을 사용하는 것처럼 가족과 개인을 위한 시간도 일과에 포함시켜야 한다. 영적 건강을 유지하는 데 힘써야 하지만 또한 육체의 건강을 유지하기 위한 노력도 포기해서는 안 된다. 자기 자신을 제대로 관리하지 못하면 다른 사람도 제대로 관리할 수 없다. 우선순위를 정하는 법을 배우지 않으면 가족, 친구, 담임목사, 리더, 교단의 요구에 사방으로 끌려다니느라 허우적댈 것이다.

현명한 시간 활용을 방해하는 또 다른 문제는 일정을 일방적으로 혹은 주도적으로 세울 수 없다는 것이다. 목사, 교회 자원봉사 리더들이나 교인들은 교육 사역자가 처리해주어야 할 현안들을 가지고

있다. 교회에 소속된 사역자이므로 여러 목표나 우선순위에 직면하게 된다. 담임목사의 기대에 부응해야 할 뿐 아니라 그들 자신의 목표와 우선순위가 있다. 그뿐 아니라 교회의 목표와 교육 리더들의 목표, 다른 동역자들의 목표와 기대, 소속 교단의 목표도 있다. 이런 수많은 목표로 야기될 수 있는 갈등은 적절한 의사소통으로 어느 정도 해결할 수 있다. 담임목사와 교육 리더들은 교육 사역자가 주력하는 일이 무엇인지 알아야 한다. 그래야 교육 프로그램이 교회에 주는 유익을 유지하고 평가할 수 있다. 교육 사역자의 우선순위와 목표는 결코 그들만의 것이 아니므로 담임목사, 다른 직원들, 교육 리더들과 협의하여 정해야 한다. 따라서 사역을 할 때 과업에 대한 주인 의식을 공유하고 다른 사람들의 격려와 지원을 받아야 한다.

역량

교육 전문가라는 의미는 그들이 기독교 교육의 전반적인 분야를 다루는 역량과 기술이 뛰어나며 사역자와 교육자로서 유능하다는 것이다. 교육 사역자에게 필요한 역량은 2부에서 개별적으로 다루기로 하고, 여기에서는 간략하게 소개하는 것에서 마무리하고자 한다.

- 행정 관리자 교육 사역자는 교회의 교육 사역을 위한 행정적인 리더십을 발휘하고 교육 사역을 지원한다. 각 교육기관이 특정한 과업과 목표를 달성할 수 있도록 행정 지원을 한다. 여기에는 교육 프로그램 리더들과 협력해 예산 편성, 교육 프로그램에

필요한 장비와 자료 제공, 핵심적인 커리큘럼 교재 확보가 포함된다. 행정 관리자로서 기독교 교육위원회와 협력하며 이 프로그램 리더들이 그들의 프로그램에 행정적 방향을 제시하도록 돕는 일에 많은 시간을 할애한다.

- 기획자 교육 사역자는 교육기관들과 협력해 장기 계획뿐 아니라 주, 월, 계절, 연간 단위의 계획을 세운다. 교회와 교인들과 공동체의 축적된 필요들이 적절히 충족될 수 있도록 전체 교육 프로그램을 조정한다. 조정 능력은 각 교육기관의 리더들이 교회의 목표와 일치하는 핵심 과업에서 벗어나지 않고 활동하는지를 확인하는 것이다. 간단히 말해, 교육 사역자는 교회 프로그램 계획을 주도한다. 교육기관들이 현재와 미래를 위한 계획을 세우도록 돕는다. 기획은 행정 과정의 끝이 아니라 목적에 이르는 수단이다.
- 구비시키고 온전하게 하는 자 이것은 교육 사역자의 가장 중요한 사역이다. 교육 사역자의 일차적 사명은 하나님의 백성이 사역을 할 수 있도록 준비시키고 능력을 갖추게 하는 것이다. 이 일은 기독교 교육기관이나 교회를 섬길 가능성이 있는 일꾼을 찾아내고 발굴하며 훈련하는 일이며, 여러 방식으로 이행될 수 있다. 교육 사역자는 교회가 잠재적 일꾼을 지명하고, 선정하며, 선출하는 일을 지원한다. 또한 현재 섬기며 사역하는 사람들을 권면하고 격려한다. 잠재적 리더 훈련 프로그램을 실행하면 전체 교회생활에 리더십을 발휘할 사람들이 보인다. 교육 사역자는 또한 재능과 역량 조사를 통해 잠재적 리더들을 찾아낸다. 장년부 리더들과 정기적으로 상의해서 잠재적 리더들을 찾아내

그들을 훈련하고 길러내는 일을 한다. 해당 프로그램 리더들과 협력해 모든 일꾼을 적절히 훈련하고, 그들이 맡은 일을 효과적으로 감당할 수 있게 한다.

- 위임자 교육 사역은 사람들이 사역을 하도록 훈련하고 준비시키는 것이다. 지체들은 누구나 감당할 직무가 있다. 교육 사역자의 이 일은 결코 끝이 없다. 사람들이 사역을 하도록 준비시키는 일은, 교육 사역자가 프로그램 리더들과 자격을 갖춘 사람들에게 적절한 책임을 위임하는 법을 배울 때 이루어질 수 있다. 위임만 하고 방치할 경우에는 보통 관련 당사자들이 모두 좌절을 경험하게 된다. 위임은 감독이 병행되어야 한다. 감독하는 사람은 위임받은 일을 제대로 처리하는 사람에게 긍정적인 격려를 아끼지 않는다. 책망이 필요할 경우에는 먼저 그 사람을 격려한 후 문제를 교정한다. 대형 교회의 교육 사역자들은 다른 사람들의 평가자이자 감독이자 트레이너로 섬기는 연령별 사역자들을 감독할 책임이 있다.
- 평가자 교육 사역자는 기독교 교육 프로그램을 평가할 도구와 기술을 개발한다. 평가는 전체 프로그램으로 실제 달성한 결과와 함께 기독교 교육 프로그램의 전체 목표나 사명선언문을 점검함으로써 시작된다. 그런 다음 개별 교육기관이 자체적으로 마련한 실천 과제에 비추어 유사한 평가를 받는다. 평가는 교회가 발전하도록 돕는 데 그 목적이 있다. 교육 사역자는 전문가여야 한다. 커리큘럼, 프로그램 조직 방식, 공간의 필요나 장비의 필요처럼 기독교 교육 프로그램에 중요한 필요들은 정량적 평가와 정성적 평가를 모두 받아야 한다. 이런 평가는 최소한

매년 한 번 시행하지만 필요하다면 횟수를 늘려도 상관없다.

- 성장 조력자 모든 그리스도인은 그리스도와의 관계와 그리스도를 효과적으로 섬기는 능력을 계속 계발해야 한다. 교육 사역자는 사람들의 믿음이 성장하도록 돕고 교회가 수적으로 성장하도록 돕는데, 신자들의 신앙이 성장하고 성숙하도록 돕는 일보다 교회가 성장하도록 돕는 일에 더 많은 시간과 에너지를 쏟게 될 것이다. 교회 성장은 전도와 아웃리치 사역으로 이루어지지만 새신자와 성숙한 제자들을 제대로 훈련할 프로그램이 없으면 지속되지 않는다. 대부분 교회는 더 적합한 제자 훈련 프로그램이 필요하다. 모든 구성원이 그리스도와의 관계에서 성장하지 않으면 교회는 수적으로도 지속적인 성장을 할 수 없다. 교회가 아웃리치 복음 전도와 제자 훈련 프로그램으로 복음을 더 많은 사람에게 전할 수 있도록 교육 사역자가 성장 전략의 개발을 돕는다.
- 커뮤니케이터와 프로모터 첫째, 교육 사역자는 복음과 교회와 사람들에 대한 자신의 신념을 전달하고 알린다. 그들은 강의와 설교, 편지, 교회 신문 지면을 통해 말과 글로 소통할 책임이 있다. 둘째, 교육 사역자는 전체 기독교 교육 프로그램을 홍보한다. 종종 전체 교회 프로그램을 홍보할 책임을 지기도 한다. 보통은 교회의 홍보 프로그램을 책임지고 진행하며, 교회 출판물 간행에 개입하고, 교회를 대내외적으로 알리는 데 조력한다.
- 교육자 교육 사역자들은 소명과 훈련과 직무로 볼 때 무엇보다 교육자다. 전체 교회생활에 깊이 관여하기 때문에 교회의 행정일을 더 떠맡아야 하는 유혹이 늘 도사리고 있다. 교육 사역자

는 교육자로서 시간을 고수해야 하며, 교회가 교육적인 면에서 성장하고 기능하도록 돕는 일에 시간을 우선적으로 배정해야 한다. 교육자로서 사람들이 더 효과적인 일꾼이 되도록 능력을 갖추고 준비시키는 데 가장 많은 시간을 들여야 한다. 교육자로서 커리큘럼 전문가이며 새로운 교육 동향, 인간 발달, 교육 이론과 철학에 정통해야 한다. 또한 프로그램을 끊임없이 개발하고 완성해야 한다. 새로운 사람들이 리더로 성장하도록 돕는 훈련도 있고, 이미 섬기고 있는 사람들의 기술과 역량을 개발하는 데 중점을 두는 훈련도 있다.

- 동기 부여자 의욕이 생기도록 풍토를 조성하는 역량 기술이 필요하다. 교육 사역자는 사람들이 사역을 할 수 있도록 그들을 키운다. 사람들을 격려하며 맡은 직무를 훌륭히 감당하도록 돕는다. 모든 일꾼과 구성원이 영적 은사를 마음껏 활용할 수 있도록 자유로운 분위기를 마련해주고, 사역에 대한 열정과 의욕으로 사람들에게 동기를 불러일으킨다. 교육 사역자는 또한 모범적 실천과 사역의 수준을 통해 동기를 불러일으킨다. 그들이 효과적인 기독교 교육의 모범을 보여줄 때 사람들은 자신이 맡은 직무를 잘 감당하겠다고 결심한다. 교육 사역자는 사역에 동역하는 사람들의 삶에서 일어나는 긍정적 변화를 볼 때 의욕이 생긴다.
- 신학자 교육 사역자는 기독교 신앙을 해석함으로써 신학자의 역할을 한다. 다른 사람들에게 신앙을 설명하고 전하기 위해서는 신학적 소양을 갖추어야 한다. 교육자로서 신자들의 성장을 도모하려면 신학자가 되어야 한다. 기독교 교육은 그리스도인

의 인품을 형성하도록 돕는 실제적인 신학이다. 그리스도인이 되는 것과 어떻게 그리스도인이 돼가는지를 해석하는 일은 교육 사역자의 몫이다. 그들은 기독교 신앙의 중요한 교리를 알고 사역자와 교인들에게 전달한다. 다른 사람들에게 그것을 해석해주려면 끊임없이 신학을 연구해야 한다.

좋은 팀원

웨스팅은 좋은 팀 사역의 장점과 팀 사역이 필요한 이유를 설명한다.[13] 팀이 제대로 기능하려면 각 팀원이 부지런하고 끊임없이 노력해야 한다. 각 팀원은 다른 팀원과 동등하며 고유한 사역 영역이 있다. 그렇다고 리드 서번트로서 담임목사의 역할이 사라지지는 않는다.[14]

새 교회로 부임한 지 2주도 되지 않았을 때 한 교인이 내가 교회의 가장 중요한 사역자라고 말해주었다. 매우 솔깃한 말이었지만 결코 사실은 아니었다. 나는 내가 하는 일은 중요하지만 교회에서 가장 중요한 사역자는 담임목사라고 말해주었다. 교육 사역자를 비롯해 여러 교역자가 자신을 팀의 일원으로 인식하지 않으면, 교육 사역자가 동역한다 해도 그 교회는 큰 결실을 맺기가 어려울 것이다.

오케스트라에는 파트별로 수석이 있다. 하지만 각 파트의 단원이 자신이 맡은 특별하고 고유한 역할을 제대로 하지 않으면 오케스트라는 제대로 기량을 펼칠 수 없다. 교회도 마찬가지다. 교회가 예배와 사역과 복음 전도, 신앙 양육에서 진전이 있으려면 교역자마다 최대한 능력을 발휘해 맡은 직무를 감당해야 한다. 교회가 교회답기 위해서는 교육 사역자와 다른 교역자들이 좋은 팀 사역이 무엇인지 본을 보여주어야 한다.

팀의 각 구성원이 맡은 역할을 제대로 인식해야 좋은 팀이 만들어진다. 담임목사는 교회의 리더이자 행정 관리자이고 교역자들의 감독이다. 각 교역자는 자신의 위치와 책무 그리고 책무에 따른 권위를 정확히 파악해야 한다. 팀의 여러 구성원은 각자 장점과 영적 은사가 다르므로 다른 교역자들을 보완할 수 있다. 어떻게 하면 교역자들이 서로 맞물리며 더 나은 팀 사역을 할 수 있는지를 확인하기 위해 다양한 시험 도구를 활용할 수 있다.

효과적인 팀 사역으로 교역자는 교인들이 교회의 전반적인 일을 감당하고 회중과 공동체에서 발견된 다양한 필요를 돌보도록 인도할 수 있다.

리더십

모든 사역자는 리더십을 발휘해야 한다. 교인들은 사역자가 영적, 도덕적, 윤리적 문제에 리더십을 발휘해주기를 기대한다. 교육 사역자 역시 이 분야에서 리더십을 발휘할 수 있고 또 기꺼이 그렇게 해야 한다.

교회 내에서 교육 사역자는 전체 교육 프로그램을 진행하는 데 리더십을 발휘한다. 어떤 교육 사역자는 특히 주일학교 프로그램과 제자 훈련 프로그램의 리더가 되기를 원한다. 나는 개인적으로 늘 평신도 리더와 동역하기를 선호하며 그들이 사역을 지속할 수 있도록 훈련하기를 좋아한다. 내가 교육 사역자로 섬길 때 주일학교 책임자는 종종 자신이 해야 할 일을 내가 하고 있다고 말했다. 사실 교육 사역자는 전임 사역자로서 종종 필요가 생길 때마다 그 일을 모두 떠맡기 쉬우므로 이런 위험이 늘 있다. 그런데 교육 사역자가 교육 사역을 다 떠맡을 경우 결국 지쳐서 교회를 옮길 가능성이 높아지므로 중요한 교육 프로그램이 리더 없이 방치되는 불행한 경우가 생길 수 있으니 주의해야 한다. 교육 사역자의 리더십으로 교회의 전체 교육 사역이 지속성과 균형을 유지할 수 있다면 아주 이상적이다.

교육 사역자는 교회생활의 다른 영역에도 주도적으로 관여하고, 다양한 교회위원회나 부서와 일하며 리더십을 발휘한다. 교역자들 사이에서 교육 사역자로서의 위치 때문에 여러 프로그램 리더와 일꾼, 교회위원회 회원, 교회 내의 부서에서는 그를 리더로 인식한다. 교육 사역자가 리더십 책무를 제대로 담당하지 못할 경우, 다른 누군가가 리디십 공백을 메우기 위해 개입할 수도 있다. 이런 일이 벌어지면 교육 사역자는 교육 프로그램을 총괄하며 영향력을 행사할 수 없고, 바람직한 방향으로 교회를 이끌어나갈 수도 없다.

5

교육 사역자로 사는 기쁨

다른 목회자나 교역자가 모르는 교육 사역자만이 누리는 특별한 기쁨이나 축복이 있는가? 개인적으로 나는 교육 사역자만 누릴 수 있는 기쁨과 축복이 있다고 믿는다. 교육 사역자는 뒤에서 지원하는 역할을 하면서 교회 사역이 진행되는 과정을 관찰한다. 또한 다른 교역자들이 살필 기회가 없는 교인과 일꾼을 도우며 그들이 성장하는 모습을 볼 수 있다.

이 장은 비과학적 연구 목적으로 50여 명의 교육 사역자를 무작위로 선택해 조사한 내용을 토대로 한 것이다. 수년간 사역을 경험한 사람도 있고, 교육 사역에 갓 입문한 사람도 있었다. 남성과 여성을 골고루 포함시켰고, 모두 교회에서 섬기거나 교단 소속 기관에서 사역하는 사람이었다. 나는 교육 사역자로서 그들이 느끼는 기쁨, 관찰 내용, 통찰을 그들이 나눠준 사례를 곁들여 기록했다.

사람들의 가치관은 그들의 언어에서 드러난다. 이런 경험적 방식으로 접근하면 교육 사역자들이 자신을 스스로 대변할 수 있다. 이 장에서는 그들이 언급한 주제들을 중요한 순서나 그들이 거론한 빈

도수와 상관없이 소개할 것이다.

복음 전도의 기회

사역자와 그리스도인이라면 누구나 개인 전도에 적극적으로 임해야 하고, 한 영혼이 예수 그리스도를 주와 구세주로 알아가는 모습을 보고 기쁨을 누려야 한다. 복음 전도는 사람들이 그리스도에 대한 신앙을 고백하고, 교회에 출석하거나 그리스도와 교회에 다시 헌신하는 모습을 보는 것까지 포함한다. 우리의 복음 전도로 이런 결단을 하는 성도들을 보면 기쁨이 샘솟는다. 이 기쁨을 아는 이들의 간증을 몇 가지 소개한다.

> 주님을 모르는 영혼에게 복음을 전할 때 세상 그 무엇보다 큰 기쁨을 맛본다. 몇 주 전에 한 대학생에게 나의 신앙 경험을 들려주고 성경 말씀을 나누었다. 진지하게 예수님을 영접하는 그의 모습을 보면서 정말로 기뻤다. 교육 사역자로서 25년 동안 교회를 섬겼지만 복음을 나누는 기쁨과 견줄 만한 일은 별로 없었다.

> 복음을 전하도록 사람들을 훈련하면서, 그들이 간증하고 다른 사람들을 훈련하는 모습을 보는 것은 큰 기쁨이다. 16년 동안 사역하면서 내가 훈련한 남성과 여성이 50명이 넘는다.

> 누군가를 그리스도께로 인도하고, 그들이 제자 훈련받는 것을 보

며, 그들이 영적 은사를 발견하도록 돕고, 그들을 양육하며, 그들에게 은사를 활용할 기회를 제공할 때 기쁨을 느낀다.

복음 전도와 병원 사역을 병행한 이도 있었다. 그는 이렇게 말했다.

병원에 입원한 젊은 여성을 심방했는데 매우 적대적이었다. 나는 "저는 목사가 아니라 당신의 친구로 왔습니다"라고 말했다. 나중에 기회가 생기자 나는 그녀에게 복음을 전했고, 그녀는 그리스도를 영접했다. 이제 그녀는 신학교를 졸업하고 병원 원목으로 섬기고 있다.

또 다른 교육 사역자는 이렇게 말했다.

우리 교회의 아웃리치 사역이 성공적으로 마무리되는 모습을 보면 기쁘다. 우리는 주님을 모르는 영혼들에게 다가가 그들이 소속된 교회에서 책임 있게 봉사의 직분을 감당하기까지 성장하도록 돕는다. 우리 교인들이 전도하기 위해 집마다 방문을 하다가 한 부부를 만났다. 그 부부는 장년부 주일학교에 등록한 후 주님을 영접하고 세례를 받았다. 나중에 두 사람은 리더십 훈련 프로그램에 참여했다. 두 사람 다 주일학교 부서에서 리더로 섬겨달라는 제안을 받아들였고, 후에 남편은 집사 안수를 받았다. 이 일은 7년 전에 두 아이를 키우면서 교회에 나갈 기회가 없었던 좋은 부부가 우리 주일학교 프로그램에 등록하라는 요청을 받아들이면서 시작되었다.

개인적 성장과 영적 성장

교육 사역자는 개인적 성장을 하도록 도전받는다. 성도들을 섬기고 그들과 동역하면서 교육 사역자 역시 영적으로 성장해야 한다. 본인이 먼저 영적으로 성숙하고 성장할 때 다른 사람들이 성장하도록 도울 수 있다. 다른 사람들을 지도하는 위치에 있다면 리더십 방식과 기술을 끊임없이 배우고 연구해야 한다.

조사 대상에 포함된 한 사역자는 자칫하면 기계적이고 판에 박힌 듯 대하기 쉬운 소명을 감당하면서 높은 수준의 영적 감수성을 목표로 삼은 이유를 이 일에서 얻는 기쁨이 크기 때문이라고 말했다. 그는 성경을 암송하고, 학술적이고 신앙적 시각에서 헬라어 원문을 공부하며, 매일 경건의 시간과 신앙 일기 쓰기를 했고, 교육 사역자 모임 때마다 신앙 성장의 중요성을 강조하면서 관련된 책과 자료들을 열심히 읽었다. 또한 학문적으로 부단히 성장하고자 단기 목표와 장기 목표를 세운 후 지역 대학과 신학교의 공개강좌 센터에서 강의를 듣고 학위를 이수하는 식으로 이 목표를 달성했다. 개인적 성장과 영적 성장을 위한 이런 끝없는 노력이 교역자들과 교인들에게 미치는 긍정적 영향을 눈으로 확인하는 것이 그에게는 또 다른 기쁨이었다.

그리스도인 리더들의 성장

교회 리더들이 성장하여 리더로서 잠재력을 발휘하기 시작하면 교육 사역자들은 기쁘기 그지없다. 새로운 리더들을 발굴하여 그들이 책임감을 갖고 효과적으로 섬기는 것을 보는 것도 기쁨이다. 리더들의 리더십 기술이 개선되도록 돕는 일도 즐겁다. 그들의 경험 사례들을 소개한다.

사역하면서 신나는 일이 있다면, 사람들이 주님과 그분의 교회에 헌신하며 성장하는 모습을 지켜보는 것이다. 나는 어떤 교사나 부서 책임자가 반이나 부서를 만들고 효과적으로 사역하는 모습을 보면 참으로 뿌듯하다. 최근에 한 시각장애 여성을 돌보기 시작한 성인 여성반이 기억난다. 그녀는 그들의 정성에 감동해 교회에 출석하기 시작했다.

나는 사람들에게서 주님을 섬길 수 있는 가능성을 발견할 때 참으로 기쁘다. 젊은이나 연로한 성도가 하나님께 쓰임 받는 길을 찾아내는 모습을 보는 것은 놀라운 경험이다. 최근에 나는 조용하고 내성적인 한 부부가 자신들의 은사를 발견하는 과정을 보는 기쁨을 누렸다. 그들의 가정을 심방하고 전화 통화를 한 것이 계기가 되었다. 우리는 유치부 교사의 자격 요건에 대해 이야기했다. 나는 유치부 교사가 되려면 훈련을 받고 주중 교사 모임에 나와야 한다고 말했다. 두 사람은 교사 제안을 수락했고 사람들의 기대보다 훨씬 더 놀라운 성과를 보여주었다. 이제 이 부부는 우리 유치부 산하의 두 부서에서 책임자로 섬기고 있다. 주일학교 사역에 아주 탁월한 재능을 보여준 두 사람은 훈련 프로그램에도 참여하고 있으며, 사역 기회가 있을 때마다 흔쾌히 자원하여 나를 돕는다. 그들은 하나님이 그들의 인생에 함께하심을 공개적으로 간증했다. 그들이 은사를 발견하는 과정에 작은 부분이나마 함께할 수 있어서 얼마나 기쁜지 모르겠다.

리더십 훈련 프로그램을 이수한 사람들이 어떻게 성장하는지를 지켜보는 일은 개인적으로 큰 기쁨이자 즐거움이다. 그들은 지금 주일학교 리더십에서 전략적으로 중요한 직임을 감당하고 있다. 부서 책임자로, 교사로, 연령별 아웃리치 리더로 각자의 소임을 다하고 있다. 리더 양성반은 코스를 마쳤다고 곧바로 직책을 맡기지 않는다. 리더가 이끄는 대로 언제든지 섬길 준비가 되어 있는지 검증하는 과정을 거친다. 경험상 이 코스를 졸업한 이들 중 약 85퍼센트가 3개월에서 6개월 안에 리더가 된다. 교육 사역자로서 나는 효과적이고 즐겁게 섬길 수 있도록 이들을 훈련하고 기회를 제공할 책임이 있다.

40년 넘게 교육 사역을 하면서 내가 어떤 분야에 섬기도록 추천한 사람들이 그 과정에서 성숙해가며 더 중요한 직책을 맡아 자라는 모습은 내게 그 어떤 일보다 더 큰 기쁨과 보람을 준다. 심지어 '사역 안에서 딸과 아들'도 몇 명 생겼다. 나와 동일한 혹은 유사한 사역으로 이동한 사람도 있다. 어떤 사람은 신학교에서, 어떤 사람은 이미 교회에서 섬기고 있다. 이렇게 성도들이 성장하기까지 시간이 필요하기에 한 교회에서 장기간 사역을 하면 이런 성장의 모습을 더 분명하게 볼 수 있다.

어떤 사역자는 교인들이 성장하여 예수 그리스도의 제자가 되는 모습을 보고 기쁨을 누렸다. 그저 출석만 하던 사람들이 자원봉사로 주일학교를 섬기다 교사가 되는 과정을 지켜본 사역자도 있다. 아이들과 청소년과 성인들이 인도를 받던 입장에서 성장하고 성숙해져 리더가 되는 모습을 지켜보는 것도 행복하다. 젊은 그리스도인들을 훈련하고 그들이 그리스도 안에서 성숙해가는 모습을 보는 일도 기쁜 일이다.

어떤 사역자는 이렇게 말했다.

> 교인들이 세상에서 '빛과 소금'으로 살도록 준비시키는 일은 매우 즐겁다. 평신도들이 세상에서 섬기는 믿음의 모험을 할 때 교육 사역자로서 내 존재 목적이 인정을 받는다. 그들이 변화되는 모습을 보면서 나는 포기하지 않고 앞으로 나아갈 수 있다.

성도의 영적 성장을 도우라

다른 사람들이 영적으로 성장하도록 이끌기 위해 교육 사역자가 먼저 성장하는 그리스도인이 되어야 한다. 즉 교육 사역자는 믿음과 하나님과의 관계에서 성장해야 한다. 스스로 모범을 보이지 않으면서 다른 사람들에게 이런저런 사람이 되라고 말할 수는 없다. 사람들에게 닮아가고 싶은 마음이 들도록 자신의 믿음을 퍼뜨려야 한다.

교육 사역자 두 명은 이렇게 말했다.

> 사람들이 자신의 은사를 발견하고 그 은사를 갈고닦으며 섬김의

자리로 나아가도록 돕는 일은 큰 기쁨을 준다. 교회에서 누구도 이런 독특한 위치에 있는 사람은 없다.

사람들이 자신의 은사를 발견하고 그 은사를 계발하여 발휘할 수 있는 공동체를 마련해주는 것은 사역자로서 매우 보람된 일이다.

하나님이 사람들의 인생에 개입하셔서 변화가 일어나도록 돕거나 그리스도와의 관계를 중요하게 생각하는 그리스도인으로 훈련하는 것은 매우 기쁜 일이다.

교회의 성장을 도우라

교육 사역자가 책임지고 있는 교회 프로그램에 참여자가 늘어나면 즐겁다. 그가 맡은 프로그램으로는 주일학교 학생 모집과 출석 독려, 제자 훈련, 기독교 청지기직 훈련 외에도 대단히 많다.

한 응답자는 교육 사역에 몸담은 지난 21년 동안 매 주일 평균 2명이 주일학교에 등록하는 결과에 보람을 느꼈다고 말했다. 어떤 사람은 이전에 존재하지 않았던 주일학교 조직을 만들고 그 조직이 성장해 지역 공동체와 연결된 일에서 기쁨을 얻었다고 한다.

또 다른 사역자는 자신의 기쁨을 이렇게 표현했다.

교회를 자발적으로 섬기려는 사람이나 심지어 그렇지 않은 사람들을 조직하고 훈련하며 지원해서 동역하는 일은 말할 수 없이 즐겁다. 그들의 성공은 곧 나의 성공이다. 그들의 기쁨과 만족 역시 나의 것이다. 각고의 노력으로 얻는 성장과 성공, 나아가 실패 역시 나의 것이다.

하나님의 뜻 안에 거하라

모든 그리스도인과 사역자는 자기 인생을 향한 하나님의 뜻을 알고자 힘써야 한다. 하나님이 그들의 인생과 사역으로 행하시고자 하는 일에 순종할 때 개인적으로 강력한 만족감을 경험할 수 있다. 우리 인생을 향한 하나님의 계획 안에 우리가 있다는 자각을 해야 한다. 누군가는 그 기쁨을 이렇게 표현했다.

하나님이 원하시는 자리에 내가 있다는 사실을 알고 나는 참으로 깊고 고요한 기쁨을 경험했다.

무척 중요한 일에 내가 참여하고 있고, 하나님이 나를 이 사역으로 부르셨음을 알 때의 기쁨은 이루 말할 수 없었다.

하나님의 인도하심에 순종할 때 기쁨이 나를 사로잡는다. 하나님은 나를 교육 사역으로 부르셨다. 내가 하나님이 원하시는 자리에 있다는 확신은 큰 기쁨이었다. 성령님이 성도의 삶에 임재하심을 볼 때도 역시 기쁘다. 내 사역에서 기쁨의 가장 큰 원천이 이것이다. 기쁨은 외적인 환경의 결과가 아니라 내적인 조건이다.

종종 사역이 힘들고 낙심되고 혼란스러울 때도 있었지만 하나님의 성령이 주시는 위로로 언제나 기쁨을 회복할 수 있었다.

직분자의 기술이 발전하도록 도우라

교육 사역자는 사람들이 기술을 개발하여 더 나은 그리스도의 일꾼이 되도록 돕는 데 많은 시간과 에너지를 투자한다. 하나님의 일꾼이 '아하!' 하며 깨달음의 순간을 경험하는 모습을 볼 때 그들이 얻는 기쁨은 그 무엇보다 크다. 마치 그 사람의 머릿속에 깨달음의 불빛이 켜진 것을 보는 것 같다. 누군가는 이 기쁨을 이렇게 묘사했다.

교사가 학생들의 수준에 맞춘 교수법의 가치를 인정하는 모습을 보면 기쁘기 그지없다. 나는 주중 직분자 모임에서 장년인 여성도를 담당하고 있는 한 교사를 관찰했다. 그는 다음 과를 소개하면서 학령기 아이들에게 적합할 법한 방식을 사용했다. 그러나 수업이 끝난 후 교사는 장년의 여성도가 그 과의 학습 목표를 달성하는 데 그 방법이 매우 유익하다는 사실을 깨달았다. 마치 전구에 불이 들어온 것 같았다. 그는 심도 있는 학습에서 학습자의 참여가 얼마나 유익한지를 깨달았다.

교회 성도들이 섬김을 통해 성장하는 모습을 보거나 다른 사람들을 지도하고 가르치는 방법을 알도록 도우면서 큰 기쁨을 얻었다. '성도들이 봉사의 일을 하도록 구비'시키는 일이 내가 받은 소명이라고 생각했다. 성도들을 세우는 일이 참으로 즐거웠다.

나는 평신도들이 사용할 여러 지도를 만드는 데서 기쁨을 누린다. '지도 제작자'가 내 역할인 것 같다. 평신도들이 내 지도를 소중하게 여기고 사역에 활용할 때 얼마나 기쁜지 모른다. 지도를 만드는 일은 정말 즐겁다!

새로운 반 시작하기

교육 사역자는 새로운 반의 개설이 중요함을 주일학교 리더들에게 설득해야 하는 도전에 직면한다. 새로운 반을 시작하는 일에 도전함으로써 한 개인이 성장을 위해 최선을 다하도록 돕는 일은 훨씬 더 즐겁다. 이에 대한 두 가지 사례를 소개한다.

60대 노년반을 맡은 의사가 있었다. 그는 그 반을 사랑하고 따뜻한 교제에 애착을 느낀다. 사실 처음부터 새 반에 관심이 있었던 것은 아니다. 그러나 그는 새로운 반을 만들라는 권면을 받아들였다. 그리고 노년반에 전혀 관심이 없던 사람들이 새로 만든 노년반에 참석하도록 하는 일이 의외로 너무 쉽다는 것을 알았을 때 그는 깜짝 놀랐다.

나는 시내의 유서 깊은 오래된 교회에 다닌다. 그동안 주일학교 반을 신설하고 그들이 성장하며 성숙해가는 모습을 보면서 많은 기쁨을 누렸다. 특별히 두 반이 내 마음에 깊이 남아 있다. 한 반은 젊은 성인 싱글반으로 6명으로 시작해 지금은 45명이 넘는다. 또 한 반은 젊은 성인 커플반으로 서너 커플로 시작해 단기간에 열두 커플로 늘어났다. 이들은 모임에 꾸준히 출석한다.

일꾼 모집

교육 사역자는 성도들이 섬김의 일을 할 수 있도록 준비시킬 책임이 있으므로 더 많은 일꾼을 모집하기 위해 노력한다. 이것은 큰 도전인 동시에 쉬지 않고 감당해야 하는 지속적 과업이지만 그 무엇보다 큰 보람을 얻을 수 있다. 누군가 이렇게 말했다. “나는 리더나 사역자가 될 가능성이 있는 사람들을 찾아내는 도전이 매우 즐거웠다. 그런 사람들을 찾아내면 그들을 훈련하여 원하는 사역 영역에 배치했다.” 또 다른 사람은 이렇게 썼다. “나는 이 일에 특별한 복을 받았다. 사람들은 저마다 다르지만 나는 그들이 어떤 직분을 맡으면 좋을지 쉽게 파악이 된다. 그들이 그 직분을 받아들이도록 권면하는 일이 하나님께 받은 내 일이라는 확신이 있다.”

어떤 사역자는 다음과 같이 기쁨을 표현했다.

융합 촉진가로 섬기기! 퍼즐 조각들을 하나로 맞추고 한 걸음 물러서서 사역이 진척되는 것을 볼 때 정말 기쁘다. 조직과 관계들이 융합을 이룰 때 그 과정을 지켜보는 일은 흥미진진하다. 교회는 융합을 통해 성장한다.

사람들에게 영향을 끼치기

누구나 함께 일하는 사람들에게 영향을 끼치기 원한다. 누군가는 그 기쁨을 이렇게 표현했다.

> 모든 연령대의 사람들이 성장하도록 돕기. 한 유치원생이 공공장소에서 환하며 웃으며 "교회에서 만난 내 친구예요"라고 내게 소개해주면 참 기쁘다. 내가 작년에 가르쳤던 십대 소년이 친구에게 같은 공과로 말씀을 가르치는 소리를 들을 때도 기뻤다. 집마다 전도할 때 멋쩍은 얼굴로 나와 함께했던 여성이 이제는 그 일을 즐겁게 해내는 모습을 보면 기쁘다. 젊은 커플이 어렵게 연애를 해서 결혼을 하고 아이들을 기르며 승진을 하고 세례를 받으며 어려운 시절을 이겨내는 모습을 볼 때도 참 기쁘다. 투병 생활을 하는 환자가 나로 인해 하나님의 숨결을 느꼈다는 것을 알게 될 때 기쁘다. 또 나이 드신 어른에게 어떤 일을 해달라고 부탁드리고 그분의 얼굴에 감사의 미소가 번지면 기쁘다. "시각 교재요?"라고 반문하던 교사가 그 교재를 사용하는 내 모습을 본 뒤로는 그 시각 교재로 벽면을 장식했을 때도 정말 기뻤다.

사역 기간

많은 교육 사역자가 수년간 한곳에서 사역함으로 얻는 기쁨을 간증했다.

내가 평신도나 교역자와 서로 알고 섬기며 신뢰와 존경을 얻을 수 있었던 것은 이렇게 한 교회에서 여러 해를 머물렀기 때문이라는 생각이 들었다. 한 사역지에서 오래 머무르면 한 인격체로서 성숙하고 성장할 수 있는 기회가 허락된다. 또한 사역과 교육 프로그램의 장기 목표가 실현되는 것을 볼 수도 있다.

한 사역지에서 '모래 위의 발자취'를 볼 수 있을 정도로 오랫동안 머무름으로 얻는 만족감이 내게 큰 기쁨으로 다가온다. 21년이 넘는 세월을 사역하면서 수많은 프로그램을 새롭게 시작했고 이제 그 프로그램들이 성공적으로 정착되어 운영되고 있다. 그 기간에 이루어진 시설 확충과 주일학교 성장은 내게 큰 자부심을 준다.

누군가는 '9년 만에 출석 교인이 300명에서 1,150명이 되고, 30만 달러 수준이던 헌금이 160만 달러로 늘어나고, 해외 선교 헌금이 5천 달러에서 9만4천 달러로 증액된 것을 본' 기쁨을 이야기했다.

누군가는 게인스 도빈스(Gaines Dobbins)의 "교육 사역자는 현장인 교회로 가서 그곳에 머물며 리더십을 길러야 한다"라는 조언을 인용했다. 그리고 "이것은 많은 사역자가 전혀 경험하지 못하는 기쁨이다"라는 평가로 마무리했다.

계획과 꿈의 실현

한곳에서 장기간 사역할 때 얻는 축복과 기쁨이 또 있다. 계획과 꿈이 실현되는 것을 보는 행운을 누릴 수 있다는 것이다. 어떤 이는 이렇게 말했다. "그것은 번뜩이는 불꽃 하나에 살을 붙이고 다시 고심을 거듭해 기도하며 다듬으면서 시작된 아이디어였다. 교육 사역자는 그 계획이 현실이 되고 사람들이 그것을 자신들의 아이디어로 받아들일 때 기쁨을 누린다."

어떤 이들은 꿈이 실현된 경험을 들려주었다.

> 교회에 상담 센터를 세우는 것이 내 오랜 꿈이었다. 교육 사역을 하는 것 외에도 나는 일주일에 6-8명을 상담해야 했다. 우리는 전임 상담가를 초빙해 센터를 만들었다. 그 상담가는 지금도 예약이 꽉 차 있다. 하나님이 우리를 축복하실 때 든든하면서도 겸허해진다.

> 교회 리더들과 머리를 맞대고 계획을 수정하고, 그 수정한 내용에 모두가 동의하여 문제를 해결했을 때 기뻤다. 교회에서 공간이 부족해 우리는 주일에 주일학교를 두 번에 걸쳐 운영하고 예배를 한 번 드리기로 했다. 먼저 이 계획에 대해 다른 교회들에게 문의해 보았는데, 모두 그렇게 하지 않는 게 좋겠다고 했다. 어쨌든 우리는 교인들에게 문제를 공개하고 해결하고자 노력했는데, 그것은 매우 성공적이었다.

> 교인들이 꿈을 실현하도록 도울 때 기쁨을 느낀다. 교회 건축을 원하는 교회에서 기금 마련 프로그램을 시행할 때 기쁨을 느낀다. 더 많은 사람에게 복음을 전하고 싶은 주일학교반이나 제자 훈련

반을 위해 새로운 반을 재조직해서 시작할 때 기쁘다. 다른 사람들을 돕고 싶은 이들을 위해 비상 식품을 저장할 수 있는 공간을 마련해줄 때 기쁘다.

기획과 조정

교육 프로그램과 교회 프로그램을 기획하고 조정하는 일은 교인에게 쉽게 드러나지 않는다. 그러나 이런 일도 기쁨의 원천이 된다. 어떤 사람은 "교회에서 가장 중요한 기관이자 인생을 바꾸는 기관, 즉 주일학교를 조직하고 정비하는 일을 할 때, 또 필요한 일꾼들을 세우고 의도한 목표대로 운영할 때 기쁘다"라고 말했다. 또 어떤 사람은 기획을 할 때 교역자의 역할이 얼마나 중요한지를 언급했다. "나는 그들이 새로운 아이디어를 실현하도록 도와줄 때 즐겁다. 먼저 그들의 개인적인 지원을 얻은 다음 그들이 사역 집단에서 개인적 성장을 이룰 수 있도록 독려한다."

어떤 사람은 이렇게 말했다.

나는 교회위원회에서 목표와 목적을 세우고 실행을 위한 세부 계획을 세울 때 함께 일하는 것이 즐겁다. 나는 사람들이 위원회가 교회를 어떻게 이끌어가는지 보면서 실제로 동기부여가 되는 것을 보았다. 그들은 필요나 비전 등에 근거해 구체적인 행동으로 나아간다.

또 어떤 이는 기독교 교육의 철학을 개발하고 그 본질을 이해하도록 개인들과 교회를 도우면서 기쁨을 얻었다. 그는 또 이렇게 고백했다.

> 회중의 고동치는 심장 박동을 느낄 때 기쁨을 느낀다. 놀라울 정도로 교인들의 스펙트럼이 넓다는 점을 확인하고(심지어 목회자보다 더 넓은) 그들이 참여하는 다양한 사역을 보면 가슴이 벅차오른다.

또 어떤 사람은 이렇게 말했다.

> 사역을 나눌 때 어떤 일을 하더라도 서로 존중하고 책임지는 자세가 밑바탕에 있어야 한다. 나는 서로 경쟁하는 태도가 아니라 협력하는 태도로 사람들과 함께 교회가 나아갈 방향에 대해 계획을 세우고 실행할 때 보람을 느낀다.
>
> 나는 교회가 계획을 세우도록 이끌고, 그 계획을 실행하고자 행동하는 모습을 볼 때 기뻤다. 휴스턴에서 우리 교회는 새로운 부지를 구입해서 완전히 새롭게 건물을 설계하고, 그 건물이 올라가고 채워지는 모습을 지켜보았다.
>
> 교인들이 각자의 자리에서 교회를 섬기는 책임을 받아들이도록 이끌어주는 일도 나의 크나큰 기쁨이었다. 그들은 교역자의 리더십을 존중하고 따랐다. 그들은 교역자가 교회 일을 전부 떠맡기를 원하지 않았다. 나의 목표 중 하나는 사람들이 다양한 방식으로

지속적으로 교회를 섬길 수 있도록 돕는 것이다. 혼자서 하면 때로는 더 쉬울 수도 있지만, 함께 짐을 나누는 즐거움을 그들에게서 빼앗을 이유가 어디 있겠는가? 우리 교회는 수백 명의 자원봉사자를 활용한다.

성도들을 섬기는 기쁨

교육 사역자는 사람들을 섬길 기회가 많다. 집에서 요양하거나 병원에 입원 중인 환자를 섬기거나, 어려움에 처한 이들을 돌봐야 할 수도 있다. 사람들이 그들의 길을 찾도록 돕는 일도 교육 사역자가 감당해야 할 사역이다. 어떤 교육 사역자는 슬픔과 비탄과 상실을 경험한 사람들을 위로하는 데서 기쁨을 얻었다. 또 어떤 이는 기뻐하는 자들과 함께 기뻐하는 데서 기쁨을 누렸다. 또 교회 대신 사람들을 찾아가고 필요를 채워주는 데서 기쁨을 누리는 사람도 있었다. 이것은 사람들에 대한 돌봄을 표현하는 방식이다.

교육 사역이라는 하나님의 소명을 받아들인 사람들에게 영향을 끼칠 기회가 생기면 즐겁다. 어떤 사역자는 그 기쁨을 이렇게 표현했다.

교육 사역을 하면서 사역 모델로서 나의 역할을 깨달을 때 개인적으로 가장 보람되고 놀라움을 느낀다. 나의 사역에 영향을 받아 지금 교육 사역의 길로 들어선 이들을 보면 얼마나 뿌듯한지 모른다. 책임감 때문에 때로 두려운 마음이 들기도 하지만, 이 일이 하나님이 소명으로 주신 사역을 확대할 놀라운 기회라는 생각이 든다.

또 어떤 사역자는 섬겼던 사람들에게서 오히려 섬김을 받았을 때 매우 기뻤다고 한다. 그는 "2년 전 장기 투병 생활을 해야 했을 때, 우리 부부에게 지도를 받았던 사람들이 우리에게 보여준 지원과 위로가 큰 힘이 되었다"라고 적었다.

어떤 사역자는 이렇게 말했다.

나와 함께 일했던 사람들에게서 감사의 답례를 받을 때면 참 기쁘다. 한 교회에서는 다른 곳으로 떠나는 나를 위해 교인들이 감사 헌금을 모아주었는데 내 석 달치 사례금보다 액수가 많았다. 나를 위해 자동차 타이어 세트를 구입해준 분들도 있었다. 이전에 사역했던 교회에 초대를 받고 주일 낮 설교를 했을 때는 이사를 앞둔 우리 부부를 위해 한 달치 사례금을 주었다. 그 돈도 고마웠지만 진심으로 고마워하는 분들을 보면서 기쁘고 감사했다.

관계의 발전

여러 교육 사역자가 사역자가 되지 않았으면 몰랐을, 사람들과 관계를 맺어가는 기쁨을 이야기해주었다. 오랫동안 교육 사역자의 길을 걸었던 사람은 이렇게 말했다.

교육 사역자로서 또 다른 큰 기쁨은 교회에서 섬기는 사람들과의

> 관계가 돈독해지는 것이다. 나는 한 교회에서 오랜 세월을 보내면서 성도들과 점점 더 깊어지는 유대 관계를 누렸다. 내가 처음 부임했을 때 갓난아기였던 이들이 지금은 대학생이 되었다. 나와 성도들 사이에 순수한 사랑이 형성되었다.

교육 사역자협회나 모임을 통해 친구들과 동료들이 전국적 관계망으로 형성되는 점도 또 다른 기쁨이다.

다른 교역자와의 원만한 관계

교역자들과의 동역은 큰 기쁨의 원천이 어떤 교육 사역자는 그것을 "동료 사역자들과 함께 섬기며 사랑과 배려가 있는 참된 '가족' 관계를 이루는 기쁨"이라고 표현했다.

> 많은 교역자가 오고 갔지만 나는 그들과 함께 사역할 때 정말 즐거웠다. 그들은 마치 처음부터 이곳에서 함께 나고 자란 형제나 제자 같다는 생각이 들었다. 사랑과 존경의 순수한 감정을 나누는 우리의 관계는 지금도 지속되고 있다.

다른 교역자들이나 담임목사와 동역하며 팀으로 사역을 꾸려나가는 것도 또 다른 즐거움이다. 어떤 이는 "지금 나의 절친 중에는 오래전에 한 교회에서 같이 사역했던 사람도 있다"라고 말한다. 서로 지원해주는 것도 기쁜 일이다. 어떤 이는 이렇게 말했다.

교회에서 교육 사역자에게 가장 중요한 관계는 담임목사와의 관계다. 실현 가능한 사역 방식을 개발하고 서로의 리더십 방식을 인정하는 일은 매우 중요하다. 이것은 내게 성장의 기회가 될 수도 있고 갈등의 기회가 될 수도 있다. 담임목사와의 관계 외에 동료 사역자들부터 관리 집사에 이르는 교회 직원들을 제대로 감독하려면 신중하면서 전문가다운 태도가 필요하다. 나는 말하기 전에 경청하고, 행동하기 전에 생각하는 법을 배웠으며, 잘못을 지적하기 전에 먼저 기도하는 법을 배웠다. 교육 사역자라는 특수한 위치에서 섬기면서 다른 교역자들과 가족처럼 친밀해져서인지 그들과의 관계가 정말 즐겁다.

담임목사와 진짜 친구처럼 친밀한 관계가 될 때 즐겁다. 이런 관계가 항상 가능하지는 않다. 이 관계가 너무 중요하므로 나는 사역지를 선택할 때 담임목사를 교회 이상으로 고려해야 한다고 믿는다. 한 목사님이 내 후임이 되었을 때, 나는 그분과 너무나 멋진 사이가 되었다.

인정받기

교육 사역자는 사람들의 칭찬이나 갈채를 받을 목적으로 사역하지 않는다. 그러나 긍정적인 인정을 받는 일은 중요하다. 그들은 뭔가 변화를 일으키거나 인정을 받는 것을 좋아한다. 어떤 사람은 교육 사역자로서의 기쁨을 이렇게 설명했다.

개인적인 칭찬을 받으면 적어도 얼마 동안은 내가 그리스도를 닮은 사람이 된 듯한 느낌이 든다. “여성도 얼마든지 당당하고 강할 수 있다는 것을 당신이 보여주었어요”라는 말을 들으면 기분이 좋다. “이 게임을 당신이 만들었어요? 꼭 당신 머리에서 튀어나온 게임 같아요.” “다음에 교인들을 각성시킬 누군가가 필요하면 꼭 당신을 부르겠어요.” “어떻게 가르쳐야 하는지 당신에게 한 수 배웠습니다.” “당신이 조금도 차별하지 않는다는 것을 아이들도 알아요.” “당신의 결혼생활을 보고 큰 감명을 얻었어요.”

행정 관리로 돕는 기쁨

행정 문제로 교회를 돕는 일이 기쁘다고 설명한 교육 사역자는 딱 한 사람이었다. 그녀는 이렇게 적었다.

내가 즐겁게 일할 수 있는 또 다른 영역은 재정 분야다. 성도들이 교회에 드린 십일조와 헌금을 감독하는 책임이 내게 있다고 생각하면 숙연해진다. 예산에 따라 재정을 집행하지만 더 중요한 책임이 내게 있다. 나는 예산 집행 책임자들과 협력해 헌금을 최대한 적절하게 사용한다. 우리는 이런 책임을 엄중하게 인식하기 때문에 자원봉사자 활용, 창조적 발상, 협상이 우리 사역에 중요한 문제로 다가온다. 우리가 절약한 예산은 또 다른 사역에 사용할 수 있다. 주님의 돈을 아껴 쓰면 중요한 사역에 돈을 사용할 수 있고, 때로 예산보다 적은 돈으로 사업을 진행할 수 있어서 자부심을 느낀다.

요약

사역자로서 누리는 기쁨을 잘 표현한 두 사람의 말을 인용하는 것으로 마무리하고자 한다. 한 사람은 "기쁨은 시간이 걸리고 시간이 흐를수록 기쁨은 더욱 깊어진다"라고 말했다. 다른 한 사람은 은퇴 직후 이렇게 말했다. "당신의 가장 큰 기쁨은 무엇인가? 40년의 사역 기간은 내게 소명을 감당하는 기쁨으로 가득한 시간이었다. 심지어 감사하기 어렵고 매일 반복되는 지루하고 평범한 일도 교육 사역자에게는 필요하다."

2부

교육 목사의 역할

2부에서는 '교육 사역자가 하는 일은 무엇인가? 효과적인 사역을 위해 교육 사역자에게 필요한 역량 기술은 무엇인가?'와 같은 문제들의 답을 찾아볼 것이다. 이렇게 선정된 역량 기술은 기독교 교육을 위한 사역에 꼭 필요하다. 그중 많은 기술은 본문에 소개된 것보다 실제로 더 광범위하고, 고려해볼 만한 다른 기술들도 있다.

6장에서는 '행정 관리자'로서 교회 교육 프로그램을 관리하는 사람에게 필요한 행정 기술을 다룬다.

7장에서는 '기획자'로서 교육 사역자의 역할을 살펴본다. 교육 사역자는 각 기관위원회와 협력하는 방식으로 교육기관들과 계획을 세운다. 주별, 월별, 분기별, 연 단위의 다양한 계획이 여기에 포함된다. 기획 분야에서 중요한 하나는 전체 교회의 프로그램을 조정하는 문제다. 기획은 예산과도 긴밀히 연관되어 있다.

8장에서는 성도들이 능력을 구비하도록 훈련하는 교육 사역자의 기술에 대해 설명한다. 이 일은 리더들을 발굴하여 개인적으로 훈련하는 일이 주를 이루며, 교회 인선위원회나 기독교 교육위원회와 긴밀한 협력이 필요하다.

9장에서는 '위임자'로서 교육 사역자의 역할을 살펴본다. 이 역할은 하나님의 사람들이 봉사의 일을 하도록 준비시키는 과업에 꼭 필요하다. 위임과 감독은 서로 밀접하게 연결되어 있다.

10장에서는 '평가자'로서 교육 프로그램을 평가하는 문제를 설명한다. 평가는 기독교 교육 사역자에게 필요한 핵심 기술로, 전체 교육 사역과 조직이 그 평가 대상이다. 이 기술은 교육 프로그램에 맞게 조정 작업을 할 때 꼭 필요하다.

11장에서는 '성장 조력자'로서 교육 사역자의 역할을 살펴볼 것이다. 교육 사역자는 교회의 양적 성장과 신자들의 영적 성숙을 돕는다. 제자 훈련 프로그램은 새신자를 위해서도 필요하지만 모든 연령의 성도가 지속적으로 성장하기 위해서도 필요한데, 이것을 교육 사역자가 주관한다.

12장에서는 '커뮤니케이터'로서 교육 사역자의 역할을 다룬다. 어떤 이들은 이 역할이 기독교 교육의 가장 중요한 기능이라고 본다. 이 역할과 관련해 교육 사역자는 기본이 되는 세 가지 기능을 수행해야 한다. 바로 커뮤니케이터, 프로모터, 홍보 전문가다.

13장에서는 '교육자'로서의 역할에 대해 설명한다. 교육 사역자는 교회를 위해 감당해야 할 교육 관련 과업이 많다. 고려해야 할 몇 가지 주제로는 커리큘럼 선정, 일꾼 개발과 훈련, 교육 전문가, 연령별 집단 전문가, 교수법과 학습의 역학, 교육 기술 개발이 있다. 교회 전체에 교육에 대한 소명이 있지만, 교육 사역자의 존재와 역할을 가장 적절하게 정의하는 단어는 역시 교육자다.

14장에서는 '동기 부여자'로서 교육 사역자를 다룬다. 이 장에서는 동기 부여에 도움이 되는 내적, 외적 요인들을 검토한다. 교회에서 기독교 교육 사역자의 일과 관련해 매슬로우의 욕구 5단계를 다룬다. 교육 사역자는 긍정적 동기 부여가 이루어질 수 있도록 분위기를 조성할 책임이 있다.

15장에서는 '신학자'로서 교육 사역자에 대해 살펴본다. 교육 사역자는 사람들이 자신의 신앙을 해석하도록 지도하는 꼼꼼한 신학자가 되어야 한다. 교육 사역자가 오랫동안 이 역할을 담당했기 때문에 이것은 새로운 역량은 아니지만, 많은 사람이 교회와 성도들의 삶에서 이 역할의 중요성을 새롭게 인정할 것을 요구한다.

6

행정 관리자

로버트는 처음 부임한 교회에서 전임 교육 사역자로 섬기고 있다. 그 교회는 설립된 지 10년 된 신생 교회다. 교회는 담임목사의 열렬한 복음 전도에 힘입어 급속히 성장했다. 복음을 전해 들은 많은 사람이 이 교회의 소속 교단이나 그 교단의 교육 프로그램에 대해 잘 모르고, 대다수 교인은 처음으로 신앙을 받아들였다. 그 교회는 주일학교 교육 프로그램은 잘 구비하고 있는 편이지만 행정 체계는 미비한 부분이 많다. 제자 훈련과 선교 교육은 실시된 적이 거의 없고, 그나마 대부분 주일학교의 후원으로 명맥을 잇는 수준이다. 여러 기관이 저마다 원하는 대로 사업을 벌이다 보니 서로 중복되거나 겹치는 경우도 적지 않다.

로버트는 이런 상황이 불안하고 불편하다. 자신의 경험 부족이 염려스럽다. 그는 어디서부터 시작해야 하는가? 그가 알고 준수해야 할 지침이나 원리가 있는가? 그는 어떻게 해야 각 기관이 담당하고 있는 일을 완수하도록 도울 수 있는가? 그가 경계해야 할 함정, 삼가야 할 일은 무엇인가?

많은 교육 사역자가 교회 행정을 책임지고 감당한다. 내가 이 역할을 인정하는 이유는, 많은 교육 사역자가 교육 행정보다는 교회 전체 행정을 하는 데 더 많은 시간을 사용하기 때문이다. 해리스(Harris)는 이렇게 지적한다.

> 어떤 교구든 회중 가운데는 교구의 재정 업무를 처리할 수 있는 사람이 많이 있고, 더 고무적인 사실은 교구의 모든 사업 문제를 대변할 재정 위원으로 일할 사람들이 충분하다는 것이다. 그러므로 새롭고 독창적인 기금 조성 방법과 사용법을 어렵지 않게 개발할 수 있다.[1]

그녀의 지적은 교회생활의 다른 영역에도 적용된다. 많은 교회위원회는 교육 사역자에게 할당된 행정 업무들을 대신 맡아 처리해줄 수 있다.

이 장에서는 교육 사역이나 프로그램과 연관 있는 행정을 집중적으로 다룬다. 해리스는 "행정에는 수많은 일이 포함된다. 기획, 실행, 일정 조정, 인력 확보, 다양한 연령 집단을 위한 감독 프로그램 등이 대표적이다. 또한 그런 일에 따르는 필수적인 일상 사무 처리도 포함된다"[2] 라고 말한다.

교육 사역자는 기독교 교육 프로그램을 관리하는 데 많은 시간을 할애한다. 이 책임에는 모든 교육 프로그램이 효율적이고 효과적으로 기능하는지 감독하는 일도 포함된다. 기독교 교육 프로그램은 저절로 알아서 굴러가지 않는다. 행정 리더십을 발휘할 책임감 강한 사람이 필요하다. 로버트 바우어(Robert Bower)는 다음과 같이 말한다.

> 행정 관리자는 광범위한 교육 프로그램을 운영할 때 세세한 부분까지 수백 가지 일을 처리해야 한다. 계획을 세우고 정책을 만들어 꼼꼼하게 실행해야 한다. 계획의 성공 여부를 알게 하는 자료를 수집해서 미래의 정책 결정과 기획이 실현 가능한 목표를 지향하도록 해야 한다. 본질적으로 건전한 프로그램은 행정이 효과적으로 뒷받침되어야 한다.[3]

각 프로그램에는 교회가 목적과 목표를 달성할 수 있도록 할당받은 구체적인 과업이 있다. 예를 들어, 성경 공부는 주일학교에서 진행해야 할 과업이다. 모든 기독교 교육 프로그램은 성경적 근거가 확실하다. 행정 관리자로서 교육 사역자는 각 기관이 할당된 일을 제대로 감당하고 있는지 확인한다. 이 장에서는 기독교 교육 프로그램에 특별히 적용되는 행정 원리를 알아보고 교육 사역이 생산적으로 진행되기 위해 필요한 행정 조직을 집중적으로 살펴볼 것이다. 또한 행정 기능 향상을 목적으로 한 기본적인 행정 지침들을 소개할 것이다. 사역자들이 교육위원회와 생산적으로 동역할 수 있도록 여러 기술을 소개할 것이다. 또한 조직과 행정 구조에 대해서도 설명할 것이다.

컴퓨터와 교육 행정

많은 교회가 컴퓨터를 활용해 문서를 보관하고 자료를 구축한다. 교육 사역자는 컴퓨터가 교육 행정 문제를 처리하는 데 얼마나 유용한지 알아야 한다. 컴퓨터는 출석부, 출석률, 봉사 기록, 훈련 목록을 보관하는 데 도움이 되며 그 외에도 교육 사역자들에게 유익한 부분이 아주 많다. 시중에 나가면 일반 교회의 필요에 맞추어 개발된 소프트웨어 패키지 상품을 쉽게 구입할 수 있다. 일단 자료를 입력하면, 출력 기능과 기록 기능이 있어 교육 사역자가 업무를 보는 데 크게 도움이 된다. 교육 사역자를 위한 컴퓨터 활용 방법은 아주 많이 소개되어 있다.

행정 관리자를 위한 지침[4]

파워스(Powers)는 행정 관리자로서 교육 사역자를 위해 열 가지 지침을 제시한다.

1. 각 교육 프로그램의 목적과 조직 구조를 확인하라. 각 프로그램은 일차적으로 감당해야 할 구체적이고 고유한 업무가 있다. 조직의 목적과 업무를 확실히 규정할 때 책무와 겹치는 것과 노력이 중복되는 것을 방지할 수 있다. 그것은 또한 교회가 더 포괄적인 사역과 봉사를 하는 데 유익하다. 다양한 교육 프로그램의 샘플용 책무 기술서는 뒤에서 소개할 것이다.
2. 핵심 리더들로 구성된 교회위원회를 세우거나 활용해 교회의 전체 교육 사역을 기획하고 조정하며 평가하라. 각 교육 부서에는 교회에 보고할 책임이 있는 중요한 핵심 리더들이 있다. 교회에는 기독교 교육 프로그램을 전반적으로 관리하는 사람

외에 각 프로그램을 맡은 부서의 대표들이 필요하다. 기독교 교육위원회가 있으면 이런 일을 가장 효율적으로 진행할 수 있다. 이 위원회는 기독교 교육 프로그램을 기획하고 조정하며 평가하는 일을 한다. 어떤 교회는 교회위원회에서 이 일을 맡기도 한다. 그러나 교회위원회가 이런 일을 맡을 경우, 그 구성원들이 교회 교육과는 무관한 일을 하는 경우가 너무 많다는 문제점이 있다. 교회위원회의 업무는 대부분 교회의 사업 일정을 계획하는 데 치중되기 때문에 교육 사역처럼 특정한 사역에 집중하기가 쉽지 않다.

3. 모든 직분에 대해 구체적인 직무와 의사 결정권 그리고 책임자를 위한 직무 설명서를 준비하라. 종종 이런 일은 최종 승인을 받도록 해당 기관에 추천하는 기독교 교육위원회와 공유한다. 교회의 교육 사역은 자원봉사자 리더들에게 의존한다. 이들은 제대로 훈련만 되면, 맡은 일을 훌륭하게 해낼 수 있다. 즉 이들이 제대로 훈련을 받으면, 맡은 일을 수행하는 데 어떤 기술이 필요하고, 일을 완수하기 위해 어떤 권한이 필요한지, 보고할 상부 기관이 어디인지도 알게 된다. 직무 설명서가 있으면 이런 정보를 알 수 있다.

4. 새 리더를 모집하고서 훈련하거나, 확장 계획을 세우고, 조직의 문제나 다른 유사한 행정 직무들을 확인할 때 이미 입증된 직무 설명서를 사용하라. 참여 요청은 교회의 특정 직무를 받아들이도록 누군가를 설득하는 것 이상의 행위다. 그들이 조직의 목표와 목적을 이루도록 돕기 위해서는 그 조직이 존립하는 전반적인 목적을 파악해야 한다. 또한 해당 프로그램에 할당

된 구체적 직무를 알아야 하고, 그 프로그램의 행정 구조를 파악해야 한다. 또한 현재 그 프로그램이 목적과 목표를 얼마나 달성하고 있으며, 교회의 전체 사역과 어떤 면에서 부합하는지 알아야 한다. 문서화된 직무 설명서는 앞으로 섬길 가능성이 있는 직분자가 직무를 더 잘 이해하고, 조직에서 자신의 권한과 책임자를 더 정확히 파악하는 데 도움이 된다.

5. 각 조직의 연간 계획을 수립하라. 실제로 15개월 달력을 가지고 있으면 더 좋다. 이런 달력이 있으면, 조직의 리더가 매년 달라지더라도 새 리더들은 이행해야 할 계획이 무엇인지 즉시 파악할 수 있다. 연간 계획은 각 부서의 연간 평가를 기초로 한다. 예를 들어, 주일학교는 업무 기술서 분석, 교단 차원의 기준과 목표, 성장 계획과 같은 도구들을 사용해 활동을 평가할 수 있다.[5] 이런 도구들과 그 밖의 여러 도구는 리더들의 지난 활동 내역을 파악하는 데 도움이 된다. 개선점이나 추가 활동이 필요한 영역들은 기록하여 적절한 계획을 수립할 수 있어야 한다. 또한 프로그램 리더들이 교단의 사업계획서를 검토해 연간 계획을 세울 수 있다. 이런 작업으로 내년도 계획에 반영할 만한 새로운 자원, 추가해야 할 아이디어, 연중 사업 항목들을 알 수 있다.[6]
6. 교재와 같이 경상비로 나가는 항목과 연간 사업 계획의 모든 특수 항목에 대한 예산을 세우라. 건강하고 안정적인 기독교 교육 프로그램이 되기 위해서는 지속적으로 재정이 투입되어야 한다. 교육 활동은 대부분 학생과 교사 혹은 리더를 위한 커리큘럼 교재와 여러 자료에 의존한다. 기독교 교육 예산이 있어

야 리더와 학생이 적절한 도서 자료를 갖추고 활용할 수 있다. 예산에는 훈련 교재비와 함께 때로 적절한 훈련을 시행하는 데 필요한 인력 조달 비용이 포함된다. 핵심 리더들이 지역이나 지방 혹은 전국 단위의 훈련 기회를 활용할 수 있도록 예산을 배정해야 한다. 교회는 특히 유치부와 유년부에 지원할 적절한 예산을 확보해야 한다. 신년에 새 반과 새 부서가 생길 경우를 대비해 장비나 비품을 구입할 예산도 있어야 한다. 교육 사역자는 여러 교육 부서와 긴밀하게 협력해 한 해의 기획과 감독에 필요한 예산을 확보해야 한다. 예산 편성을 할 때 비용이 필요한 시기를 확인하는 일도 중요하다. 예를 들어, 여름 성경학교, 캠프, 수련회, 선교 여행과 같은 특별 행사 기간에 많은 교육 활동이 이루어진다. 철저한 계획을 세움으로써 교회는 예산이 필요한 때가 언제인지를 한눈에 파악하게 된다.

7. 모든 계획과 책임자, 혹시 필요하다면 예산 항목을 모두 적은 종합 달력을 제작하라. 종합 달력에는 교회의 전체 활동, 적절한 모임 장소, 특별히 구입해야 할 장비, 책임자, 예산 요건이 다 포함되어야 한다. 종합 달력을 감독하는 사람이 없으면 같은 공간을 원하는 그룹이 한꺼번에 몰릴 수도 있고, 이미 다른 사람이 사용 중인 특수 장비가 필요할 수도 있다. 종종 외부 단체에서 모임 장소를 빌려달라는 요청이 교회에 들어온다. 교육 사역자는 보통 다른 교역자들보다 교회 건축의 필요성과 소요되는 공간에 대해 더 잘 파악하고 있다. 교회의 종합 달력을 관리할 사람으로는 교육 사역자가 타당하다.

8. 각 기관마다 참여자, 연락처, 해당 책임자, 출석 현황을 점검하

여 완벽한 기록 시스템을 유지하라. 정확한 기록은 활발한 기독교 교육 프로그램에 아주 중요하다. 과거 수년 동안 많은 교회가 출석 기록 외에 다른 기록의 중요성은 간과해왔다. 기록은 교회에 긍정적인 유익을 준다. (1) 복음을 전할 사람들과 교인 현황에 대한 정보를 제공하기 때문에 교회 성장에 꼭 필요하다. (2) 모든 연령대의 교인을 위한 교육과 훈련, 신앙 양육 프로그램을 구축하는 데 꼭 필요하다. (3) 프로젝트를 이행한 후 목표를 제대로 달성했는지 평가하기 위해 기록이 중요하다. (4) 기록을 보면, 교회 리더와 사역자가 더 관심을 기울여야 할 항목이 무엇인지 알게 된다.

나는 개인의 기록을 중시하던 시절에 성장했다. 주일학교나 제자 훈련과 관련한 기록은 내가 그리스도인으로 성장하는 데 유용한 실제적인 일들을 할 수 있는 자극제가 되었다. 교인들이 그리스도인으로 성장하도록 돕지 않는 교회는 그들에게 죄를 짓는 것이다. 기록은 교인들이 매일 성경을 읽고, 기도하며, 하나님의 말씀을 연구하고, 좋은 청지기가 되며, 교회 활동에 참여하도록 독려할 수 있으므로 성장에 유익하다. 기록은 그 자체가 목표라기보다 각 교인이 신앙적으로 성장하고 발전하도록 도와주는 수단이다. 정확하고 지속적으로 업데이트된 기록은 또한 교회가 교인들의 형편과 신앙생활 현황을 지속적으로 파악할 수 있도록 도와준다. 출석부가 있으면 결석자를 파악해 적절한 조치를 취할 수 있다. 결석을 한다는 것은 문제가 있다는 뜻이다. 실제적인 문제일 수도 있고 신앙적인 문제일 수도 있지만, 누군가의 관심이 필요하다는 것이다. 봉사 기록부는 새 반을 개설하거나 새 활동을 시작할 때 교육 사역자에게 매우 유용하다. 필요한 일꾼들을 찾아내 임명하고 훈련해야 하는 수고를 하지 않고도, 이미 교회에 있는 유능한 일꾼을 다시 임명하면 된다. 상세하고 업데이트된 훈련 기록은 교육 사역자가 교인들의 훈련 필요성을 파악하는 데 도움이 된다.

1969년 9월 〈교회 행정〉(*Church Administration*) 잡지에 "기록이 필요한 참된 교회에 대한 비유"라는 제목의 기사가 실렸다. 기사는 번영하고 성장하는 역동적인 교회를 다루었다. 그들은 기록이 비신앙적인 행위라고 결정하고 아무것도 기록하지 않았다. 그 결과 교인들은 떠났고, 사역 기회도 사라졌으며, 사역자들의 사례비와 운영비도 줄 수 없는 상황이 되었다. 교회는 완전히 엉망이 되고 말았다. 이것이 비록 비유이기는 하지만, 기록하지 않을 때 교회에 어떤 부작용이 생기는지 잘 보여준다.[7]

9. 정기적으로 또는 매년 정례적으로 평가하라. 평가는 교육 프로그램에서 지속적으로 필요한 과정이다. 공식적인 과제, 목적, 목표에 비추어 진척도를 측정하는 것이 적절하고 유일한 평가 방법이다. 교육 활동은 시행 과정에서 평가를 받아야 하고, 완료된 후에도 평가를 받아야 한다. 진행 중인 프로그램을 평가하지 않을 때 프로그램의 원래 의도와 목적을 놓칠 수 있다. 정기적인 평가를 실시하면 프로그램을 시행하는 동안 미흡한 부분을 교정하고 조정할 수 있다. 전체 프로그램은 연간 평가를 실시해 명시한 목적과 목표를 얼마나 효과적으로 달성했는지 확인해야 한다. 평가 과정에서 추가 작업이 필요하거나 새롭게 강조할 부분이 드러날 경우, 기획 과정을 다시 살펴봐야 한다.

평가는 교육 사역자들이 그들의 행정 업무를 처리하는 데 도움이 된다.

10. 교회 교육기관의 행정 업무를 처리할 때 사람들과 함께 일하고, 사람들을 위해 일하며, 사람들을 통해 일하는 기본 원리를 준수하라. 다음 세 가지가 좋은 지침이 될 수 있다.

- 정보 전달(Inform) 현재 일어나고 있는 일과 그 이유를 구체적으로 전달하라. 모든 계획과 절차를 명확하게 이해하고 관련 주제들을 공개적으로 토론할 기회를 제공하라. 교육기관의 핵심 리더들과 지속적으로 접촉하라.
- 동기 부여(Inspire) 함께 일하는 사람들을 섬기고 동기를 부여하라. 교육 사역자의 태도와 인격은 함께 일해야 할 사람들에게 강력한 영향을 끼친다. 행정은 혼자서 하는 일이 아니며 교인들의 자원을 이끌어내고, 연결하며, 인도하는 일이다. 당신이 제대로 동기를 부여하면 다른 사람들을 통해 더 많은 일을 이루어 낼 수 있다.
- 임무 공유(Involve) 리더십 직무를 관련 책임자들과 두루 나누라. 이렇게 하려면 다음을 유의해야 한다. (1) 리더들이 직무를 행하도록 준비시키고 책임을 위임하며, 그들이 직무를 이행할 때 지원하고 격려한다. (2) 조직에 영향을 끼칠 결정이 있다면, 사람들을 그 과정에 참여시킨다.[8]

행정 기능 개선

바우어는 행정 기능을 개선하기 위한 여섯 가지 기본 전제를 설명한다.[9] 그 전제는 다음과 같다.

1. 사람이 조직이나 프로그램보다 더 중요하다. 예수님은 당시의 조직화된 종교보다는 사람을 더 중시하셨다. 안식일에 곡식 이삭을 따서 먹는 제자들에 대한 불평을 들으신 예수님은 이렇게 대답하셨다. "안식일이 사람을 위하여 있는 것이요 사람이 안식일을 위하여 있는 것이 아니니"(막 2:27). 마가는 또한 예수님이 안식일에 손이 오그라든 사람을 어떻게 고쳐주셨는지 들려준다. 예수님은 종교 지도자들에게 "안식일에 선을 행하는 것과 악을 행하는 것, 생명을 구하는 것과 죽이는 것, 어느 것이 옳으냐"(막 3:4)라고 반문하셨다. 때로 교육 프로그램은 개인보다 조직을 더 우위에 둔다. 사람들은 종종 주일학교와 같은 교회 활동에 참여하라는 요청을 받지만 주일학교가 그들을 위해 할 수 있는 것과 채워줄 수 있는 필요가 무엇인지는 전달받지 못한다. 조직의 효율을 위해 개인이 희생되는 일이 있어서는 안 된다.
2. 그리스도인은 누구나 그리스도의 몸인 교회에서 감당해야 할 사역의 몫이 있다. 바울은 고린도전서 12장에서 영적 은사를 소개하면서, 그리스도의 몸에 속한 사람들과 그들의 은사는 상호 의존적이고, 몸된 교회가 제대로 기능하기 위해서 중요하다고 강조했다. 기독교 교육 관리자는 성도들이 자신의 섬김과 사역의 자리를 찾도록 확인하고 도와줌으로써 교회가 그 사역

과 사명을 완수하게 할 책임이 있다.

3. 교회 리더들은 섬기는 리더다. 로버트 그린리프(Robert Greenleaf)는 자신이 『서번트 리더십』(*Servant Leadership: A Journey into the Nature of Legitimate Power and Greatness*)을 쓴 이유를 이렇게 이야기 한다.

> 리더가 섬기는 사람이라는 개념은 헤르만 헤세의 『동방으로의 여행』(*Journey to the East*)을 읽고 착안한 것이다. 이 이야기에는 신비한 여행을 하는 한 무리가 등장하는데, 아마도 헤세 자신의 여행이라 생각된다. 이야기의 핵심 인물인 레오는 여러 잡일을 하고 시중을 드는 종으로 그 무리와 함께한다. 그는 노래를 하고 분위기를 띄우면서 그들이 지치지 않도록 돕는다. 특별한 존재감이 있는 인물이다. 하지만 레오가 사라지면서 모든 게 엉망이 된다. 무리는 흩어지고 여행은 중단된다. 그들은 레오 없이는 아무것도 할 수가 없다. 일행 가운데 한 명인 화자는 몇 년을 방황한 끝에 레오를 만나게 되고, 그 여행을 후원한 종단으로 인도를 받는다. 그곳에서 한낱 종으로 알았던 레오가 사실은 그 종파의 수장이며, 영적인 인도자이자, 위대하고 고귀한 지도자임을 알게 된다.[10]

예수님은 헤세의 이야기에 나오는 레오와 아주 흡사한 삶을 사셨다. 그러나 그분이 이 땅을 떠난 뒤에도 제자들을 훈련하고 그분이 시작하신 일을 계속 잇도록 준비시키셨기에 그 운동은 사그라들지 않았다. 요한복음 13장 1-17절에서 예수님은 가장 비천한 종이 하던 것처럼 제자들의 발을 씻기시며 섬김의 모범을 보여주셨다. 예수님은 평생 섬기는 리더십을 실천하셨다. 사도 바울은 자신이 예수 그리스도의 종이라고 밝혔다(롬 1:1). 또한 그는 고린도 교회의 종이기도 했다(고후 4:5). 그리스도인 리더들은 자신을 섬김을 받는 자가 아니라 섬기는 자로 인지해야 한다.

4. 리더들은 교육 프로그램을 안내하고 지도하는 책임을 받아들인다. 바우어는 이렇게 썼다.

> 역설적으로 보일지 모르지만, 리더는 섬기는 동시에 직분자들의 활동을 지도하고 감독하는 책임도 기꺼이 감당해야 한다. 심지어 예수님도 섬기셨지만, 제자들을 가르치고 세상에 복음을 전하라고 명령하시며 그들을 파송하셨다. 행정과 감독은 그리스도를 섬기는 사역으로, 다른 사람들을 안내하고 지도하며 돕는 일이다. 권위적이고 군림하는 방법이 아니라 철저히 계획한 가운데 교육적 감독이라는 측면에서 프로그램을 지도해야 한다.[11]

5. 각 기관의 조직 체계를 명확하게 규정해야 한다. 신약 성경에서는 교회 내부의 업무를 전반적으로 관할하도록 선택받은 교회 리더들을 소개한다. 신약성경에서 교회 리더로 확인되는 직분은 사도, 선지자, 복음 전도자, 목사나 교사, 감독, 집사다. 일반적이고 포괄적인 용어로 기술된 이 조직은 모든 필요한 사역에 대비한다는 포괄적인 목적을 가지고 있었다. 신약성경은 현대 교회에 필요한 리더들을 소개하지 않는다. 하지만 가능한 한 생산적으로 교회 사역을 하기 위해 필요한 조직이 있다.

6. 교회의 모든 과업과 직책이 중요하다. 다른 직책보다 더 많은 책임을 감당하는 직책이 있지만, 교회 일을 하는 데는 모든 직책이 다 중요하다. 하나님이 보시기에 중요하지 않은 사역이나 직책은 없다. 바우어는 이렇게 강조한다.

> 정말 소중한 것은 맡은 직책이 아니라 그것을 충실하게 감당하는 태도다. 인간의 관점에서 조직에 얼마나 필요한 중임을 맡았느냐는 그리 중요하지 않다.[12]

교회가 맡은 사명과 사역을 제대로 감당하기 위해서는 각 지체가 맡은 일을 충실하게 수행해야 한다.

교육위원회와 동역하기

행정적으로 교육 사역자는 여러 교육위원회와 긴밀히 접촉할 수밖에 없다. 교육기관은 저마다 사업을 총괄하는 위원회가 있다. 위원회는 부속 기관이 아니라 자문과 조언을 목적으로 하는 기관 내부의 핵심 리더들의 모임이다. 티드웰(Tidwell)은 어떤 조직이든 "종합적이고 효과적이며 통합적인 사역 계획을 개발하고 실행하도록 조직을 이끌고 협력할 리더들이 필요하다"[13]라고 지적한다. 위원회 위원은 총괄 책임자, 여러 임원 그리고 조직의 주요 부서별 핵심 리더들로 구성된다. 파워스는 "조직의 위원회는 다른 그룹에 공식적으로 보고할 책임은 없지만 교회의 전체 목표와 위배되는 것은 없는지 그 기획 활동을 감독할 책임이 있다"[14]라고 지적한다. 각 위원회는 해당 기관의 사역을 기획, 조정, 실행, 평가하는 일을 총괄한다. 티드웰은 기관위원회들의 그 밖의 임무를 확인해준다.

> 기관위원회들은 자기 기관에서 총괄할 활동과 사업을 실행하는 데 필요한 자원을 마련할 계획을 세운다. 그들이 예상하고 제공하고자 하는 자원 중에는 조직, 리더, 훈련, 교재, 장비, 공간, 홍보가 포함된다.[15]

보통 각 위원회는 한 달에 한 번 모임을 갖고 다음 달의 사업 계획을 평가한다. 연간 계획은 별도의 장소에서 모이거나 별도의 기간을 정해서 세운다. 교육 사역자는 각 교육위원회에 책임자로 참여한다.

주일학교위원회

주일학교위원회는 모든 주일학교 총괄 임원과 부서 책임자로 구성된다. 총괄 임원으로는 담임목사, 교육 사역자, 주일학교 부장, 부책임자, 아웃리치 사역 책임자, 총무, 그 외의 다른 임원들이 포함된다. 주일학교 위원회는 연간 사업을 계획한다. 이런 계획은 할당된 직무와 목적 그리고 목표를 달성하는 데 도움이 된다.[16] 주일학교에 주어진 여섯 가지 과업은 다음과 같다.

- 성경을 공부할 사람을 물색한다.

- 성경을 가르친다.
- 사람들에게 그리스도를 전하고 그들이 교회에 출석하도록 이끈다.
- 주일학교 구성원과 비구성원을 목양한다.
- 구성원들이 예배를 드리도록 인도한다.
- 교회와 교단 사업을 이해하고 지원한다.[17]

제자 훈련위원회

모든 복음주의 교회에는 각 연령대에 맞는 적극적인 제자 훈련 프로그램이 필요하다. 제자 훈련은 새신자에게 기본적인 훈련을 제공하는 것으로 끝나지 않는다. 성경은 그리스도인이 은혜 안에서 자라고 성장하여 그리스도를 더욱 닮아가야 한다고 가르친다. 교회는 훈련 기회를 제공하여 신자들이 성장하도록 도전한다. 제자 훈련위원회 회원으로는 담임목사, 교육 사역자, 제자 훈련 책임자, 모집 책임자, 서기, 각 연령별 훈련 리더, 그 외의 다른 임원들이 포함된다. 그들은 맡은 임무를 이행함으로 제자 훈련기관을 지원할 책임이 있다. 제자 훈련 프로그램의 과업은 다음과 같다.

- 제자 훈련을 받을 사람을 물색한다.
- 새신자가 교회 생활을 충실하게 할 수 있도록 적응 훈련을 실시한다.
- 교인들이 제자도를 실천하고 개인 사역을 하도록 준비시킨다.
- 기독교 교리, 교단의 신학 노선, 기독교 윤리, 기독교 역사, 교

회 정책과 조직에 대해 가르친다.

- 교회 리더들이 사역을 감당하도록 훈련한다.
- 교회와 교단 사업을 설명하고 지원한다.[18]

제자 훈련은 새신자의 적응을 돕고, 교인들을 준비시키며, 리더들을 훈련한다. 교회는 양질의 제자 훈련 프로그램으로 체질이 크게 향상되며 선교와 사역을 수행할 능력을 갖추게 된다.[19]

선교교육위원회

교회 안에 있는 모든 연령별 집단은 주일학교와 제자 훈련처럼 선교 교육을 받아야 한다. 어떤 교회에는 교회의 전반적인 선교 교육을 지도하고 이끌 선교교육위원회가 하나밖에 없다. 성년과 어린이를 포괄하는 여성 기관과 남성 기관이 하나씩 따로 있는 교회도 있다. 두 기관 모두 위원회는 위원장, 서기, 각 연령별 리더, 담임목사, 교육 사역자, 그 외 다른 연령별 교역자로 이루어진다. 선교교육기관의 과업은 다음과 같다.

- 선교를 가르친다.
- 선교 활동과 개인 전도에 참여한다.
- 선교를 위해 기도하고 헌신한다.
- 개인 사역을 개발한다.
- 교회와 교단 사업을 설명하고 지원한다.[20]

기독교 교육위원회

나는 사우스캐롤라이나 그린빌의 제일침례교회에서 기독교 교육위원회와 처음으로 일해보았다. 그 위원회와 협력하면서 5년 동안 기독교 교육에 대해 배웠다. 어떤 교단에서는 위원회를 '위원회'(committee)라고 부르고, 어떤 교단에서는 '임원회'(board)라고 부른다. 이 위원회는 담임목사, 교육 사역자, 그 외의 여러 교육 리더와 함께 교회가 교육 목적을 실행하도록 돕는다. 다음은 이 위원회의 사역을 잘 설명한 글이다.

> 기독교 교육위원회는 교인들을 대표해 회중의 교육적 필요와 문제들을 다룰 목적으로 설립된다. 모든 연령 집단의 교육에 관여하며 교회 교육기관들과 모임의 정책을 제시한다. 학교 교사, 주일학교 교사, 그 외의 여러 교육기관 리더들의 제안을 참고하고 그 내용을 반영하며 필요한 사역자를 청빙하거나 임명하는 일에 관여한다. 요약하면, 교육위원회는 연령별 수준에 맞추어 교인들의 전체 교육 프로그램을 진행해나가는 일을 한다.[21]

교육위원회는 교회가 시행하는 다양한 기독교 교육 활동을 조정하고 지도한다. 기독교 교육의 다양한 필요와 발전 과정을 회중에게 지속적으로 홍보하기도 한다.

기독교 교육위원회는 교회 교육 프로그램의 센터로, 소속 위원들은 전체 기독교 교육 프로그램에 대한 지침을 제공하고, 현재와 미래를 위한 기획을 주도한다. 또 잠재적 리더들을 위한 리더십 훈련 프로그램을 조직하고, 현재 섬기고 있는 리더들을 위한 리더십 훈련을 제공한다. 그뿐 아니라 교회의 여러 교육기관을 위한 일꾼들을 모집하고 훈련하는 일을 한다.

이 위원회 위원들은 다양한 교육기관을 대표하는 사람으로 구성되며, 직위별로 선출하거나 각 연령 집단의 리더를 추가로 위원회에 합류시키는 방식을 취한다. 또한 일반 교인 가운데 몇 명이 위원회에 참석하는 것도 좋은 방법이다. 적절한 위원 수는 9-15명이다.

갱글(Gangle)은 기독교 교육위원회의 기본 과제가 기획, 감독, 평가라고 지적한다. 이 위원회는 현재의 교육 프로그램을 평가한 후 교회의 필요를 미래의 계획에 반영한다. 이 일은 적절한 기독교 교육 프로그램을 위한 목표를 계획하고 개발하는 지속적 프로그램을 말한다. 교회에 이런 위원회가 있을 때, 그들은 종종 선발위원회 역할을 하고 교육 프로그램 리더십 공백을 채우는 일을 한다. 갱글은 이렇게 말했다.

> 기획 활동의 경우 위원회는 또한 정책 결정 집단의 역할을 한다. 커리큘럼 문제, 조직의 절차, 기록 시스템 설치, 모든 교육 프로그램의 단계별 기준 확정과 같은 문제를 결정한다.[22]

이 모임은 기독교 교육 프로그램의 전반적 목적과 목표를 규정하고 제안한다. 기독교 교육 관련 직분자들을 위한 직무 설명서를 준비한다.

이 위원회는 기독교 교육 프로그램을 감독하는 역할을 한다. 기획과 더불어 감독의 기능을 하고 전체 프로그램의 통일성을 부여하며 프로그램의 상호 연관성을 도모할 수 있다. 갱글은 "감독의 기능에는 모든 교재와 필요한 보조 자료 제공, 전체 교회 프로그램에서 섬기는 직분자들을 위한 지침 제시, 전체 회중에게 이 직분자들을 지속적으로 대리하는 역할이 포함된다"[23] 라고 강조한다. 이 위원회는 특정한 반이나 연령 집단이 지정 교재(교단에서 결정한 커리큘럼이나 교회가 정한 커리큘럼 과정)가 아닌 다른 교재를 사용할 수 있는지 여부를 결정한다.

이 위원회의 세 번째 기능은 평가다. 평가는 기획과 불가분의 관계가 있다. 갱글은 이렇게 지적한다.

> 평가가 이렇게 기획 단계로 이어지고, 기획 다음에는 감독, 감독 다음에는 평가 단계가 시작되는 식으로, 이 위원회가 교회의 기독교 교육 프로그램과 연관된 직무를 수행할 때 이 주기가 계속해서 반복된다.[24]

갱글은 기독교 교육위원회의 효율적 역할로 다음과 같은 의미 있는 네 가지 결과가 도출된다고 이야기한다.

1. 조직적인 전체 교회 프로그램: 교회의 지속적 운영
2. 효율적인 전체 교회 프로그램: 교회의 원활한 운영
3. 통합적인 전체 교회 프로그램: 교회의 통합적 운영
4. 발전적인 전체 교회 프로그램: 교회의 발전적 운영[25]

조직 · 행정 구조

교회는 각 교육 프로그램을 위해 자체적으로 조직 구조를 결정한다. 이런 구조는 교단이나 교회에 따라 다르다. 파워스는 교육 프로그램을 조직하는 방법을 결정할 때 고려할 중요한 세 가지를 지적한다.[26]

1. 해당 기관의 구체적이고 고유한 목적을 명확히 규정하라. 각 교육 프로그램은 교회를 위해 수행해야 할 특정한 과제나 기능이 있다. 기관의 설립 취지문은 그 조직의 존재 이유와 교회에 기여하는 조직의 고유한 역할, 이 프로그램이 존재하지 않을 경우 이행되지 않는 사역이 무엇인지 알려준다. 주일학교와 제자 훈련 모임은 관련된 특정 프로그램을 위해 사람을 모아야 할 책임이 있다. 기관의 행정 조직에는 그 활동에 참여할 사람들과 접촉하고 모집할 책임이 있는 리더들이 포함된다. 많은 교회가 새로운 사람들을 주일학교로 인도해 복음을 듣게 하지 못하는 이유는 애초에 그렇게 할 조직과 구조가 형성되지 않았기 때문이다. 제자 훈련이 미미한 이유 역시 마찬가지다. 그 조직이 체계적인 제자 훈련 프로그램으로 새로운 사람들을 지속적으로 끌어들이지 못하기 때문이다.
2. 조직이 공식적으로 표방하는 목적을 이행할 수 있는 최선의 방법을 선택하라. 파워스는 다음 질문들을 고려하라고 제안한다.

- 어떤 자원(리더, 시설, 교단의 지원, 재정적 지원 등)을 이용할 수 있는가?

- 교육기관의 우선순위는 무엇인가?
- 어떤 조직이어야 교육 목표를 달성할 뿐만 아니라 리더들이 효율적이고 효과적인 팀 사역을 할 수 있는가?[27]

3. 책무 영역과 의사 결정 영역을 명확히 확인해서 교육 사역과 각각의 요소가 최고의 생산성을 달성할 수 있도록 한다.

- 각 직책에 해당하는 고유한 책무는 무엇인가?
- 각 직책을 맡은 사람이 협의 과정 없이 독자적으로 결정할 수 있는 것은 무엇인가?
- 소통과 기획과 평가를 목적으로 개별 단계(혹은 단위)와 상부 기관을 연결해주는 역할은 누가 맡는가?
- 모든 리더가 보고해야 할 책임자가 있는가?[28]

각 교육기관은 명시된 목적을 충족하고 맡은 과업을 이행하기 위해 총괄 책임자와 핵심 임원들이 필요하다. 또한 책임이 따르는 보고 체계가 있어야 한다. 조직이 제 역할을 하는지, 그 계획이 해당 리더들과 전체 회중에게 제대로 전달되는지를 확인하는 일도 행정의 일부다.

7

기획자

노련한 교육 사역자인 앨리스는 새 교회에 부임했다. 그 교회의 교육 프로그램에는 교단의 사업 일정에 맞추어 주요 사업을 짠 연간 계획서가 있었다. 그 사업은 참여율이 매우 저조했지만 일단 활동을 시작하면 '연중 행사'가 되었다. 그 교회는 사업 계획을 짤 때 창의성을 보이지 않았다.

표면적으로는 그 교회가 계획대로 사업을 차질 없이 진행하는 것 같았지만 홍보가 제대로 안 된 행사가 적지 않았다. 행사를 불과 일 주일 남겨두고 강단에서 광고하는 경우도 종종 있었다. 교회가 사업 목표에 대해 말은 많이 하지만 목표를 달성하기 위한 구체적인 실행 계획은 거의 없다시피 했다. 그들의 사업 달력은 해가 바뀌어도 별반 차이가 없었다.

앨리스는 새로 부임한 교회가 더 계획적으로 일을 진행하도록 어떻게 도울 수 있을까? 어디서부터 시작해야 좋을까? 리더들의 기획 능력을 개발하도록 도울 방법은 무엇인가? 그들이 교회와 공동체의 필요를 발견하도록 도우려면 어떻게 해야 하는가? 실현 가능한 목표를 세우고 그 목표를 이루도록 기획하려면 무슨 일을 해야 하는가?

데이비드 헌터(David Hunter)는 기독교 교육 기획의 네 단계를 확인해준다. 먼저, 기획자는 필요가 발생한 상황을 파악해야 한다. 둘째, 기획자는 이런 상황에서 어떤 역학 관계가 작동하는지 확인해야 한다. 셋째, 이런 역학 관계를 다룰 일련의 전략을 마련해야 한다. 넷째, 이 전략을 실행할 구체적 단계와 자원을 마련할 계획을 세워야 한다.[1] 기획은 다음과 같이 정의할 수 있다. "기획은 한 사업의 전체 목적과 구체적 사업 내용, 그 순서 그리고 필요한 자원을 확인하는 일로 이루어진다."[2]

교육 사역자들은 기획에 많은 시간을 할애한다. 그들은 교육 사역과 프로그램의 기획 과정에 참여한다. 주별, 월별, 분기별 계획 그리고 연간 계획과 장기 계획에 관여한다.

바우어는 "기획이란 과거와 현재를 검토하는 과정으로, 현재와 미래의 교회 목표를 성취하기 위해 최고의 프로그램을 만드는 데 중점을 둔다"[3]라고 말한다. 이런 관점은 기획을 행정 과정의 목적이 아니라, 목적을 위한 수단으로 보는 것이다. 의미 있는 기획을 하기 위해서는 미래에 대한 안목이 필수적이다. 바우어는 이렇게 결론짓는다. "그러므로 기획은 과거와 현재를 면밀히 살피고 자료를 수집하여 해석한 후 조직의 목표를 성취하겠다는 최종 목적 아래 미래를 위한 계획을 세우는 것이다."[4]

기획의 기능

기획을 왜 하는가? 기획은 시간과 에너지가 필요한 일이지만 어떤 조직이든 꼭 필요한 절차다. 목표를 설정하고 그 목표를 달성할 수단을 제시하는 것이 기획이다.

기획은 미래에 실행할 프로그램의 윤곽을 잡는 것이다. 기획의 기능은 예측 요소로 그 특성이 결정된다. 좋은 기획의 핵심은 미래 환경을 예측하고 교회 교육기관들이 그 목적을 달성할 수 있도록 프로그램을 만드는 것이다.[5] 기획 과정은 일련의 기본적이고 논리적이며 순차적 단계로 진행된다. 이 단계들은 다음과 같다.

- 전체 목표나 목적의 진술 기획 과정은 전체 목적을 확인하는 일에서 출발한다. 러시(Rush)는 "목표 의식이 확고해야 기획 일을 하는 데 필요한 신념과 열정이 생길 수 있다"[6]라고 언급했다. 교육 사역의 목표는 교회에서 세운 목표를 기반으로 하며 교회의 목표를 보완하는 것이다. 즉 교회가 목표를 이루도록 돕는다. 전체 목표 혹은 목적은 포괄적 용어로 표현되지만 교육 사역의 방향과 진로를 정하는 지침 역할을 하기 때문에 어느 정도 구체적이어야 한다. 각 교육기관은 그 기관의 발전과 프로그램을 이끌어줄 구체적 목적이 필요하다. 교회가 세운 교육 사역의 목적을 정확히 반영하려면 전체 목표를 제안하고 다듬으며 수정하는 시간이 필요하다.

  나는 한 교회에서 기독교 교육 프로그램의 목적을 작성하는 일에 관여한 적이 있다. 우리는 몇 개월을 고심해 만족할 만한 보고서를 작성했고, 교회에 제출한 후 채택 여부를 의뢰했다. 우리는 합의한 진술이 나오기까지 토요 모임을 서너 번 더 가졌고, 그때마다 거의 6시간씩 투자했다. 그 진술은 대략 30개 단어로 구성되었지만, 단어 하나하나를 신중하게 선택해서 전체 진술에 우리가 의도한 바를 담았다.

- 구체적 목표 목적의 진술이 정해지면 구체적 목표를 준비한다. 목표는 구체성을 띤다는 면에서 목적과 구분된다. 구체적 목표는 양적으로나 질적으로 측정이 가능하다. 러시는 "목표가 측정 가능하다면 무엇을 달성할지, 어느 정도 달성할지, 언제 달성할지를 정확히 알 수 있다…목표는 관리할 수 있도록 반드시 측정 가능해야 한다"[7]라고 말한다. 교육 프로그램은 수적으로 증가되어야 한다. 그 조직이 구성원들을 섬김으로써 개별적으로나 집단적으로나 신앙이 성숙하도록 돕는 것 역시 중요하다. 다시 말해 신자들은 태도와 행동에서 예수 그리스도를 더욱 닮아가야 한다. 그 조직이 수적으로 성장하는지를 보면 어느 정도 성과가 있었는지 판단하기 쉽다.

  반면 질적 성장은 눈으로 쉽게 확인하기 어렵기 때문에 평가하거나 측정하기가 더 어렵다. 목표 진술은 교회나 교회의 교육 사역의 전체 목적과 일치해야 하고, 교육 목표는 교회의 기독교 교육위원회나 여러 교육기관을 대표하는 지도자들이 작성한다. 이런 목표는 개수를 제한해야 교회가 적절하게 개입해 성과를 낼 수 있다. 전문 기획자의 도움을 받아 한 번에 세 개에서 다섯 개의 목표를 실행하는 기업을 보면 배울 점이 있을 것이다.[8] 한꺼번에 많은 목표를 선택하면 진척 사항을 확인하기 어렵고,

그 목표들을 이루기 위해 필요한 에너지가 지나치게 분산된다.

- 실행 목표 설정 첫 두 단계가 완성되어야 실천 가능한 목표를 세울 수 있다. 실행 목표는 구체적이고, 관찰 가능하며, 측정 가능해야 한다. 또 도전 의식도 북돋우고, 성취할 수 있는 것이다. 좋은 실행 목표는 사람들이 더 나은 신앙생활을 하는 데 도움이 된다.

  실행 목표는 문서화해야 개인의 신앙생활 진척 상황을 기술할 수 있는데 예를 들어, 주일학교의 출석 인원수를 200명으로 늘린다는 식으로 목표를 삼는 대신 '우리 목표는 200명이 성경을 공부하는 것이다'라고 명시하는 것이 좋다. 어떤 목표는 수적 성장을 위한 것이지만, 어떤 목표는 신앙생활의 성장과 진척 또는 기술 개발의 향상을 위한 것이다. 교회는 훈련과 복음 전도와 같은 목표를 포함하여 세례 교인 수를 늘리는 것을 목표로 삼을 수 있다.

- 실행 계획 목적의 진술, 기획, 목표는 실행 계획을 마련해 성취해야 한다. 실행 계획은 교회 사업 달력에 표기된 행사를 말한다. 좋은 실행 계획은 측정 가능하다. 그들은 교회 기관들이 채택된 목적과 목표를 향해 나아가게 한다. 조지(George)와 로건(Logan)은 "당신은 무엇을 할지, 언제 그 일을 할지, 누가 그 일을 할지, 어떻게 그 일을 할지, 어떤 자원이 필요한지를 결정해야 한다"[9]라고 언급한다.

  본질적으로, 실행 계획은 일종의 프로그램 평가 검토 기법, 일명 퍼트(PERT)법이다. 이 퍼트 과정을 사용하여, 기획자는 이 기관이 특정 날짜에 어느 정도 목표를 진척시킬 수 있을지를 결정한다. 이것은 주일학교 학생 수의 증가일 수도 있고, 복음 전도 심방을 위한 훈련에 더 많은 사람이 참여하는 것일 수도 있다. 혹은 교인들이 헌금과 선교비를 더 드리도록 독려하는 일일 수도 있다.

교회가 앞으로 12개월 동안 주일학교 출석률을 10퍼센트까지 높이기로 결정했다고 생각해보라. 이 목표를 이루기 위해 무엇을 해야 할까? 현재 적절한 속도로 출석률이 개선되지 않고 있다면 구체적인 행동이 필요하다. 교회 출석부를 현재의 주일학교 출석부와 비교해볼 수 있다. 이런 작업은 교회 일정을 조율할 필요가 없다. 교회 직원이나 자원봉사자들을 활용하면 된다. 물론 이 작업을 완료할 날짜는 정해야 한다.

혹은 아직 정식으로 등록하지 않은 사람들을 찾아내기 위해 전체 교인을 조사할 수도 있다. 이런 활동은 교회 행사 달력에 표시해야 한다. 이 일이 완료되면 현재 주일학교 기관이 더 많은 사람을 다룰 능력이 되느냐를 결정해야 할지도 모른다. 만약 새로운 반을 시작해야 할 필요가 있다면, 먼저 새 반을 시작할 날짜를 정해야 한다. 그런 다음 그날이 되기 전에 새로운 교사와 일꾼을 선발해서 훈련해야 하며, 이 일을 마무리할 날짜 역시 정해놓아야 한다. 또 다른 실행 계획으로는 잠재적 교인들을 정기적으로 심방하는 것이다. 심방하는 목회자나 평신도가 어떻게 행동해야 할지에 대한 훈련이 필요할 수도 있다. 그리고 이 실행 계획도 교회 행사 달력에 표시되어야 한다.

주일학교 출석률을 높인다는 목표를 설정하면, 그것을 이루기 위해 여러 실행 계획을 이행하게 된다. 오직 목표를 달성할 실행 계획만 교회 행사 달력에 표시해야 한다.

- 평가 모든 행사에 대해서 평가를 해야 한다. 어떤 활동을 공정하게 평가하는 방법은 진술된 목적, 구체적 목표, 실행 목표에 비추어 진척도를 살펴보는 것이다. 따라서 모든 행사는 명확한 목적, 구체적 목표, 실행 목표가 필요하다. 몇 주나 몇 개월에 걸쳐 진행되는 일부 활동은 그 과정에서 분석 작업을 거쳐 필요할 경우 수정하거나 조정할 수 있다. 평가 과정에 유용한 몇 가지 질문을 소개한다.

1. 계획한 활동의 목적, 구체적 목표, 실행 목표가 이루어졌는가? 만약 그렇다면, 어떻게 했는가? 그렇지 않다면, 어떤 면에서 그러한가?
2. 그 활동을 계획한 대상은 누구인가? 동참한 사람은 누구인가? 동참했어야 할 사람은 누구인가?
3. 이 프로젝트가 그것의 목적, 구체적 목표, 실행 목표를 성취함으로 교육기관에 어떤 도움이 되었는가?
4. 이 프로젝트가 그것의 목적, 구체적 목표, 실행 목표를 성취함으로 교회에 어떤 도움이 되었는가?
5. 이 행사에 참여한 사람들에게 가장 유익했던 점은 무엇인가? 그 이유는 무엇인가? 어떤 면에서 그러한가?
6. 참가자에게 가장 유익하지 않았던 점은 무엇인가? 그 이유는 무엇인가?
7. 이 행사를 다시 해야 한다고 생각하는가? 만약 그렇다면, 어떤 필요가 충족될 것인가?

8. 지출 비용에 비해 충분한 결과가 있었는가? 개인당 비용은 어느 정도 들었는가?

나는 대형 메트로폴리탄 협회에서 주관하는 컨퍼런스를 기획한 적이 있었다. 전국적으로 유명한 리더들을 강사진으로 섭외하고, 참석자들이 가까운 곳을 선택할 수 있도록 집회 장소를 두 곳으로 정했다. 집회 홍보도 만족스러울 정도로 잘 진행되었다. 다만 사람들이 거주하는 곳이 전국적으로 흩어져 있다는 것이 문제였다. 거의 모든 면에서 문제가 심각했다. 우리는 평가 작업을 통해 그 프로그램이 실행 가능하고, 사람들의 필요를 적절히 채워줄 것이라고 확신했다. 문제는 모든 집단을 동시에 모으고자 욕심을 부린 것이었다. 그렇게 첫 모임을 한 지 15년이 넘었다. 그 표적 집단들은 지금도 지속적으로 모이고 있다. 다만 집단마다 모이는 시기가 다르다.

기획의 열 가지 원리

티드웰은 교회에서 교육 사역을 기획할 때 유념해야 할 열 가지 원리를 소개한다.[10]

1. 하나님과 함께 시작하라. 기독교 안에서 이루어지는 모든 기획은 교회를 향한 하나님의 뜻이 무엇인지 인도하심을 구하는 것으로 시작한다. 이렇게 하지 않을 경우, 기획은 기계적이 된다. 기획 과정은 잘 진행될 수 있겠지만, 활동의 이유나 영적 차원

을 간과할 수 있다. 기독교 교육 리더들은 '하나님은 교회가 이 기독교 교육 프로그램으로 무엇을 하기 원하시는가?'를 물어야 한다. 모든 기획은 하나님의 거룩한 리더십을 구하는 진실한 기도로 시작해야 한다.

2. 기획 과정에 실제 현장에서 뛸 사람들을 참여시키라. 계획을 실행할 사람들을 기획 과정에 참여시켜야 한다. 러시는 이렇게 조언한다.

> 사람들이 기획 과정에 참여해 목적, 구체적 목표, 활동을 개발하는 데 동참하면 주인 의식이 생긴다. 사람들은 참여할 때 그 기획을 자기 것으로 받아들이고 성공하기 위해 적극적으로 노력한다.[11]

이 과정에서 실행할 사람들의 참여가 배제되면 보통 '당신이 기획하고 목표를 수립했으니 실행할 책임도 당신에게 있다'는 식의 태도를 취하게 된다. 주인 의식이 결여된다는 것은 곧 그 프로젝트가 실패하거나 부분적으로 성공하게 된다는 뜻이다. 프로그램 리더들은 그 조직에 영향을 미치는 모든 계획에 참여한다. 예를 들어, 주일학교와 연관된 계획은 리더들의 의견이 반영되어야 하고 그들의 지원이 필요하다. 종종 목표 달성에 꼭 필요한 해당 리더들과 상의하지 않고 일방적으로 출석률 목표를 정하는 사역자가 있다. 이는 바람직하지 않다. 실행할 사람들을 참여시켜야 할 또 다른 이유는 그들에게 계획을 보강해줄 아이디어와 통찰력이 있기 때문이다.

3. 목적에서 수단까지 계획하라. 교육 사역자는 바라던 목표에 이

르기 위한 적합한 수단을 선택할 가능성이 높다. 많은 사람이 그들의 방향을 잘 모르기 때문에 원하는 목적지에 결코 이르지 못한다. 주요 활동을 기획하기에 앞서 그 일을 왜 하는지를 생각해야 한다. 이 행사가 조직의 목표를 성취하는 데 어떤 도움이 되는지를 고려하라. 목적과 구체적 목표를 알면, 언제 어디서 누가 무엇을 어떻게 할 것인가 같은 문제를 결정하는 데 도움이 된다.[12] 목적과 수단이 뒤바뀌지 않도록 주의하면, 기획 과정이 궤도에서 벗어나지 않고 불필요하게 우회하는 시도를 줄일 수 있다. 목적부터 수단까지 기획 내용에 포함되면, 목표 달성과는 무관한 불필요한 활동을 줄일 수 있다.

4. 교회를 강조하라. 종종 교회의 목적, 구체적 목표, 실행 목표를 망각하는 여러 기관이 있다. 그들은 모기관인 교회보다 그들의 역점 사업이 더 중요하다고 생각한다. 교육 사역자는 전체 기독교 교육 프로그램과 많은 부서의 목적, 구체적 목표, 실행 목표가 교회와 일치하고 또한 교회의 목적과 목표를 뒷받침하도록 주의를 기울여야 한다. 교회는 주일학교, 제자 훈련, 선교 교육, 레크리에이션, 친목회, 미디어 도서관, 재직회, 교회위원회와 같은 교회의 구성원들로 이루어지지만, 그 부분들의 총체 이상이다. 기독교 교육 프로그램을 위한 계획을 세울 때 '이 기독교 교육기관은 교회가 구체적 목표와 실행 목표를 이루도록 어떻게 도울 수 있는가?'라고 질문해야 한다. 요약하면 목표가 상충할 경우, 언제나 교회의 목표가 모든 기관의 목표보다 우선한다는 것이다.

5. 우선적인 필요를 충족하는 방향으로 계획하라. 교회와 기독교

교육기관은 자원이 한정되어 있다. 모든 사람의 필요를 다 충족할 수는 없다. 해서는 안 되는 일도 있고, 하고 싶은 일이 있더라도 자원이 충분하지 않을 수도 있다. 우선적인 필요는 신중하게 수집한 교회 공동체에 관한 자료와 정보를 토대로 확인해야 한다. 회중의 일반적인 정보나 요구만을 바탕으로 최종 결정을 내려서는 안 된다. 교회는 확인 가능한 우선적인 필요를 바탕으로 기획을 한다. 교회가 충족하려는 우선적인 필요 목록이 있듯이, 각 교육기관은 우선 과제를 바탕으로 사업 계획을 세운다. 이런 경향은 기독교 교육 프로그램 리더들이 약점보다는 강점 중심으로 계획을 세우도록 돕는다. 그리고 문제를 기회로 인식하라. 기독교 교육 리더들은 어렵겠지만 우선적인 필요를 외면하지 않으면서 가능성을 더 중시해야 한다.

6. 무모하지 않은 도전이라면 피하지 마라. 계획은 도전적일 필요가 있지만 성취 가능해야 한다. 기독교 교육 리더와 일꾼이 교회에서 사역을 제안받을 경우, 그것이 자신에게나 사람들의 영적 성장을 위한 기회가 된다면 적극적으로 도전을 받아들일 수 있어야 한다. 목표는 모두가 노력하고 열심히 실행하면 성공할 가능성이 있어야 한다. 실현 가능성이 없거나 비현실적인 목표는 긍정적인 동기 부여의 요인이 되기보다는 사기를 떨어뜨리는 요인이 된다. 이런 일이 반복되면, 사람들은 목표를 진지하게 받아들이지 않거나 목표를 이루고자 노력하지 않게 된다. 예를 들어, 어떤 교회 리더들은 매 주마다 주일학교 출석률을 높이려고 한다. 그들은 절대 만족할 줄을 모른다. 그러나 사람들은 실현 가능한 도전에 반응한다. 열심히 노력해서 이룰 수

있다면 최선을 다하면 된다. 교육 사역자는 신앙생활에서 부딪히는 개인적 도전에 부응하고, 교회가 그 도전과 기회에 부응하도록 지도함으로써 모범을 보여야 한다.

도전적 목표에는 질적이고 양적인 성장 계획이 모두 내포되어 있다. 많은 기독교 교육 사역에서 사람들이 먼저 예수 그리스도의 제자가 되도록 돕고 다음으로 그들의 신앙이 성숙하도록 돕는 것을 목표로 삼는다. 도전적이고 효과적인 교육 사역의 목표는 이처럼 복음 전도와 신앙 양육이라는 양면을 모두 반영한다.

7. 유연한 입장을 보이라. 기획의 목적은 변화를 도모하는 것이다. 기획에는 변화의 분위기나 풍토를 조성하고 그 변화를 불러일으킬 프로그램의 실행이 포함된다. 계획은 변화를 앞당기기 위한 방편이다. 절대 한 계획만을 고집해서는 안 된다. 기획자는 목표 의식이 분명해야 하고, 하고자 하는 일을 명확히 인식해야 한다. 또한 주변 사람들과 환경에 민감해야 한다. 환경이나 사업을 변경하려면 변화된 필요를 충족시키기 위해 계획을 변경하거나 맞추어야 한다. 교육 사역자는 자료나 자원과 사람들을 분석할 때 관찰자의 입장에 선다. 그래야 계획을 세우면서 유연성을 유지할 수 있고, 현실적으로 성공 가능한 방향으로 계획을 조정할 수 있다. 주의해야 할 것은, 단순히 문제가 생기거나 반대에 부딪힌다는 이유만으로 계획을 폐기하거나 변경해서는 안 된다는 것이다. 그 계획은 타당한 것일 수 있다. 성공 여부를 늘 즉각 확인할 수는 없다. 좋은 계획은 필요하다면 재검토하고 수정할 수 있어야 한다.

8. 기획에 필요한 자료를 제공하라. 기독교다운 기획은 일차적으

로 성령의 직접적인 인도하심을 토대로 한다. 하나님이 그분의 교회에 원하시는 모습과 일이라고 하나님의 사람들이 믿는 내용이 기획에 포함된다. 그러므로 교육 사역자는 기독교 교육기관들이 계획을 수립하도록 지도할 때 필요한 자료(사업 목록, 목적의 진술, 구체적 목표, 플랜북, 교회의 목적과 구체적 목표, 실행 목표 등)이 활용 가능한지 그리고 기획을 담당한 사람들이 그것을 이해하고 있는지를 확인할 책임이 있다.

이런 자료들은 단순히 교단에서 제공한 것만이 아니라 교회의 요구가 반영된 것이어야 한다. 기획자들은 교단의 목표와 계획이 교회가 구체적 계획을 실행하는 데 기여할 자료가 된다고 본다. 때로 교회들은 교단이 제안한 대로 다 이루지 못해 좌절감을 느낀다. 그러나 그런 제안은 교회가 계획을 수립하도록 지원하는 데 목적이 있으므로 반드시 최종 계획에 포함될 필요는 없다. 교단에서 세운 계획들을 교회가 자동화 기계처럼 그대로 실행할 필요는 없다. 식당 메뉴처럼 교회는 필요에 따라 선택하고 고를 수 있다.

기획자들이 사용 가능한 자료나 자원, 즉 사람, 건물, 장비, 예산을 제대로 파악할 때 현실적이고 흥미로운 기획이 가능하다.

9. 계획을 단순하게 하라. 어떤 기획 과정은 복잡하지만, 앞에서 교육 사역의 기획 과정으로 소개한 단계들을 적용한다면 단순하면서도 이해하기 쉽게 계획을 세울 수 있다. 기획 과정에 참여하지 않은 사람이라도 읽고 이해할 수 있도록 준비해야 한다. 형식뿐 아니라 내용도 가능한 한 단순해야 한다.

10. 계획을 문서화하라. 모든 계획의 완성은 문서화다. 계획을 문

서화하면 다른 기관들과 교회가 그 내용을 제대로 전달받고 이해할 수 있다. 문서화된 계획은 왜 어떤 일을 해야 하는지, 누가 그 일을 할 것인지, 어떻게 그 일을 할 것인지, 언제 그 일을 할 것인지, 그 일을 성공적으로 수행하는 데 필요한 자원이 무엇인지 세세히 명시한다. 문서화된 계획은 교육 사역자들이 각 활동을 추적하고 해당 기관과 교회가 추구하는 현행 우선순위와 어떤 부분에서 부합하는지를 확인해준다.

기획의 유익한 점

"계획에 실패하는 것은 실패를 계획하는 것이다"라는 옛말이 있다. 바나(Barna)는 기획의 중대한 다섯 가지 유익을 소개한다.[13]

1. 기획은 교회 성장을 방해하는 문제와 교회 성장을 가능하게 해줄 기회를 찾아내고 확인하는 데 도움이 된다.
2. 기획은 꿈을 현실로 바꾸는 데 필요한 지침을 제공한다.
3. 문제와 기회를 살피고 확인하는 과정에서 교회가 사역 목표의 우선순위를 정하게 된다.
4. 기획은 교회의 전체 필요를 확인하고 가장 크게 유익을 미칠 수 있는 곳에 자원을 배정함으로 자원을 최대한 활용하는 데 도움이 된다.
5. 기획은 책임과 의무를 정확히 보여준다.

기획의 기능

교육 사역자는 교육기관들이 계획을 세우고 집행하도록 지원한다. 각 기독교 교육기관과 여러 교회기관과 함께 정기적으로 계획을 세운다.

주별 계획

주일학교를 효과적으로 운영하려면 주별 모임을 열어야 한다. 주별 모임이 참석자들에게 생산적이고 유익하다면, 차후 일정이 정해진 사업과 중요한 행사에 관한 구체적인 계획이 나온다. 보통 교육 사역자는 주일학교위원회와 만나 이런 모임의 전략을 구상한다. 주일학교는 주별 계획을 수립하기 위해 모이는 유일한 기관이다. 이런 주별 모임은 주일학교가 질적으로 수준 높은 성경 공부를 제공하고 학생들을 제대로 돌보고 있는지를 확인한다.

월별 계획

주일학교, 제자 훈련 부서, 선교 교육 부서와 같은 각 교육기관은 한 시간가량 진행되는 월별 모임을 통해 구체적이고 확실한 계획을 세운다. 교육 사역자는 이런 모임을 하기 전에 프로그램 리더들과 만나 필요한 제안을 하거나 의견을 수렴한다. 월별 계획을 수립하는 모임에서 교육 사역자의 역할은 교육위원회 모임을 주도하는 것이 아니라 자문하거나 조언하는 것이다. 이 모임에서는 지난 달에 실행한 활동을 평가해야 한다. 그동안 시행한 특별 행사나 활동을 분석하고 평가함으로 앞으로 더 만족스러운 계획이 수립되도록 한다.

분기별 계획

일부 교육 사역자는 월별 모임 외에도, 각 프로그램 기관과 분기별 모임을 열 수 있다. 이 모임은 월별 계획 모임보다 포괄적이고 덜 구체적인 내용을 다룬다. 분기별 계획은 3개월마다 여는, 월별 모임의 연장일 수 있다. 분기별 계획은 다음 3개월 동안 기관이 나아갈 방향을 정하는 데 그 목적이 있다. 이 모임을 통해 곧 있을 행사를 준비하는 시간을 보낼 수 있고, 필요한 자원과 수요를 확보할 수 있다.

연간 계획

교육 사역자는 각 기독교 교육기관이 연간 계획을 세우도록 돕고, 각 리더가 필요한 자원을 보유했는지 확인할 책임이 있다. 연간 계획은 새해가 되기 최소한 한 달 전에 세워야 한다. 기관의 진술된 목표를 점검하고, 필요할 경우 수정하거나 조정하는 작업을 한다. 다음 연도에 기관이 달성하고자 하는 목표를 수립한다. 보통 연간 계획 작성은 리트릿을 가거나 방해받지 않는 시간을 별도로 정해 집중적으로 몇 시간을 투자해야 한다. 연간 계획은 실행 계획을 확인한다(실행 책임자, 필요 자원, 재정적 자원, 사용할 특별한 장비). 구체적이어야 하지만, 한 해 동안 변화가 있을 가능성이 높으므로 융통성을 발휘해야 한다.

장기 계획

장기 계획은 과거를 점검하고, 현재를 평가하며, 미래를 예측한다. 조직이 향후 3년에서 5년 내에 이루기 원하는 목표를 장기 계획으로 수립한다. 교육 사역자는 교육 프로그램 기관과 교회가 장기 계획에 참여하도록 도울 책임이 있다. 장기 계획 안에서 계획된 프로그램이 성정할 경우를 바탕으로, 앞으로 건물과 사역자가 어느 정도 필요할지를 예측하고, 교회가 나아갈 방향을 꿈꾸고 결정한다.

조정과 기획

교회 안에서 이루어지는 여러 활동의 일정을 조정하는 일은 보통 교육 사역자가 맡는다. 학년별 합창 프로그램 역시 교육과 관련이 있지만, 그 조직은 일반적으로 음악 사역자가 감독한다. 일정을 조정하는 일은 교회 전체 직원과 교회위원회와 협의하고 협력해야 한다.

갈등과 중복의 소지를 최대한 줄이도록 활동의 일정을 정하려면 환경 조성이 필요하다. 보통 한 그룹 이상이 한 번에 만나서 교회에 수고롭게 여러 번 올 필요가 없도록 일정을 조정해야 한다. 교육 사역자가 있는 교회는 보통 주일과 수요일에 활동 일정이 빡빡하다. 가장 큰 어려움은, 우선순위를 부여해야 할 활동이나 모임을 결정하는 문제다. 활동 일정을 조정하는 일은, 관련된 모든 사람이 필요를 드러내고 충족받을 수 있도록 조정하는 능력과 수완이 필요하다.

교회 프로그램을 조정하는 일은 교육 사역자가 정기 모임에서 교회 위원회와 일할 때 일부 실행된다. 일정이나 여러 시설과 자원의 필요를 파악하고 있는 교육 사역자의 조언은 아주 중요하다.

기획과 예산 편성

종종 예산 편성과 기획이 순서가 바뀌어 예산에 맞추어 계획이 결정되는 경우가 있다. 재정 마련은 기획 과정의 필수 부분이다. 그러므로 기관은 계획을 먼저 세운 후 필요한 예산을 요구해야 한다. 예산 편성보다는 기획이 우선되어야 한다.

교회는 재정이 한정되어 있으므로 사람들이 원하는 대로 다 충족해줄 수는 없다. 기획 과정을 통해 중요한 우선순위를 확인해 예산을 배정해야 한다. 계획이 수립되면, 각 활동에 소요되는 비용을 예상하고, 그 비용에 대한 정당한 근거를 확인해야 한다. 사업으로 추구하고자 하는 목표를 작성하고, 그 사업으로 이루려는 목적을 공식화하며, 사업 대상을 확인하면 교회가 예산을 배정하는 데 도움이 될 것이다.

예산 편성은 교육 프로그램을 지속적으로 이행하고, 특별한 프로젝트나 프로그램을 성공적으로 완수하는 데 중요하다.

8

구비시키고 온전하게 하는 자

메이슨은 교육 사역자로서 교회 사역의 첫발을 내디뎠다. 하지만 그는 필요한 일을 다 해낼 수 없어 좌절감을 느낀다. 일주일에 7일, 하루에 10시간 내지 12시간을 일한다. 하지만 그는 자신의 사역과 관련해 다른 사람의 도움을 받는 것이 불편하다. 그는 교회가 자신을 부른 목적이 교육 사역을 맡기기 위해서라고 생각하기에 모든 일을 도맡아 한다. 교회에는 이 사역을 함께할 정도로 훈련된 사람이 없다.

메이슨의 담임목사는 그가 해야 할 가장 중요한 일은 사람들을 훈련하고 준비시키는 것이라고 말한다. 담임목사는 일대일 훈련으로 핵심 인력을 개발하여 개인 전도에 투입한 경험이 있고, 이 경험을 훌륭한 모델이라고 제시한다. 메이슨은 이런 접근 방식을 받아들임으로 담임목사의 성공적인 사역을 인정한다.

메이슨은 교육기관과 협력해 교회에서 훈련이 필요한 부분이 어디인지 찾아낸다. 담임목사와 교육 리더들과 협의하여 그것을 목록으로 작성한다. 그리고 훈련 일정을 계획한다. 그는 어떻게 해야 자신이 다른 사람들을 준비시키고 능력을 갖추게 하는 책임자임을 인식할 수 있는가? 어디서부터 시작해야 하는가? 그는 얼마나 많은 훈련을 받아야 하는가? 이것이 그의 개인 사역에 어떤 영향을 미칠 것인가? 이 때문에 그의 사역 방식이 바뀔 것인가? 어떤 면에서 그러한가?

구비시키고 온전하게 하는 자. 이것이 바로 교육 사역자의 핵심 정체성이다. 하나님의 사람들이 사역을 할 수 있도록 준비시키는 것이 교육 사역자에게 주어진 가장 중요한 일이다. 사람들을 대하는 태도가 올바르다면 그는 이 일을 잘 해낼 수 있다. 민즈(Means)는 "사람들을 길러내는 교회 리더십 철학은 언제나 사람들을 존중할 것을 강조한다. 리더십을 제대로 발휘한다면 사람들이 종처럼 취급당하거나 가축 떼처럼 내몰리는 일은 있을 수 없다"[1]라고 지적한다. 피터스(Peters)와 워터맨(Waterman)은 미국의 일류 기업들에게 동일한 내용을 강조한다. IBM이 가장 중시하는 신념은 사람을 존중하는 것이다. 대부분 기업은 사람 중심의 경영 철학을 실천하고자 노력한다. 피터스와 워터맨은 "사람들을 성인으로 대하라. 파트너로 대하고, 존엄하게 대하며, 공손히 대하라"[2]고 강조한다.

교육 사역자는 교인들이 그들의 사역을 잘 수행할 수 있도록 도와야 한다. 이 일은 교육기관과 교회를 위해 일할 일꾼들을 찾아내고 모집하며 훈련시키는 것 이상을 요구한다. 민즈가 영적 지도자에 대해 언급한 말은 교육 사역자들에게도 적용할 수 있다.

> 진정한 영적 지도자가 할 일은 개인의 역량과 책임 의식, 인격과 리더십이 성장하도록 도모하고, 건강하며 기능적이고 보살피는 몸을 만들어 공동체에서 교회의 목표와 계획을 성취하도록 장려하는 것이다.[3]

교육 사역자는 막중한 일을 맡는다. 교인들을 격려하고 그들이 하나님이 맡기신 일을 감당하도록 지원한다.

그는 혼자서 일을 다 처리하고 싶은 유혹을 뿌리치고 다른 사람들이 역량을 갖추도록 준비시켜야 한다. 교육 사역자는 훈련받은 사람들이 제대로 기량을 발휘할 때 가장 큰 기쁨을 느낀다. 그의 일은 일꾼을 배가시키는 것이다. 교육자의 사고방식으로 사람들이 사역할 수 있도록 쉬지 않고 준비시켜야 한다.

이 장에서는 교육 사역자들이 사람들을 찾아내고 모집하며 훈련하는 과정을 통해 구비시키고 온전하게 하는 자로서 역할을 감당하는 방법을 살펴볼 것이다. 이제 훈련 프로그램에 포함시켜야 할 주제를 제안하고 훈련 모델을 소개하고자 한다.

잠재적 일꾼과 리더 찾기

잠재적 일꾼과 리더는 수기로든 컴퓨터로든 꼼꼼히 작성한 봉사 기록부가 있으면 쉽게 발굴할 수 있다. 교육 사역자는 봉사 기록부를 보존하고 활용하도록 관리할 행정 책임이 있다. 특정 분야를 이미 경험한 사람들이 교회 안에 종종 있다. 봉사 기록부를 검토해보면 리더십 분야에 있었던 사람들을 확인할 수 있다. 대부분 교회 소프트웨어에는 이런 정보를 기록하고 추적하여 정리한 파일이 있다. 최근에 이런 직무를 맡았던 사람은 사전 훈련을 받지 않아도 바로 투입할 수 있다.

잠재적 일꾼과 리더를 찾을 수 있는 또 다른 방법은 교회에서 장년들을 대상으로 사역한 사람들과 상의하는 것이다. 모든 사람이 주일학교 교사가 될 수는 없다. 다른 교육기관에서 리더 역할을 했거나 교회위원회에서 섬긴 경력이 있는 사람이 적임자가 될 가능성이 높다. 교회 장년 리더에게서 명단을 받았다고 해서 그들이 바로 리더로 섬기지는 못한다. 해당 리더십 직무에 적합한지를 한 사람씩 진지하게 확인해야 한다.

어떤 교회는 선임위원회, 기독교교육위원회, 위원회를 총괄하는 위원회, 혹은 다른 특정 그룹을 지정해 교회의 잠재적 일꾼과 리더를 찾는 일을 맡긴다. 교육 사역자들은 그런 위원회들과 긴밀히 협의해 여러 교육 부서의 일꾼들을 정한다. 담임목사와 다른 교역자들도 이런 위원회와 협의하지만 이 사역 분야는 교육 사역자가 전반적으로 책임을 진다. 리더십의 짐을 분산시키고자 한다면 교회는 잠재적 일꾼과 리더를 찾는 일을 포기하지 말아야 한다. 종종 극소수의 사람이 교회의 리더십을 독차지한다. 하지만 교회는 한 사람도 빠짐없이 리더가 되는 것을 목표로 삼아야 한다. 이것은 저절로 이루어지지 않는다. 목표를 위해 조직적으로 실행해야 한다.

잠재적 일꾼과 리더 모집

일꾼을 모집하는 것은 교회가 해야 할 중요한 일이다. 이것은 생산적인 교회가 되기 위해 가장 중요한 일이지만, 종종 별 고민 없이 처리되기도 한다. 교육 사역자는 잠재적 일꾼과 리더를 모집할 사람들을 훈련해야 한다. 교회는 일 년에 한 번 이상 일꾼을 모집한다. 공석이 생길 수도 있고, 필요한 일꾼과 리더 명단이 완성되어야 하므로 일 년이 걸리는 일이다.

모집 과정에서 피해야 할 함정과 약점은 다음과 같다.

- 첫 번째 함정 "모집은 우연한 만남으로 이루어진다." 오히려 개인적으로 이 일에 대해 진지하게 논의할 수 있고, 양측이 이 일에 온전히 관심을 쏟을 수 있을 때 만남을 약속해야 한다.
- 두 번째 함정 "모든 일은 동일한 기술과 사람을 요구한다." 가르치는 일이든 위원회에서 하는 일이든 동일한 자격 요건과 대인 관계 기술이 있어야 한다는 생각은 잘못된 것이다. 조직을 잘하고 행정 능력이 뛰어나더라도 대인 관계 능력이 부족한 사람이 있다. 이런 사람은 위원회 위원으로는 훌륭할지 몰라도 교사나 위원회 위원장으로는 적합하지 않다. 기질과 기술에 맞게 직분도 달라져야 한다.
- 세 번째 함정 "모집은 책임자가 해야 한다." 이상적으로는 이 말이 맞다. 하지만 모집을 위한 접촉은 긍정적인 반응을 이끌어낼 가능성이 가장 높은 사람이 해야 한다. 이때 책임자가 동행해도 무방하지만 꼭 그럴 필요는 없다. 후보자와 마음이 통할 사람이 선발자가 되도록 최선을 다해야 한다. 어떤 사람들은 선발 행위 자체보다는 상대방을 대하는 태도 때문에 거절할 수 있다.
- 네 번째 함정 "모집은 설득이 목적이므로 지나치게 솔직해서는 안 된다." 교회 직분을 맡는 수많은 사람이 그 직분을 맡을 경우 투자해야 할 시간의 양, 과외의 일, 예상에 없던 모임 등 무엇을 각오해야 하는지 정확히 몰랐던 것을 뒤늦게 발견한다. 때로 모

집하는 사람은 직분을 맡을 사람을 구해야 한다는 일념 때문에 선발 대상자에게 솔직하지 못한 경우가 있다. 선발 대상자는 요구되는 것이 무엇인지 전부 다 전달받아야 한다. 다른 사람들에게 선한 영향을 끼칠 수 있는 기회를 알아야 한다. 또한 그 일을 맡음으로써 개인적으로 성장하고 발전할 기회도 알아야 한다.

- 다섯 번째 함정 "공석이 생기면 신속히 채워야 한다." 당연한 말로 들린다. 문제는 공석을 채우려다가 그 조직이 더 큰 어려움에 부딪힐 수도 있다는 점이다. 직분자를 모집하는 이유는 가능한 신속히 공석을 채울 사람을 찾아 명부를 완성하는 것이 아니다. 가장 적합한 사람이나 훈련받을 수 있는 준비가 된 사람을 찾아 모집하는 것이 목적이다. 성령이 임재하시고 인도하심을 선발 대상자나 선발자가 모두 느껴야 한다. 은사와 직분과 후보 대상자를 신중히 검토해 제안해야 거절을 최소화할 수 있다.
- 여섯 번째 함정 "맡을 직분이 무엇인지 구두로 설명한다." 교회와 기관은 위원회나 리더십 직무뿐 아니라 교회의 모든 일에 대해 문서화된 직무 설명서를 준비해야 할 책임이 있다. 직분에 관한 설명을 교회가 문서화하지 않으면 사람들을 선발하더라도 효율이 떨어지거나 중도에 포기할 수 있다. 직무를 문서화해서 설명하면 선발 대상자가 그 직분에 수반되는 부담과 유익을 잘 파악할 수 있다. 표 1은 장년부 주일학교 교사의 직무를 설명한 것이다.[4] 이 내용은 교회의 직무에 맞게 수정해서 사용할 수 있고, 일곱 범주의 정보를 이용해 그 직무에 맞게 직무 내용을 정확히 설명할 수 있다.

| 표 1 | **직무 설명서 샘플**

장년 주일학교 교사	
실행 과제	1. 효과적인 교수법과 학습법을 이해하고 활용한다.
	2. 매주 학생들을 만나 성경 공부를 진행할 준비를 한다.
	3. 학생 모집과 복음 증거에 개인적 책임이 있음을 받아들인다.
	4. 반 학생들에게 사역에 참여하도록 격려하고 함께 나눈다.
	5. 교회 사역에서 맡은 반의 역할에 대해 안다.
	6. 반의 모든 일을 주도한다.
	7. 그룹 리더들이 구성원들과 잠재적 구성원들을 섬기도록 돕는다.
	8. 반의 아웃리치 리더와 그룹 리더들과 함께 정기적으로 계획을 세운다.
필수 능력	1. 효과적으로 소통할 수 있는 능력
	2. 기획하고 계획을 실행할 수 있는 기술
	3. 모범을 보이고 다른 사람들이 그것을 따르도록 도전할 수 있는 리더십 능력
	4. 성경을 공부하고 해석할 수 있는 능력
	5. 성경과 성령과 반 학생들에게서 기꺼이 배우고자 하는 마음
	6. 개인적으로 심방할 수 있는 능력
가용 자원	교단의 자원들을 공급받는다.
시간적 헌신	1. 주일학교가 시작되기 15분 전에 교실에 있는다.
	2. 주중 직분자 모임에 참석한다.
	3. 교회의 아웃리치 프로그램에 참여한다.
	4. 주일학교 훈련 모임에 참석한다.
직무 기간	12개월(장기간 재직하도록 선출된 경우가 아니라면)
조직의 목표	1. 성경 공부할 사람들을 확보한다.
	2. 성경을 가르친다.
	3. 사람들에게 그리스도를 증거하고 교회에 출석하도록 이끈다.
	4. 주일학교 학생들과 학생이 아닌 사람들을 돌본다.
	5. 주일학교 학생들을 예배로 이끈다.
	6. 교회와 교단의 사역을 설명하고 뒷받침한다.

장년 주일학교 교사	
조직의 실행 목표	1. 신규 등록률을 10퍼센트까지 올린다.
	2. 출석률을 10퍼센트까지 올린다.
	3. 성경을 지참하고 분반 공부를 하는 학생 수가 50퍼센트가 되게 한다는 목표를 달성한다.
	4. 한 영혼을 그리스도께 인도한다.
	5. 주일학교 학생들과 만약 필요하다면 학생이 아닌 사람들을 돌볼 전략을 세운다.
* 각 교회는 자체적으로 실행 목표를 세워야 한다. 위의 수치는 가상일 뿐이다.	

- **일곱 번째 함정** "즉시 대답을 구하라." 즉각적인 반응을 끌어내려고 서두르면 직분을 맡아달라는 제안을 거절당할 수 있다. 이런 식의 접근은 그 직분이 별로 중요하지 않고 자격 요건도 많지 않다는 인상을 준다. 모든 주님의 일은 정신적으로 영적으로 우리의 최선을 요구할 정도로 중요하다. 면접을 볼 때 하나님이 결정 과정을 인도하시도록 대상자와 함께 기도하라. 이 중요한 결정에 대해 함께 기도하기로 약속하라. 제안받은 직분을 수행할 시간과 능력과 신앙이 되는지 진지하게 생각할 시간을 충분히 주라.
- **여덟 번째 함정** "상대방이 '예'라고 수락할 때 그 선발 과정이 완성된다." 대상자가 새 일을 능숙하게 할 때 비로소 선발 작업이 완성된다. 다시 말해, 선발 대상자가 추후에 제기한 질문에 후속 대답을 해주거나 추가로 도움을 제공해야 한다는 말이다. 이런 후속 작업을 제대로 하지 않으면 새 직분자들의 높은 이직률을 초래하는 주요 원인이 될 수 있다.
- **아홉 번째 함정** "섬기는 기간은 1년이어야 한다." 대부분 교회 위원회와 집사는 재직 기간이 1년 이상이다. 그러나 교육기관

들은 1년 단위로 리더들을 새롭게 선출한다. 새로운 사람이 직분을 시작할 때는 이런 방식이 현명할 수 있지만, 시간을 현명하게 사용하는 것이 중요할 경우에는 이미 기독교 교육으로 섬기고 있는 사람들을 1년마다 반복해 선발하는 일은 바람직하지 않다. 재임 기간을 3년으로 한 후, 직분자의 역량을 평가하고 그 직분을 계속 맡는 것이 당사자와 기관에 최선인지를 확인하기 위해 연간 단위로 평가하는 것도 고려할 만하다. 1년 임기가 가진 문제와 정반대로, 한 개인이 기독교 교육으로 섬기기로 동의할 때 무한정 그 일을 계속할 거라고 당연시하는 경우도 있다. 어떤 주일학교 교사는 그것을 '종신형'이라고 표현했다. 벗어날 길이 없고 갇혀버렸다는 느낌이 들지 않도록 자신의 헌신 기간이 정해져 있음을 알아야 한다. 직분을 받아들이기로 동의한 후 교회의 승인을 받도록 해야 한다. 어떤 교회에서는 위원회나 임원회가 이 일을 한다.

전체 선발 과정은 교회 생활에서 중요한 활동이다. 이 일을 얼마나 잘 처리하느냐에 따라 직분자들의 활동의 질이 달라진다. 제대로 된 선발 작업은 직분자들이 그 직분의 중요성과 의미를 아는 데 도움이 된다. 나는 『기독교 교육 핸드북』(*Christian Education Handbook*)에 이 선발 과정을 상세히 설명해놓았다.[5]

훈련

가치 있는 일이라면 훈련받을 만하다. 교인들은 종종 적절한 기술이나 지식이 없는 분야임에도 직분을 맡아달라는 요청을 받는다. 충분한 훈련을 제공하지 않으면서 직분을 제안하고, 그 직분을 성공적으로 감당할 수 있다는 잘못된 확신을 심어준다면 그것은 교회가 교인들에게 죄를 짓는 것이다.

교회는 훈련되고 자격을 갖춘 유능한 리더들이 필요하다. 특히 교회의 교육기관의 경우 이 점이 더욱 중요하다. 적격하지 않은 교사들로 가득한 학교에 자녀를 보내려 할 부모는 없을 것이다. 공립학교 교사들은 어느 정도 수준을 갖추어야 특정 과목을 가르칠 자격이 생긴다. 교회 역시 일정한 '자격이 되는' 사람들이 직분을 맡고 리더가 되어야 한다. 이런 기준은 적절한 훈련 프로그램이 있어야 충족된다. 교회가 모든 리더의 자격 요건을 설정하지 않는다면 이런 기대는 이뤄지지 않을 것이다. 교회가 기준을 설정하면 리더십 훈련을 통해 후속 조치를 취해야 한다.

리더 훈련은 교육 사역자가 해야 할 일이다. 교육 사역자를 가리키는 또 다른 호칭은 트레이너다. 그의 사역 대부분은 훈련 프로그램을 지도하고, 특별한 훈련 기회를 계획하거나, 사람들이 훈련 프로그램의 리더가 되도록 준비시키는 데 집중된다. 훈련을 통해 그는 구비시키는 자와 온전하게 하는 자의 역할을 수행한다. 훈련에는 기술 개발, 전문 지식, 영적 성장, 개인 수련이 포함된다. 훈련은 사람들이 특별한 직분을 맡도록 준비시키는 것에 국한되지 않는다. 어떤 훈련은 잠재적 리더십 훈련에 집중한다. 특정한 교회의 사역을 맡아 더 유능하게 일하도록 사람들을 준비시키는 훈련도 있다. 훈련이 한 직분에 치우칠 때가 너무 많다. 더 나은 대인 관계 기술을 개발하는 훈련으로 균형을 맞춰야 할 경우도 있다. 실제로 교육 사역자는 사람들이 그들의 은사와 능력을 개발하도록 도움으로써 그들이 자신의 독특한 방법으로 특정한 직분을 감당하도록 격려해야 한다. 과거에 내가 장년부 주일학교의 리더 양성 모임을 이끌 당시, 성경 공부 방법론에 지나치게 치중했다는 후회를 할 때가 있다. 유익한 방법이 있으면 그것을 똑같이 흉내 내려고 했던 것이다.

훈련은 직분을 맡기 전에도 받을 수 있고, 직분을 맡은 후에도 받을 수 있다. 사전 훈련은 새 직분을 맡기 전에 하고, 새 직분자가 자신감을 가지고 맡은 일을 하기 위해 필요하다. 현직을 위한 훈련은 기술을 추가로 제공하여 직분자의 능률이 향상되도록 도와야 한다. 제대로 훈련을 받지 못한 직분자는 보통 자기 능력에 대한 자신감이 부족하거나 낙담하거나 자격지심을 느낀다.

■

사전 훈련

사전 훈련은 여러 방식으로 이루어진다. 어떤 것은 사람들이 수락한 직분에 맞추어 그들을 준비하게 하는 데 초점을 맞춘다. 주일학교에서 학생들을 가르치거나 제자 훈련반을 인도하기 위한 준비 훈련이 여기에 속한다. 이런 훈련은 임무 중심이다. 교안 개발과 준비, 연령별 발달 단계와 심리적 특성 이해, 조직과 행정 능력, 강력한 아웃리치 방식과 같이 필요한 특정 기술을 개발한다. 훈련을 받는 사람은 또한 성경 공부, 성경 해석 방법, 성경 지도나 사전을 활용하는 기술을 배워야 한다. 이것은 가르치는 책무를 맡기 전에 짧게 연수를 받는다고 끝나지 않는다. 이런 다양한 분야를 소화하고 이해하는 데 들이는 시간이 많을수록 더욱 준비된 사람이 된다. 직분을 맡기 전에 이 과정을 다 마무리하지 못할 수도 있다. 예정된 직무 시작 날짜보다 수개월 전에 선발을 시작해야 한다. 이런 사전 훈련은 최소 3개월 동안 매주 한 시간씩 훈련을 하는 것 외에도 매달 집중적인 공부가 필요하다.

두 번째 사전 훈련의 유형은 잠재적 리더들을 위한 것이다. 이 훈련은 주일학교, 제자 훈련, 선교 교육, 교회 음악이나 일반적인 교회 리더십과 같은 특정 분야의 프로그램을 참여자들에게 소개한다. 이 훈련은 인지적인 학습과 경험적인 학습을 병행한다. 실제적인지 혹은 유용한지가 고려해야 할 핵심 개념이다. 잠재적 리더 훈련은 이런 유형의 사역에 필요한 은사와 능력이 있는지를 사람들이 확인하도록 돕는다. 또한 특정 연령 집단을 지도하고자 고려할 경우, 개인의 기질과 성격이 중요하다. 나는 학령전 아이들과 초등학생, 청소년, 장년 등 누구나 섬길 수 있지만 장년을 섬기는 것이 가장 적성에 맞다. 사전 훈련을 받으면 직분자가 경험을 통해 그리고 다양한 연령 집단에 대한 학습을 통해 이런 결정을 내리기가 쉽다. 트레이너는 훈련생에게 특정 집단을 맡도록 강요하지 않는다. 잠재적 교사 훈련 수업을 할 때 우리 반에 중학교 체육 교사가 있었다. 나는 그가 훌륭한 청소년 교사가 될 것이라고 생각했다. 하지만 그는 여러 연령 집단을 관찰하는 과정에서 두 살짜리 유아들을 가르치는 데 호감을 느꼈다. 결국 그는 교회에서 가장 훌륭한 유아부 교사가 되었다.

사전 훈련에서 종종 간과하는 한 영역은 교회위원회 위원들을 준비시키는 것이다. 교회들은 위원회가 기대만큼 성과가 없다고 불평한다. 그 한 가지 이유는 위원들이 훈련을 거의 받지 않거나 부적절한 훈련을 받기 때문이다. 그들은 위원회의 임무가 무엇인지 혹은 교회가 그들에게 갖는 기대가 무엇인지 모른다. 나는 교회위원회 위원들을 대상으로 3회짜리 훈련 프로그램을 개발한 적이 있다. 첫 번째 모임의 목적은 전체 사역을 조망하는 것이었다. 나는 각 위원회의 임무가 교회의 전체 사역과 어떻게 맞물리는지 보아야 한다고 믿었다. 그래야 위원회의 활동이 궁극적으로 교회의 목적과 구체적 목표와 실행 목표를 이루도록 돕는 방향으로 진행될 수 있다. 두 번째 모임은 위원회 위원장이 생산적으로 모임을 이끌도록 준비하는 데 초점을 맞추었다. 의제를 준비하고 모임을 진행하는 법, 목표를 설정하는 법에 시간을 할애했다. 세 번째 모임은 실제 모임을 진행하는 식으로 했다. 위원회는 그 사업과 직무를 평가하고, 다음 해 목표와 모임 일시와 횟수를 결정했다.

현직 훈련

현직 훈련은 직분자들이 직분을 맡은 후 생기는 질문들에 대답해준다. 이때쯤이면 사람들은 무엇을 알아야 하는지 인식하고 있다. 현직 훈련은 현장 훈련이다. 부서나 기관이 모임을 갖거나 계획을 세울 때마다 현직 훈련이 이루어진다. 기획 모임은 기술 개발과 개인 성장의 기회가 된다. 예를 들어, 주일학교 교사 모임은 훈련의 기회로 작용한다. 교사들은 교안 준비, 교안 개발, 교수법에 관한 기술을 개선하며, 가르치는 학생들의 연령 집단에 대해 더 깊이 이해할 수 있다.

보통 중요한 훈련은 교회의 회기 연도가 시작될 때 집중된다. 새로운 직분자들이나 기존 직분자들 모두 이 훈련으로 도움을 받는다.

신임은 경험이 많은 기존 직분자에게서 배울 수 있고, 노련한 직분자들은 신임의 열정에서 도전을 받을 수 있다. 이런 훈련을 통해 열정을 가지고 새해를 시작할 수 있다.

새해가 시작되고 몇 개월이 흐르면 직분자들의 사명감을 다시 고취시켜야 한다. 이때는 직분자들이 사역이나 직분을 시작한 후에 확인한 특정 필요들을 충족시키는 데 집중할 시기다. 어떤 교단들은 직분자들을 위한 리더십 과정을 운영하여 사역자들의 기술 향상을 돕는다. 내가 알고 있는 한 리더십 과정은 여섯 권의 책을 정해 공부하고 과제를 하도록 요구한다. 주일학교 리더십 과정과 관련된 책으로는 성경 개론, 행정에 관한 책, 교수법, 전도에 관한 입문서, 각 연령 집단에 대한 이해, 교단의 교리를 다룬 책이 포함된다. 이 여섯 권의 공부를 마치면 직분자는 리더십 수료증을 받는다. 그들은 다음 과정을 더 이수할 수도 있다. 다양한 교회 프로그램과 집사직과 같은 교회 리더십 직분에 대한 유사한 강좌들도 준비되어 있다.

훈련 계획은 다양한 교육기관의 리더들과 함께 세운다. 교육 사역자가 직분자들에게 필요한 강좌가 무엇인지 모를 때는 훈련 프로그램을 기획하기가 쉽지 않다. 최근의 상황을 반영하여 정확하게 훈련 기록을 관리하면 이런 노력을 진척시키는 데 큰 도움이 된다. 한 교단은 교회들이 교단의 교육국에 승인을 받도록 권장한다. 이렇게 하면 교회는 1년에 두 번 인쇄물을 받을 수 있다. 이 인쇄물은 수료 과정을 마치는 데 필요한 강좌를 포함해 다양한 수료 과정에 대한 그들의 진척도뿐 아니라 6개월 단위로 교인들의 강의 점수를 확인해준다. 이것은 교육 사역자와 다른 교회 리더들이 교인들의 필요를 충족시키고자 훈련 프로그램을 짤 때 유용하다. 북 스터디(book study)는 보통 4시간 30분 정도가 소요된다. 그룹으로 할 수도 있고 개별적으로 할 수도 있다. 그룹으로 모이는 것이 쉽지 않을 경우, 나는 개별적으로 책을 읽고 정기적인 토론 모임을 병행했다.

생산적인 훈련이 되기 위해서는 창의성이 필요하다. 혁신적이고 다양한 접근으로 담당 직분자들의 필요를 충족시키기 위해 노력하라. 이상적인 환경에서만 좋은 프로그램이 진행되는 것은 아니다. 사람들이 자유롭게 토론하고 참여할 수 있는 느슨한 분위기를 만들어주는 것도 도움이 된다.

교회가 성장하기 위해서는 지속적인 훈련이 필요하다. 어떤 주일학교는 성장을 위한 요소 중 하나로 최소한 주일학교 교사들의 50퍼센트 이상이 매 3개월마다 훈련 과정에 참여할 것을 강조한다. 훈련만으로 성장이 이루어지지는 않지만 다른 성장 요소들과 결합할 때 중요한 부분인 것만은 사실이다.

훈련으로 얻는 유익

훈련에는 여러 장점이 있다. 첫째, 리더들이 새롭고 신선한 아이디어로 도전을 받는다. 새로운 개념들이 제시되기 때문에 기술을 연마하는 데 도움이 된다. 둘째, 직분자들이 외부 사람들과 서로에게서 배울 수 있다. 아이디어 자체가 새롭지 않더라도 현대적이고 응용 가능한 것을 소개받을 수 있다.

셋째, 새 직분자들이 지속적으로 훈련을 받고 투입된다. 교회마다 리더십의 변동이 있다. 반과 부서를 새로 시작하면 새로운 직분자가 필요하다. 이렇게 새로운 사람들이 유입되면 프로그램에 대한 열정이 새로 생긴다. 새로운 아이디어들을 시도하는 데 주저함이 없다. 이런 분위기에서 기존 직분자들은 새로운 전략을 시도할 수 있다는 자유로움과 용기를 얻게 된다.

넷째, 직분자들이 인격체로 성장할 수 있는 도전을 받는다. 몇 년 동안 특정한 일로 잔뼈가 굵은 경험자라도 개인적으로나 신앙적으로나 성장이 필요하다. 모든 교회 리더는 성장하는 사람이어야 한다. 지적 성장뿐 아니라 하나님과 다른 사람들과의 관계에서도 성장해야 한다.

9

위임자

앤은 교육 사역자가 되고 싶었다. 그러나 교육 사역자로 처음 부임한 교회에서 그녀는 꿈과 현실이 너무 달라서 적잖게 당황했다. 모든 사람이 매사에 그녀를 의지했다. 주일 아침, 그녀가 주일학교 프로그램이 어떻게 진행되는지 살펴보려 해도, 결석한 교사 대신 반을 맡아달라거나 조언을 구하는 사람들로 인해 번번이 중단되곤 했다. 주중에도 별로 나을 것이 없었다. 부서 책임자들이 대체 교사들을 구하거나 비품을 주문하는 것을 도와달라며 끊임없이 걸어오는 전화를 받아야 했다. 그러고 나면 교회 비서들이 처리해야 할 일이 있다며 의견을 구했다. 날마다 완전히 지쳐서 귀가했다. 이제 그녀는 세상의 짐을 혼자 다 짊어진 듯한 기분이 든다. 교육위원회와 면담을 하면 그들은 같은 교사들을 매년 그대로 임명해달라고 요구한다. 그들은 출석률과 신규 학생이 현저히 떨어진 교사, 자기 고집대로 밀고 나가는 교사, 주일 교사 모임에 자주 결석하는 교사, 교회의 전도와 심방 프로그램에 거의 참여하지 않는 교사라도 상관하지 않는다.

앤은 교육 사역자로 부임한 지 2년이 되었다. 이제 교육 사역을 떠나야 하는지 아니면 그래도 희망을 버리지 말고 다른 교회를 알아봐야 하는지 고민 중이다. 성공적으로 사역하기 위해 그녀가 해야 할 일이 있는가? 그녀를 도와 매일 진행해야 하는 교육 프로그램을 맡아줄 사람이 있을까? 그녀는 어떻게 해야 교사들이 더 성실하게 맡은 일을 하도록 도울 수 있을까?

교회는 교육 사역자를 초빙하면서 위임을 한다. 그들은 한 목회자가 목회의 모든 일을 다 처리할 수 없다고 인정한다. 교육 사역자를 확보하여 목회 리더십과 사역의 짐을 일부 위임한다.[1] 러시(Rush)는 "위임이란 권한, 책무, 책임을 한 개인이나 집단에서 다른 개인이나 집단으로 이양하는 것"[2]이라고 말한다. 여기에서 몇 가지 핵심 단어의 개념을 정의해야 한다. '위임'은 다른 사람에게 나 대신 행동하도록 권한을 주는 것이다. 위임은 특정한 일이나 직무에 대한 구체적 책임이 따른다. '책무'란 원하는 소기의 결과를 이루기 위해 필요한 권한과 함께 사역자나 교회가 완수하도록 지시받은 일을 말한다. '권한'이란 결정을 내리고 실행하며 지시하는 권리를 말한다. '책임'이란 상관에 대한 의무와 책임을 받아들이고 권한을 사용할 의무를 말한다.

위임에는 감독과 지도가 따른다. 적절한 감독이 없는 위임은 위임한 측이나 위임받은 측 모두 좌절감을 경험하기 쉽다. 지도와 감독 또는 안내 없이 책임을 위임하는 것은 공평하지 않다.

내게 위임은 결코 쉬운 일이 아니었다. 나는 일을 통해 자존감을 느끼기 때문이다. 나는 바쁘게 일해야 제대로 하는 것이라 생각하는 사람이다. 나는 이런 지칠 줄 모르는 근면의 윤리를 배우며 자랐다. 위임이 어렵다는 것을 알지만 또 성공적으로 위임했을 때 놀라운 성취감을 발견했다. 역량이 뛰어나고 유능한 사람들을 찾아내는 일이 나는 매우 즐겁다. 그렇게 해서 내 일이 크게 확장될 뿐 아니라 그들이 기뻐하고 좋아하는 것을 보며 위임의 가치를 새삼 깨닫는다.

내가 교육 사역자로 부임했을 때, 내가 지도해야 할 주일학교 교사는 거의 200명이나 되었다. 내가 받은 직무 설명서대로라면 나는 교육 프로그램 전체를 책임져야 했다. 나 혼자 이 많은 사람에게 리더십을 발휘하기란 불가능하다고 생각했다. 다행히 교회에는 청소년 전임 사역자가 있어서 40여 명의 교사와 6개 부서로 된 청소년 주일학교를 이끌고 있었다. 그 덕분에 나의 리더십과 지도를 필요로 하는 사람이 160여 명으로 줄어들었다. 나의 위임 작업은 일꾼들을 모집하고 선발하는 작업과 함께 시작되었다. 그렇게 선발된 일꾼들은 연령별 집단 사역국을 책임지는 리더가 되었다. 그런 다음 나는 네 곳의 사역국 책임자와 함께 사역했다. 훨씬 효율적인 시스템이었다. 그리고 그들은 부서 책임자와 리더들에게 책임을 이양했다.

위임의 본질

교회가 성장하면 목사 한 사람이 필요한 모든 일을 하기가 불가능해진다. 그러므로 교회는 다른 사역자들을 초빙한다. 담임목사는 도움을 받아야 할 필요를 잘 알기에 다른 사람들과 기꺼이 책임과 기회를 나눈다. 교육 사역자들과 목사들은 서로를 신뢰하고 믿어야 하며 서로에게 성실해야 한다. 교육 사역자들은 교육의 소왕국을 세우도록 부름받은 것이 아니라, 교회 지체들을 세워서 그들이 각자의 소명을 감당하고 목양하게 하도록 부름받았다.

교회는 교육 사역을 교육 사역자에게 위임했다. 교육 사역자는 여러 책무를 위임할 때 인적 네트워크를 개발해 교회의 다양한 사역을 지도하고 인력을 배치함으로써 교회와 교육 활동을 조정한다. 이런 리더들의 네트워크는 이어서 모든 지체가 접촉해 이들을 "봉사의 일"에 참여시킨다(엡 4:12).

교육 프로그램을 운용하려면 필요한 섬김이 제대로 제공되는지 책임지고 확인할 핵심 인력이 필요하다. 책임은 교육 사역자들의 위임 결정으로 시작된다. 예를 들어, 교육 사역자는 부서 책임자에게 일을 맡기고, 부서 책임자는 다시 교사나 다른 부서 직분자들에게 그 일을 위임한다. 좋은 교육 프로그램은 리더와 직분자들에게 책임을 위임함으로써 효율성과 효과성을 거둘 수 있음을 보여줄 모델이 된다. 위임은 직분자들이 맡은 일을 할 수 있고, 그것도 유능하게 할 수 있다는 교육 사역자의 확신과 믿음의 구체적 표현이다. 위임이 제대로 이루어질 때 팀 정신이 살아난다. 나아가 교인들이 직분과 교회 사역에 '주인 의식'을 갖는 데 도움이 된다.

위임을 통해 교육 사역자는 구비자 역할을 한다. 사람들에게 일을 맡긴다고 능사는 아니다. 그들이 그 일을 하는 데 필요한 기술과 능력을 갖추게 해야 한다. 위임이 생산적인 결과로 이어지려면 교육과 훈련이 필요하다.

리더는 다른 이들에게 일을 위임함으로써 자기 자신을 확장한다. 효과적인 리더는 사람들을 참여하고 동참하게 해 사역을 촉진시킨다. 그러나 현명한 리더는 무조건 다 위임하지 않는다. 다른 사람들에게 일을 다 맡긴다면 리더가 있을 필요가 없다. 다른 사람에게 일을 다 위임한다면 그는 리더나 위임자가 아니라 촉진자일 뿐이다. 교육 사역자는 해야 할 모든 일을 다 위임하지 않는다. 교육 사역자가 더 잘하는 일들이 있다. 가령, 교회의 수많은 사역 영역에서 트레이너나 구비자 역할을 할 유능한 사람들을 확보하는 일이 대표적이다. 교육 사역자들은 교육 사역에서 트레이너와 구비자의 역할을 계속 감당할 것이고, 때로는 그 역할을 직접 맡을 수도 있다.

리더가 권한을 위임하면 위임받은 사람들이 그 리더를 대행하게 된다. 권한이라는 개념은 그가 결정을 내리거나 실행하고 지시하며 지침을 줄 권리가 있는 사람이라는 것을 강조한다. 일을 주도할 권한은 없고 책임만 받을 경우 위임이란 말의 의미가 무색해진다. 이 장 앞부분에서 나는 주일학교 전체를 책임져야 했던 경험을 이야기했다. 전체 주일학교를 책임져야 했지만 곧 어려움이 닥쳤다. 전체 프로그램에 대한 책임을 맡았지만 실행할 권한이 없었던 것이다. 청소년 주일학교는 청소년 담당 사역자가 모두 주관했다. 그래서 훈련 프로그램의 일정을 짜고 서로 협력하며 균형 잡힌 주일학교를 만드는 데 많은 차질이 생겼다. 할당받은 책무를 완수할 권한이 필요했다. 적절한 권한이 없는 책임은 좌절감을 준다.

위임에는 보고의 책임이 동반된다. 누구나 보고해야 할 대상이 있다. 교육 사역자는 담임목사, 인사위원회, 교육위원회, 전체 교회에 설명하고 보고할 책임이 있다. 대부분 교회에서 교육 사역자는 매일의 사역을 담임목사에게 직접 보고한다. 교육 프로그램에 대한 책임을 진다. 다른 사람들에게 일을 위임할 때는 그 일을 주도할 권한을 주고 보고의 책임을 지운다. 어니스트 로스너는 그것을 이렇게 표현했다. "나 스스로 매달든 아니면 매달게 하든 밧줄을 넉넉하게 달라.

하지만 누구도 그 일을 나 대신 해서는 안 된다."

현대 산업계는 협력으로 성공을 거둘 수 있다는 것을 배웠다. 위임은 더 완전한 섬김과 더 높은 생산성을 가능하게 한다. 교인들의 필요가 너무 다양하기 때문에 소수의 노력만으로 그 필요를 충족시키기는 어렵다. 교육 사역자와 소수의 리더가 모든 일을 다 하려고 할 때 교육 프로그램은 심각한 난관에 봉착할 것이다. 위임을 통해 교육 사역자는 더 많은 사람의 필요를 채워줄 섬김과 프로그램을 제공할 수 있다. 다양한 교육 프로그램이 할당받은 임무들을 성취하는 데 도움이 된다. 기독교 교육 사역이 소기의 목적을 거두기 위해서는 책임을 위임하는 것이 필수다.[3]

위임에는 건전한 판단과 능력이 요구된다

위임은 쉬운 일이 아니다. 위임할 사람들을 정하려면, 역량 있는 사람을 구분할 수 있는 판단력과 재능이 필요하다. 교육 사역자는 직무의 일부를 다른 사람에게 양도한다. 특히 자신이 좋아하고 재능이 있으며 유능한 분야를 다른 사람에게 양도해야 할 때는 위임하기가 더 어렵다.

위임의 동기부여가 될 한 가지를 소개한다면, 위임을 통해 새로운 영역으로 나아가 사역을 확대할 수 있다는 점이다. 리더가 적절한 결정을 할 책임이나 권한을 다른 사람에게 주지 않는다면, 이런 일은 생기지 않는다. 권한을 움켜쥐면 자신의 권력 의식은 유지할지 몰라도 다른 사람들에게 맡겼어야 할 사소한 결정들로 인해 쉴 수 없는 괴로움을 자초하게 된다. 그러므로 효과적인 위임은 책무 유기의 위험을 피하면서 동시에 결정에 대한 최종 책임을 지는 것이다.

권한을 위임받은 교육 사역자는 지도하는 직분자들에게 직무의 일부를 재위임함으로써 그 권한을 사용할 수 있다.[4] 이때 따라야 할 좋은 원리는 "무엇이든지 남에게 대접을 받고자 하는 대로 너희도 남을 대접하라 이것이 율법이요 선지자니라"(마 7:12)는 황금률이다. 이 황금률을 풀어서 읽으면 "위임받기를 원하는 대로 남에게 위임하라"가 될 것이다. 위임은 쉬운 일이 아니다. 위험이 따른다. 유능한 사람에게 직무를 할당하는 것이 본래 의도지만, 예상과 달리 그것이 효과를 내지 못할 수도 있다. 그럼에도 그것은 언제나 가치 있는 일이다. 위임은 개인 신앙의 성장과 교회가 제공하는 혜택을 교회 리더십과 사역을 통해 더 많은 사람에게 전해지도록 허용하고 축복한다는 의미를 내포하고 있기 때문이다.

위임의 장점

책임을 위임하는 일에는 많은 장점이 있다. 여기에서는 기독교 교육 프로그램과 관련해 일곱 가지를 소개하고자 한다.

1. **위임으로 교육 사역자는 신앙이 성장할 수 있는 시간을 더 확보할 수 있다.** 러시는 이렇게 지적한다. "리더는 하나님의 뜻을 행하기 위해 하나님과 충분한 시간을 보내며 그분의 뜻을 찾는 데 힘써야 한다. 그리스도인 리더가 책임을 져야 할 첫 대상은

하나님이다. 그러므로 하나님의 일을 관리하기 위해서는 하나님과 보내는 시간을 반드시 확보해야 한다. 위임으로 그 시간을 확보할 수 있다."[5]

2. 위임으로 교육 사역자는 덜 중요하면서 일상적인 의무의 짐을 덜 수 있다. 기독교 교육은 반복해야 하는 업무가 매우 많다. 그중 대표적인 두 가지는 분기별로 교재를 주문하고, 교재가 도착하면 배포하는 것이다. 이런 업무는 각 사역국이나 부서 책임자에게 위임해도 된다.
3. 위임으로 교육 사역자는 우선되는 목표와 프로젝트에 사용할 시간을 확보할 수 있다. 우리는 시간 관리라는 측면에서 볼 때 중요한 일보다는 사소한 일에 시간과 노력을 할애하는 경우가 더 많다. 위임이 제대로 이루어지면 교육 프로그램과 교회에 큰 영향을 끼치는 프로젝트와 목표에 집중할 수 있다. 러시는 "리더는 위임을 통해 관리와 리더십의 가장 중요한 측면을 다룰 수 있는 시간과 에너지를 가질 수 있다"[6]라고 말한다. 리더는 위임을 통해 여러 가능성을 꿈꾸고 검토할 시간을 가질 수 있다.
4. 위임으로 교육 사역자는 전문 사역 영역에 관심을 가질 여력이 생긴다. 교육 사역자는 무엇보다 교육자다. 교회가 그들을 초빙한 이유도 이 때문이다. 그들은 교회의 온갖 일을 떠맡는 것이 아니라, 교육과 관련해 교회를 섬김으로써 그들의 가장 중요한 기능을 수행해야 한다. 시간을 들여 교육계의 추세를 연구하고 리더십 책무를 감당하도록 준비하는 일은 교육 사역자로서 전문성을 고수하기 위해 꼭 필요하다.

교육 사역은 기계적이고 틀에 박힌 분야에 빼앗기는 시간과 에너지가 적지 않다. 이런 일 중에는 사역자가 꼭 관심을 가져야 할 분야도 있다. 하지만 일상적인 일로 계속 너무 바쁘다 보면 토요일 오후에 교재를 배포하는 사태가 벌어질 수 있음을 기억해야 한다.

5. 위임으로 교육 사역자는 더 효과적인 팀을 꾸릴 수 있다. 교회 교육 사역은 강하고 효과적인 팀을 육성하는 것이 필수다. 교육 사역자는 교육 사역을 조직하고 기획하며 실행하는 데 도움이 될 핵심 일꾼들을 발굴해야 한다. 위임은 단순히 누군가에게 일을 할당하는 데서 끝나지 않는다. 사람들이 그 일을 하도록 훈련하고 준비시키는 일도 포함해야 한다. 팀 사역은 견고한 관계를 구축하고, 함께 기획하고 기도하며 사역할 때 이루어진다.

6. 위임으로 교육 사역자는 직분자들이 문제를 해결하고, 결단하며, 사역 기술을 활용할 자신감을 고취해줄 수 있다. 러시는 이렇게 말한다. "위임할 때 리더십 능력이 개발된다. 위임받는 사람들은 결정을 내리고 문제를 해결하는 경험을 하고, 더 중요한 일을 맡을 준비를 하게 된다."[7] 누군가에게 할 일을 준다는 것은 필요한 결정을 내릴 수 있는 적절한 권한을 공유한다는 의미가 있다. 사람들은 실제로 결정을 함으로써 자신의 의사 결정 능력을 신뢰하는 법을 배운다. 교육 사역자는 직분자들이 내린 결정을 지지해야 한다. 그렇지 않으면 그들의 자신감이 무너지고 앞으로 결정을 회피할 가능성이 있다. 만약 이런 일이 반복된다면, 교육 사역자가 결정의 짐을 모두 떠안게 될 것이다. 조언을 구하는 사람이 있으면, 교육 사역자는 먼저 다른

직분자들의 기분과 생각을 파악한 후 결정을 내려야 한다. 위임은 특별히 더 중요한 직무를 맡아야 하는 리더를 발굴하는 데 도움이 된다.[8]

7. 위임은 신뢰와 협력을 구축하는 데 도움이 된다.[9] 사람들은 의미 있는 일을 맡을 때 주인 의식과 동지 의식을 느끼고, 맡은 일을 주도적으로 하게 된다. 교육기관과 교육 사역은 교육 사역자의 일이 아니라 교회의 일이다. 위임은 이 사실을 증명한다. 일을 위임하고, 과정을 점검받으며, 지원을 받을 때 그리고 그 일들이 제대로 이행되고 있다는 믿음을 보여줄 때 신뢰가 형성된다.

무엇을 위임해야 하는가?

교육 사역자는 모든 일을 다 위임하지 않는다. 위임받은 사람들이 직접 해야 할 결정과 임무가 있다. 무엇을 위임할지 결정할 때 도움이 될 몇 가지 질문과 원리를 소개한다.

- 반복적으로 해야 하는 소소한 일들을 위임하라 다음 질문에 답해보라.

1. 내가 맡고 있는 일 가운데 계속 반복되는 것은 무엇인가?
2. 이 일들은 내가 처리하기에 더 적합한가? 아니면 다른 사람들에게 위임해도 가능한가?
3. 내가 이 일을 계속해야 하는 이유는 무엇인가?
4. 내가 가장 자주 내리는 사소한 결정은 무엇인가?

5. 나는 왜 이 결정들을 계속하고 있는가?
6. 누가 이 일을 맡을 수 있는가? 누가 이 결정의 권한을 맡으면 좋겠는가?
7. 만약 내가 이런 결정을 위임한다면 우리 기관에 어떤 영향이 있겠는가?
8. 내 시간을 가장 많이 들여야 하는 단일한 일은 무엇인가? 이 일을 하는 것이 내 시간과 에너지를 가장 잘 관리하는 방법인가?
9. 교육자로서 내 역할을 감당하는 데 이 일이 도움이 되는가?
10. 나는 왜 이 일을 하기로 했는가?
11. 이 일이 교육 사역에 얼마나 중요한가?
12. 나 말고 이 일을 다룰 적임자는 누구인가? 이런 소소한 일 말고 다른 데 시간을 쓸 수 있다면 어떤 일인가?
13. 내가 이 일을 다른 사람에게 위임하면 어떤 기분이 들겠는가?
14. 지금 내가 하고 있는 이 일이 이렇게 시간을 쓸 만한 일인가? 나는 왜 이 일을 다른 사람에게 위임하지 않았는가?
15. 이런 소소한 일이 교육 프로그램의 발전에 도움이 되는가? 만약 그렇다면 이 일들을 처리할 사람은 누구인가?

- 위임할 때 그들의 개인적 발달을 염두에 두라 교육자에게 사역이란 사람들이 섬김의 일을 하도록 돕는 것이다. 위임을 통해 문제 해결, 의사 결정, 기획과 관련된 프로젝트들로 리더들을 훈련하라.[10] 몇 가지 유용한 질문을 소개한다.

1. 내가 맡고 있는 일 가운데 내게 가장 부적합한 것은 무엇인가? 이 질문에 대답하기 위해서는 각 개인의 장점과 약점을 잘 파악

해야 한다. 모든 분야에 다 탁월한 사람은 없다.

2. 교회에서 이런 일들을 하기에 가장 적임자는 누구인가?
3. 내가 가장 싫어하는 일은 무엇인가? 무슨 일이든 개인적인 선호는 분명히 있다. 내가 싫어하는 일을 다른 누군가는 도전 의식을 느끼고 즐거워하지 않는가? 물론 교육 사역자는 싫어하는 일이라고 피해서는 안 된다. 일의 성격상 교육 사역자가 꼭 해야 할 일이 있다. 다시 한 번 말하자면, 중요한 질문은 이것이다. '다른 누군가에게 위임해도 좋은 일인가?' 다른 사람에게 맡겨도 좋은 단순한 일인데, 붙잡고 있는 것은 무엇인가? 어떤 교육 사역자는 그 일이 재미있어서 혹은 사람들을 훈련하는 데 시간을 내지 않아서 그 일을 반복한다. 사전 기획과 위임은 이런 상황을 피하는 데 도움이 된다.
4. 다른 사람들이 잘할 수 있거나 더 잘할 수 있는 일은 없는가? 전문 기술이 필요한 일은 없는가? 나와 함께 동역하는 이들의 특별하고 특수한 은사는 무엇인가? 이런 특별한 은사를 활용하도록 위임할 수 있는 일은 무엇인가?
5. 직분자들의 발전에 도움이 되고 그들의 능력을 검증할 활동은 없는가?[11] 그들의 능력을 개발하는 데 도움이 되는 일은 무엇인가? 사람들이 실패해도 기꺼이 용인할 마음이 있는가? 능력이 있는 개인이라고 늘 성공하지는 않는다. 실패가 뻔해 보이는 곳에 누군가를 배정하는 경우는 없지만, 그래도 잘할 수 있는 일이 무엇인지 실제를 보려고 하지 않으면 자신의 장점과 약점을 확인하기 어렵다.
6. 하나님이 그분의 일을 하도록 주신 은사들을 가장 잘 활용할 수

있는 방법은 무엇인가?

교육 사역자들이 위임해서는 안 되는 일은 무엇인가? 위임하지 말아야 하는 일과 관련해 세 가지 일반적 원리가 있다.

1. '뜨거운 감자'는 직접 처리하라. 교육 사역자의 기술이나 지식이 필요한 비상 상황이 발생하거나 심각한 결과를 초래할 상황이 생길 경우가 있다. 그런 상황을 다루어야 할 유일한 사람이 교육 사역자일 경우, 그 일을 다른 사람에게 위임한다면 리더십 책무를 내팽개치는 것이나 다름없다. 이 원리를 제대로 따르지 못할 경우 직분자들은 혼란과 좌절에 휩싸인다. 이런 일은 다른 사람에 대한 신뢰의 부족이 아니라 자신의 일을 충실히 감당하고자 하는 결단의 문제다. 정책과 전반적 절차를 변경하는 문제는 언제나 교육 사역자가 직접 처리해야 한다.
2. 소속된 직분자들에 대한 수행 평가를 실시하라. 급여를 받는 직원과 자원봉사자 교사들에 대해 정기적으로 평가하는 작업을 해야 한다. 사람들은 자신의 업무 능력에 대해 알아야 하고, 교육 사역자에게 그것을 직접 들어야 할 필요가 있다. 감독과 관련된 문제는 나중에 다룰 것이다.
3. 징계와 관련된 것은 위임하지 마라. 교육 사역자는 맡은 일을 충실하게 잘하고 있는 사람은 격려하고 평가 내용을 알려주어야 한다. 또한 직분자들을 책망하는 일도 교육 사역자의 몫이다. 징계는 세심한 주의를 기울이고 사려 깊게 이루어져야 한다.

위임의 방법

어떤 식으로 위임하느냐에 따라 일의 진행 방향과 직분자들의 태도가 결정된다. 위임 과정에 도움이 되는 몇 가지 원리가 있다.

- 위임하는 일의 구체적 목표를 분명히 명시한다 성취해야 할 목적과 그것을 구체적으로 실행하는 방식을 알아야 한다. 교육 사역자는 위임하는 내용을 가장 명확히 이해하고 있어야 한다. 명확한 용어로 원하는 결과를 설명해야 하지만, 구체적인 행동을 강요해서 위임을 받은 사람이 재능과 강점을 마음껏 활용하는 데 방해가 되지 않도록 해야 한다.
- 위임하는 일의 성격과 범위를 잘 이해했는지 확인한다 교육 사역자와 위임을 받는 직분자가 분명하게 의사소통을 하는 것이 중요하며, 가능한 직접적으로 해야 한다. 위임하는 일의 성격과 범위를 분명히 이해하게 되면 직분자는 기량을 마음껏 펼쳐야 한다. 일을 마친 후 위임자의 의도와 다른 결과가 나왔음을 알게 될 때 직분자는 완전히 사기를 잃게 된다.

  한 교육 사역자는 교회 재정위원회를 도와 교회 버스를 새로 구입해달라는 요청을 받았다. 위원회와 함께 일한 지 2–3개월 후 교육 사역자는 담임목사의 생각이 위원회와 다르다는 것을 알게 되었다. 담임목사는 한 번도 자기 의사를 말하지 않았음에도 위원회가 자신의 결정을 반영해주기를 기대했다. 그 일을 계기로 교육 사역자는 위임자로서 직분자들이 위임받은 내용을 정확히 알도록 도와야 할 뿐 아니라, 그 일을 진행하는 방법도 자유롭게 결정하도록 위임해야 함을 배웠다.

- **위임하는 일을 문서로 기술한다** 위임은 분명하고 간결하게 하라. 한 페이지 정도면 위임 내용의 핵심을 간추려 명확하게 전달할 수 있다. 위임 내용을 문서화하면 그 일의 내용이 무엇인지 정확히 알 수 있고, 문제와 한계 그리고 관련된 범위가 무엇인지 파악할 수 있으며, 일이 진척되는 상황을 주기적으로 점검하는 것이 쉬워진다. 위임 과제와 구체적 목표를 문서화하면 모두에게 유익하다.
- **필요한 예산, 인력, 물자에 관해 합의가 이루어졌는지 확인한다** 위임할 때 세부 조건을 정확히 설명하거나 규정하지 않으면 마치 '전권'을 위임받은 양 오해할 수도 있다. 사람들은 어떤 제한이나 한계가 있는지 이해하지 못할 수 있다.

  한 여성이 어린이 캠프를 기획하고 총괄해달라는 부탁을 받았다. 어린이들에게 좋은 경험이었지만 비용이 너무 많이 들었다. 그녀는 많은 상품을 필요 이상으로 구매하고, 어린이 세 명당 어른 한 명을 배정했다. 예산과 진행 인원과 비품에 관해 사전에 어떤 합의도 없었다. 위임할 당시에 이런 문제들을 서로 합의해야 한다. 어린이 캠프의 운영 지침을 문서화해서 전달했다면, 이런 비용 초과 문제는 예방할 수 있었다.
- **권한의 한계를 설명한다** 어떤 일들은 굳이 중요한 결정을 내릴 필요가 없다. 성실한 교육 사역자는 재량껏 결정할 수 있는 문제들과 협의를 거쳐 결정해야 하는 문제들을 알려준다. 일반적으로 위임에는 그 일을 완수하기 위해 상응하는 권한과 함께 책임이 따른다.

- **일을 위임하고 명확한 책임을 부과한다** "모두의 일은 누구의 일도 아니다"라는 오래된 속담이 있다. 위임받은 사람들은 책임을 져야 하는 부분이 무엇인지 알아야 한다.
- **일을 완수할 기한을 정한다** 해당 프로젝트에 대한 기한을 합리적으로 정하고, 관련된 모든 당사자에게서 합의를 얻어내는 일도 위임 과정의 일부다. 일을 완수해야 할 날짜를 아는 직분자는 자기 속도에 맞추어 진행할 수 있다. 기한을 정하지 않은 상태에서 일이 완수되기를 바라는 것은 합리적이지 않다.
- **독자적인 판단을 할 수 있도록 한다** 교육 사역자가 일을 전적으로 위임한다면, 재량권을 갖도록 허용해야 한다. 지나친 간섭이나 세세한 지침은 위임의 장점을 무력화시킨다. 직분자들은 스스로 생각해야 할 필요가 있다. 요구하는 결과를 명확히 표명하는 것으로 위임은 시작된다. 직분자들이 그런 결과를 확보하는 과정에 자신을 투자하면서 위임이 진행된다. 재량껏 판단하도록 하지 않으면, 창의성을 빼앗고 마음껏 역량을 발휘하는 데 방해가 된다.
- **보고 체계를 세운다** 진행 과정에서 문제가 생기면 보고를 받고, 위임한 일이 완수될 때도 보고를 받아야 한다.[12] 정기적이고 최종적인 보고를 받을 때 교육 사역자가 그 프로젝트에 개입하거나 통제해야 할 필요성이 줄어든다.
- **신뢰할 수 있는 사람에게 위임한다** 교육 사역자들은 맡은 일을 해낼 수 있다는 믿음이 가는 사람에게 위임해야 한다. 그렇지 않으면 위임한 일을 회수하고 싶은 유혹을 받게 된다. 교육 사역자가 위임한 사람들에 대해 속속들이 다 알기 어렵기 때문에 위

험이 따른다. 그러나 기본적으로 상대를 신뢰한다는 태도를 보이는 것이 중요하다. 때때로 다른 분야에서 그 사람과 일한 적이 있는 이에게 조언을 구하는 것도 좋다. 유능한 사람에게 위임해야 그 일이 잘 완수되리라는 확신을 가질 수 있다.

- **각자 가진 재능에 맞게 위임한다** 직분자들의 영적 은사와 능력을 파악하는 것이 중요하다. 위임은 사람들이 최선을 다해 최고의 역량을 발휘하도록 도전한다. 그러나 재능에 맞는 일을 맡기지 않으면 위임한 일이 너무 쉽거나 어려울 수도 있다.
- **가능하다면 일의 일부가 아니라 전체를 위임한다** 일부만 위임해서는 안 된다. 일의 일부만 위임한다면 위임을 받은 직분자는 그 일의 목적과 구체적 목표를 분명히 파악하기 어려우며, 오히려 신뢰를 받지 못한다는 오해를 할 수 있다.
- **개인의 발전을 위해 위임한다** 하나님의 일은 사람들이 가진 최고의 기량을 요구한다. 어떤 일을 맡아달라는 부탁을 받을 때, 사람들은 그 일이 다른 사람들에게도 유익하고, 자기 자신과 신앙의 성장에도 도움이 된다는 생각이 들어야 한다.
- **능력이 된다면 가장 낮은 직급의 사람에게 위임한다** 때로 교육 사역자들은 기관에서 가장 직급이 높은 사람에게 위임하고 그들에게 과도한 부담을 지운다. 반면 대다수 직분자들은 역량과 기술을 개발할 기회가 없다. 가장 낮은 직급의 사람에게까지 위임이 이루어지지 않으면 소중한 인적 자원이 그대로 사장되거나 거의 활용될 수 없다. 지금은 "당신이 그리 필요하지 않습니다"라고 말할 때가 아니다. 예수님이 제자들에게 하신 말씀을 마음에 새기라.

"너희 중에 누구든지 크고자 하는 자는 너희를 섬기는 자가 되고 너희 중에 누구든지 으뜸이 되고자 하는 자는 너희의 종이 되어야 하리라 인자가 온 것은 섬김을 받으려 함이 아니라 도리어 섬기려 하고 자기 목숨을 많은 사람의 대속물로 주려 함이니라"(마 20:26-28).

가능한 가장 낮은 직급의 사람에게 위임하면 사람들이 리더십을 개발하는 데 도움이 되고, 이는 더 막중한 일을 처리할 수 있는 위치와 섬김의 기회로 이어질 수 있다.

- **직분자들에게 생길 가능성이 있는 문제나 함정을 조심하도록 주의를 준다** 어떤 일들은 다른 일보다 문제가 생길 소지가 더 많다. 정직하지 않게 어떤 일을 위임할 경우 사람들은 이용당한다는 느낌을 받는다. 그럴 경우 앞으로 일을 맡기는 것이 더 어려워진다.
- **두 사람에게 같은 권한을 위임하지 않는다** 이 경우 두 사람 모두 혹은 그중 한 사람을 불신한다는 메시지로 전달될 수 있다. 또 갈등이 생길 수도 있다. 이런 일이 생기면, 어떤 사람에게 리더십을 요구해야 하는지 모른다. 그러면 그 일은 결국 완수되지 못한다.
- **위임한 다음에 권한의 한계를 설명함으로 그 일을 맡고 싶은 의욕을 꺾어서는 안 된다** 권한을 남용할지 모른다는 두려움 때문에 여러 한계를 부과한다면 아예 위임하지 않는 편이 낫다. 과도한 한계와 제한을 가하는 것은 손을 뒤로 묶은 채 일을 하라고 하는 것이나 마찬가지다. 일을 위임하면 그들의 소명과 기질에 맞게 그리고 교회와 그리스도의 가르침과 원리를 보완하는 식으로 마음껏 재량을 발휘할 수 있어야 한다.

- **위임으로 직분자들의 사기가 꺾여서는 안 된다**[13] 자원봉사자든 유급 직원이든 모두 정해진 몫을 잘해내고 있다는 생각이 들어야 한다. 지나친 위임은 사역자들이 주어진 소임을 다른 사람에게 맡기고 미룬다는 인상을 주게 된다. 하기 싫은 일을 위임하면 직분자들의 사기가 저하된다. 누구도 불쾌하거나 더러운 일은 원치 않는다. 현명하게 위임할 때 모두가 교회 사역에 중요한 존재라는 확신을 갖게 되고, 팀 정신이 길러진다.

어떤 사람에게 위임해야 하는가?

누구에게 위임할지를 결정하는 것은 쉽지 않다. 위임의 한 가지 목적은 리더를 확장시키고, 또 다른 목적은 인적 자원을 개발하는 데 있다.[14] 이런 일이 교육 사역자들의 주요 목표라면, 그들은 위임 대상을 선정할 때 각별히 주의해야 한다. 다음은 고려해야 할 몇 가지 주의 사항이다.

- **바로 아래 있는 사람들에게 위임하라** 일을 위임할 때 보고와 권한의 체계를 무시하지 마라. 부서 책임자에게 직접 가기보다는, 부서 책임자에게 일을 맡기는 주일학교 책임자에게 그 일을 맡기라. 바로 아래에 있는 사람에게 직접 위임하면 그 사람의 중요한 직책을 인정해주는 셈이 된다. 그 사람과 그 직위를 모두 존중한다는 의미를 전달하는 것이다. 이런 식으로 가장 낮은 직급에 이를 때까지 계속 위임이 이루어질 수도 있다.

- **가장 유능한 사람에게 위임하고 싶은 유혹에 빠지지 마라** 가장 유능한 사람에게 위임하다 보면 그 사람이 과도한 짐을 지게 된다. 어떤 면에서, 이것은 모든 일을 떠맡김으로써 그 사람에게 벌을 주는 것이나 마찬가지다. 또한 특정 사람들에게만 일을 맡기는 습관이 생겨서 어떤 사람에게는 과도하게 일이 몰리는 반면, 다른 사람들은 거의 혹은 아무 일도 하지 않는 불상사가 생긴다. 교회에서 소수의 사람들이 리더의 짐을 지게 되는 이유가 바로 이 원리를 지키지 않기 때문이다. 문제는 매우 유능한 이 사람들이 기꺼이 교회를 위해 큰 책임감을 느끼고 섬기다 보면, 이 때문에 다른 리더들을 발굴할 기회를 갖지 못한다는 것이다. 이들 외에 많은 사람이 기꺼이 책임을 감당할 마음이 있지만 한 번도 요청을 받지 못한다. 가드너(Gardner)와 데이비스(Davis)는 리더십 풀(pool)을 확장하는 일에 대해 이렇게 지적한다. "이런 방식은 새로운 시각으로 상황에 대처하고 새로운 기술을 개발할 뿐 아니라, 어떤 분야에 특히 유능한 사람에게 과도한 짐을 지우는 일을 예방하는 장점이 있다."[15]
- **시간적 여유가 있는 사람에게 위임하라** 가능한 바쁘지 않은 사람들에게 위임하라. 하지만 현실은 이와 정반대다. 많은 교육 사역자는 "무언가를 이루기 원한다면, 바쁜 사람에게 요청하라"는 옛말을 철석같이 믿는 듯 보인다. 그러나 구비시키며 온전하게 하는 자로서 교육 사역자는 이왕이면 다양한 사람들에게 위임하려고 의도적으로 노력해야 한다. 슬프게도, 교회의 많은 사람이 교회에 쓸모 있는 사람이 되고 싶고 부서에서 섬기고 싶지만 특별한 기술이 부족하거나 수줍어서 나서지 못한다.

- **경험이 필요한 사람에게 위임하라** 위임의 한 가지 목적은 인적 개발이므로, 이 원칙을 고수하면 사람들이 더 많은 책임을 지는 훈련과 꼭 필요한 리더십 경험을 할 수 있다. 더욱이 경험할 기회를 주고자 위임하면 흔히 거절의 이유로 내세우는 "한 번도 해본 적이 없어요"라는 핑계를 대기 어렵다.
- **테스트하고 싶은 능력이 있는 사람에게 위임하라** 사람들의 잠재력은 관심 분야 조사, 가정 방문, 복도에서 나누는 대화, 친구의 추천 등 여러 방법으로 확인할 수 있다. 이같이 섬길 기회가 있는 상황에서 위임하지 않는 것은 범죄는 아니더라도 최소한 태만한 것이다. 여기서 교육 사역의 본래 목적이 가장 선명하게 드러난다.

위임의 문제

이제는 리더십을 개발하고 리더들을 목양함으로써 그들이 다시 섬길 수 있게 하는 위임의 여러 장점을 분명히 알게 되었을 것이다. 위임으로 사역의 짐을 골고루 나눠서 지게 된다. 그런데 리더들은 왜 위임하기를 꺼리는가? 문제는 리더에게도, 위임을 받아들이지 않는 사람에게도 있다. 왜 어떤 리더는 한결같이 위임을 회피하는가?

어떤 리더는 개인적으로 불안정감의 문제를 가지고 있다. 당신은 어떤가? 이런 사람들은 과도한 일의 압박과 그것을 증명하기 위한 최종 권한이 없으면 스스로 무능하다는 생각에 시달린다. 위임하기를 꺼리는 이유가 무엇인지 모르는 이들도 더러 있다.

어떤 리더는 자신이 아래에 있는 직분자들보다 더 유능하다고 단정한다. 당신은 어떤가? 이 질문에 어떻게 답하든지, 이것은 교육 사역자들이 묻고 답해야 할 핵심 질문은 아니다. 교육 사역은 사역자의 유능함이 중요하지 않다. 오직 하나님이 주시는 능력으로 하나님의 백성이 힘을 덧입도록 하는 일이 훨씬 더 중요하다. 바울이 고린도 교인들에게 한 권면은 사역자들이 개인적으로 적용할 수 있고, 또한 성도들을 대상으로 하는 그들의 사역에 지침으로 삼아야 한다.

> "우리가 그리스도로 말미암아 하나님을 향하여 이같은 확신이 있으니 우리가 무슨 일이든지 우리에게서 난 것같이 스스로 만족할 것이 아니니 우리의 만족은 오직 하나님으로부터 나느니라 그가 또한 우리를 새 언약의 일꾼 되기에 만족하게 하셨으니"(고후 3:4-6상).

어떤 리더는 답을 알지 못할까 봐 두려워한다. 당신도 그런가? 자신의 전문 영역에서 답을 몰라 무능력하게 보이기를 누구도 원치 않는다. 바로 이런 이유 때문에라도 위임을 통해 특별한 재능과 능력을 가진 사람들이 사역에 참여해야 한다. 리더들이 이런 변명을 하는 것은 직무에 대한 도전을 피하거나 질문 자체를 회피하여 그 일을 자기 통제 아래 두고자 하기 때문이다.

리더들은 목표를 분명하게 규정하는 데 어려움을 느낀다.[16] 당신은 어떤가? 규정할 수 없는 일을 위임하기는 어렵다. 목표가 명확하지 않으면 위임은 불가능하다.

직분자들이 책임을 받아들이려 하지 않기 때문에 위임하지 못하는 경우도 있다. 교육 사역자들은 다음과 같은 말에 내포된 중요한 메시지에 민감해야 한다.

"그 일이 어떤 일인지 모르겠어요." 목표를 명확히 하는 노력을 게을리하면, 직분자들은 사역자들 못지않게 실패가 두려워 위임받지 않으려고 한다. 교회의 책무를 제대로 처리하지 못하면, 친구와 교회 혹은 나를 믿어주는 사역자, 심지어 하나님을 실망시켰다는 엄청난 죄책감에 시달린다.

"혼자 골치 아프게 생각하기보다는 당신에게 직접 묻는 게 더 쉬워요." 어떤 직분자들은 리더가 알아서 사사건건 설명해주기를 바란다. 이것은 직분자보다는 리더의 리더십 방식 때문일 수도 있다. 때로는 그 직분자가 그 일에 필요한 역량이 없을 수도 있다. 그렇다면 그는 그 일에 적격자가 아니다. "당신이 판단해주세요"라고 말하는 사람은 의존성이 높은 사람일 가능성이 크다. 그런 사람은 무슨 일이든 직접 결정하지 않고 다른 사람이 대신 해주기를 바란다.

"이런 제 방식을 아무도 좋아하지 않을 겁니다." 이런 직분자는 실수를 하거나 비판의 대상이 되기를 두려워한다. 동료 직분자들 앞에서 놀림이나 비웃음당하기를 원치 않는다.

"제가 그 일을 해낼 것 같지 않아요." 위임은 단순히 그 사람의 능력만 고려하지 않는다. "하나님이 도와주시면 그 일을 할 수 있고, 잘할 수 있다고 확신합니다"라는 태도를 가진 사람들을 찾아야 한다.

"고맙지만 이미 할 일이 많습니다." 이미 언급한 두 가지 원리를 다시 강조하고자 한다. 첫째는 시간적 여유가 되는 사람에게 위임하고,

둘째는 경험이 필요한 사람에게 위임하는 것이다.

"한 번도 그 일을 해본 적이 없습니다." 이런 사람은 제안받은 일에 대한 주인 의식이 없다. 주인 의식이 없으면 책임감도 있을 수 없다.[17] 전반적인 교회 프로그램은 지원할지 몰라도 구체적인 프로그램에 대해서는 관심이 없다. 자신의 은사와 재능이 다른 영역에 있다고 생각한다.

감독

교육 사역자는 위임자 역할을 할 때 슈퍼바이저, 즉 감독 역할도 한다. 감독한다는 것은 직무를 수행하는 직분자들을 지도하고 지시한다는 것이다. 감독은 한 조직의 생산성과 직분자들의 사기에 결정적인 영향을 미친다. 종종 리더들은 과도하게 감독하든지 아니면 어떤 감독도 없이 방치한다. 어느 경우든 극단에 치우치면, 사람들이 소기의 결과를 이루거나 리더십 기술을 개발하는 데 방해가 된다.

감독의 역할이 어느 정도 필요한지는 직분자들의 성숙도와 역량에 따라 다르다. 직분자들이 미성숙하고 역량이 낮을수록 감독이 더욱 필요하다. 『1분 경영』(*The One Minute Manager*, 21세기 북스 역간)에서는 직원들이 일을 제대로 하고 있는 때를 포착해서 칭찬해주라고 조언한다.[18] 이렇게 칭찬해주면, 일이 원활하게 진척되고 직분자들은 긍정적인 피드백을 받을 수 있다. 긍정적인 인정은 동기부여의 큰 요인이 되고 직분자들의 사기를 높여준다.

일을 제대로 하지 못하는 경우 그 행동은 교정하더라도, 사람에게는 인정과 격려가 필요하다. 훌륭한 감독은 사람을 세우고 그가 맡은 직무의 질이 향상되게 한다.

교육 사역자들은 책무를 위임한 사람들을 어떻게 지속적으로 감독할 수 있는가? 라일 쉘러(Lyle Schaller)는 자원봉사자 리더십에도 응용하고 적용할 수 있는 계획을 가지고 직원들과 협력할 수 있는 방안을 설명한다.[19] 나는 그의 계획을 응용하여 핵심 리더들에게 적용해보았다. 세 장의 종이를 준비하고 각 장 중앙에 세로줄을 긋는다. 첫 장에는 "내 역할은 무엇이며, 교회와 교육 사역자에게 어떤 지원을 기대하는가?"라는 질문에 답하게 한다. 종이 왼쪽에는 자원봉사자들이 '교회에 대한 나의 책무'에 대해 스스로 이해한 내용을 적게 한다. 종이 오른쪽에는 '내가 맡은 책무를 감당하기 위해 교회와 교육 사역자에게 필요한 것'을 적게 한다.

| 표 2 | 내 역할은 무엇이며, 교회와 교육 사역자에게 어떤 지원을 받기 원하는가?

교회에 대한 나의 책무	그 책무를 감당하기 위해 필요한 것
1.	1.
2.	2.
3.	3.

두 번째 장에는 성취한 내용과 개선이 필요한 부분을 다룬다. 종이 왼쪽에는 지난 3개월 동안 했던 일을 적는다. 교육 사역자가 이

목록을 추가할 수도 있다. 종이 오른쪽에는 개인적으로나 교회적으로 부족한 부분과 개선이 필요한 점을 확인한다. 이 역시 교육 사역자가 추가할 수 있다.

| 표 3 | 우리가 성취한 일은 무엇인가? 우리가 앞으로 이루어야 할 목표는 무엇인가?

지난 3개월 동안 한 일은 무엇인가?	내가 개선해야 할 점은 무엇인가? 교회가 개선해야 할 점은 무엇인가?
1.	1.
2.	2.
3.	3.

세 번째 장에는 '미래를 어떻게 전망하는가?'라는 질문에 답한다. 종이 왼쪽에는 이후 3개월 동안 실행할 목표를 적는다. 종이 오른쪽에는 각 목표를 이루기 위한 실행 계획을 적는다.

| 표 4 | 미래를 어떻게 전망하는가?

이후 3개월 동안 실행할 목표	각 목표를 이루기 위한 실행 계획
1.	1.
2.	2.
3.	3.

쉘러는 3개월에 한 번씩 직분자와 함께 이 내용들을 토대로 점검하면 "감독의 짐을 매우 창의적이고 생산적으로 공유하는 경험을 할 수 있다"라고 지적한다.[20] 나는 이 목록을 이렇게 활용했다.

- 교육 사역자는 각 직분자가 맡은 직분과 업적을 명확하게 파악한다.
- 직분자의 개인적 필요와 지원이 필요한 부분이 있다면, 무관심으로 역효과가 나기 전에 미리 충족시킨다.
- 내부의 소통을 강화한다.
- 목표를 성취하는 데 장애가 될 요인을 미리 파악한다.
- 감독을 위한 모임은 직분자가 긍정적인 격려를 받는 것으로 마무리한다.
- 교육 사역자와 직분자 두 사람 모두 필요한 절차를 파악하고 있다.
- 교육 사역자와 직분자가 서로와 교회에 대한 책무를 재정립할 기회를 정기적으로 갖는다.
- 교육 사역자와 직분자 사이의 책임을 확인한다.
- 성과가 미흡한 부분을 다루는 기회를 정기적으로 마련한다.
- 각 직분자는 최소한 1년에 네 번 교육 사역자와 면담한다.
- 교육 사역자는 교육 사역 전반과 프로그램에 관해 더 잘 파악하게 된다.[21]

교육 사역자는 교육 사역 리더들의 친구가 되어주며, 그들의 활동을 살피고 관찰하는 이중의 역할로 전체 교육 프로그램을 감독한다.[22]

빙햄과 로스너는 감독자의 특징을 8가지로 소개한다.

1. 효과적인 감독자는 언제라도 도움이 필요하면 찾아갈 수 있다는 믿음을 준다. 사람들에게 관심이 많고 그들의 개인적 문제와 성장에 주의를 기울인다. 그들이 문제를 해결하고, 더욱 유익한 사람이 되도록 돕기 위해 노력한다. 무슨 고민을 털어놓아도 안심할 수 있다는 확신을 주고, 그런 확신을 소중히 여긴다.
2. 효과적인 감독자는 오래 참는다. 더 효과적인 직분자가 되고 싶어도 잘 안 되는 이들을 이해하고자 노력한다. 마음을 같이하려고 노력하며, 그들이 문제를 해결하는 데 도움이 될 정보들을 찾으려고 애쓴다.
3. 효과적인 감독자는 의사소통 기술이 뛰어나다. 상대방의 수준에 맞추어 말한다. 논의하는 영역에 대해 명확하고 객관적으로 말하며, 사용 가능한 최고의 자원과 지식을 활용한다.
4. 효과적인 감독자는 유머 감각을 잃지 않는다. 자신을 농담의 소재로 삼을 수 있고, 사람들과 농담을 주고받으며, 재미있는 이야기를 십분 활용한다.
5. 효과적인 감독자는 자기 자신과 동역하는 사람들에 대한 믿음이 있다. 문제를 이해하려고 노력하며, 그것을 정직하면서도 확신을 가지고 다룬다.
6. 효과적인 감독자는 좋은 친구가 되어준다. 무엇보다 돕고 싶은 모든 이에게 친구가 되어주려 하고, 그들의 믿음과 이해를 얻으려 한다. 자신의 주장을 강요하지 않으며, 만남과 개인 면담을 통해 리더로서 또한 그리스도인으로서 성장하도록 돕는다.

7. 효과적인 감독자는 감독을 받는 사람들과 협력해 그들의 필요가 충족되게 하고, 그들의 잠재력을 최대한 발휘할 수 있는 계획을 세운다.
8. 효과적 감독자는 하나님을 모르는 이들에게 복음을 전하는 일과 자신의 일상에서 효과적인 그리스도인이 되어야 한다.[23]

10

평가자

윌리엄은 최근에 대형 교회의 교육 사역자로 부임했다. 겉으로 보기에 교회는 아무 문제도 없는 듯하지만 지난 몇 년 간 교인들의 출석률은 계속 떨어지고 있다. 사정이 이러한데도 교회는 출석률이 높았을 때와 같은 조직을 유지하고 있다. 담임목사는 윌리엄이 주일학교 학생 수가 더는 줄어들지 않게 해주기를 기대한다. 그러나 교회가 쇠퇴하는 원인에 대해 확인된 것은 없다.

부임 후 윌리엄은 가장 먼저 성경 공부 현황을 살펴보았다. 검토 결과, 지난 10년간 점진적으로 출석률이 낮아진 이유를 발견했다. 교회의 제자 훈련 프로그램이 상당히 축소되어 있었던 것이다. 노년과 장년으로 구성된 제자 훈련반 하나만 유지되고 있었다. 또한 주일학교에서 교사로 섬길 직분자들을 찾기가 어려웠다.

게다가 윌리엄은 소속 교단이 모든 연령층을 위한 새로운 커리큘럼을 개발했기 때문에 기존의 분반 체계를 다시 편성하고 조직을 새롭게 해야 했다. 윌리엄은 어디서부터 시작해야 하는가? 어디서 도움을 받아야 하는가? 가장 먼저 할 일을 어떻게 결정하는가? 어떤 기준으로 현재의 주일학교 조직을 평가해야 하는가? 새로운 커리큘럼은 어떻게 평가할 수 있는가? 새로운 분반 체계는 어떻게 평가하는가?

기독교 교육 프로그램이 수시로 변화하고 다양해지는 필요들을 충족시키기 위해서는 지속적인 평가가 반드시 필요하다. 평가는 정량적(quantitative) 방법과 정성적(qualitative) 방법이 있다. 정량 평가는 상대적으로 쉽다. 교육 부서가 양적으로 성장하는지를 확인하기란 어렵지 않다. 많은 교육 사역자는 올해 출석률과 작년 출석을 비교하는 것이 평가라고 생각한다. 출석률이 높아지면 대개 깊은 고민을 하지 않는다.

교육 과정에 대한 정성적 평가는 사람들이 배우는 내용을 평가하는 것이다. 누군가 책임지지 않으면 교육도 평가도 이루어지지 않는다. 영(Young)은 기독교 교육 프로그램에 몸담고 있는 사람들이 다음과 같은 맥락으로 평가를 수행해야 한다고 주장한다.

> (1) 평가는 개개인의 직무 수행에 대한 강점과 약점을 평가하는 작업이 수반되는 인간적 과정이다. (2) 평가는 교육 프로그램의 목적과 목표가 달성되고 있는지를 확인할 수 있는 유일한 방법이다. 이 과정은 행정 관리자, 교사/리더, 학습자들이 목적과 목표를 명확히 하는 데 도움이 된다. (3) 평가는 자기 개발 태도를 함양하는 과정이다. 어려운 문제를 진단하고, 그것을 해결할 새로운 방식을 점검하기 위한 방법과 수단을 마련하도록 기회를 제공한다. (4) 평가는 다양한 기법을 활용해 성취 수준을 결정할 인력이 필요한 과정이다. 그러므로 현재의 업무 처리 방식에 대한 대안을 개발할 근거로 사용될 수 있다. (5) 평가는 교사/리더와 학습자가 가르치고 배우는

과정에서 각각 얼마나 성공적으로 그 일을 수행했는지 확인하는 과정이다. (6) 평가는 전체 교육 프로그램과 관련해 설비, 교재, 비품, 장비의 필요와 그 활용도를 확인할 수 있는 수단을 제공한다.[1]

교육 사역자들은 교회 활동을 평가할 책임이 있다. 린드그렌(Lindgren)은 평가 지침으로 활용할 수 있는 8가지 질문을 소개한다.

1. 해당 활동이 어떤 목표를 지향한다고 생각하는가?
2. 이 목표가 교회의 본질이나 사명과 일치하는가?
3. 이 목표를 이루는 데 기여할 수 있는 활동인가?
4. 동일하게 중요한 다른 프로젝트와 상충하는 활동은 아닌가?
5. 인력과 자원을 충분히 조달할 수 있는 활동인가? 아니면 교회가 과도한 부담을 져야 하는 활동인가?
6. 활용한 모든 기법이 복음에 비추어 검증할 때 용납될 수 있는 것인가?
7. 목적을 이루는 수단인 이 활동이 목표 자체가 되어 성공할 경우, 오히려 진짜 목표를 가릴 위험은 없는가?
8. 미리 관심을 기울여야 할 더 기본적인 목표는 없는가?[2]

이 모든 질문의 기본이 되는 질문은 "기독교 교육 프로그램에 대해 알고 싶거나 알아야 할 것은 무엇인가?"다. 고려해야 할 몇 가지 주제는 다음과 같다.

- 사람들은 무엇을 배우는가?

- 그 내용을 제대로 배우고 있는지 어떻게 확인할 수 있는가?
- 교재가 건설적인 내용을 담고 있는가?
- 교사들이 그 교재를 얼마나 잘 활용하고 있는가?
- 바라는 목표를 얼마나 체계적으로 이루고자 하는가?
- 우리가 사용하는 건물이 제대로 된 가르침과 배움에 얼마나 도움이 되는가?
- 교사들이 적절하게 훈련되어 있는가?
- 훌륭한 교수와 학습에 필요한 장비와 비품을 교회가 제공하는가?
- 얼마나 정확하게 기록하는가?
- 기록된 내용을 토대로 개선이 필요한 영역은 무엇인가?

이 장에서는 평가의 취지와 범위를 살펴보고, 평가자들이 평가의 풍토를 마련하는 데 지침으로 삼을 몇 가지 원리를 살펴볼 것이다.

평가란 무엇인가?

와이코프(Wychoff)는 평가 과정을 설명하면서 다음과 같이 말한다.

> 평가는 현재의 실상과 앞으로의 목표를 비교해 개선이 필요한 영역과 방향을 찾아내는 과정이다. 먼저, 현재 상황을 기술하고 분석하는 작업이 이루어져야 한다. 그런 다음 기준을 설정해 그 상황을 평가한다. 둘을 비교해보라. 미약한 부분, 바람직한 부분, 빠진 부분, 과도하게 강조된 부분을 확인하라. 이렇게 확인된 내용을 토대

로 개선이 필요한 부분을 미래의 계획이나 전략에 반영한다.[3]

평가는 단순하고 쉬운 과정이 아니다. 직면한 문제와 필요, 목표를 심층적으로 고찰해야 한다.

기독교 교육의 평가는 목적 선언문이나 중대한 목표에서 출발한다. 와이코프는 기독교 교육의 기준은 세 요소에 뿌리를 두고 있다고 보았다. 즉 기독교 교육의 목적에 대한 기본 이해, 커리큘럼 원리, 행정 원리다.[4] 가능한 목적 선언문은 다음과 같다.

> 기독교 교육의 목적은 모든 사람이 하나님의 자기 계시, 특히 예수 그리스도로 계시된 구속의 사랑을 통해 하나님을 알고 믿음과 사랑으로 반응하는 것이다. 그래서 그들이 자신의 존재를 알고, 그들이 처한 인간적 상황의 의미가 무엇인지 깨달으며, 기독교 공동체에 뿌리박고, 하나님의 자녀로서 성장하며, 모든 관계에서 하나님의 성령으로 생활하고, 세상 속에서 공동의 제자도를 이루는 가운데 그리스도가 주신 소망 안에 거하는 것이다.[5]

미국과 캐나다의 16개 교단은 합동 교과 과정 프로젝트의 일환으로 이 선언문을 채택했다. 교회의 교육 목적에 대한 어느 교단의 선언문은 다음과 같다.

> 사람들이 성경에 계시되고 예수 그리스도에게 가장 온전히 계시된 대로 하나님을 알고, 믿음의 개인적 결단으로 그분에게 반응하며, 제자도의 온전한 의미에서 그분을 따르고, 그분의

> 교회와 세상 속에서 교회의 사명에 효과적으로 관여하되, 성령의 인도와 능력을 의식적으로 인정하며 살아감으로 기독교적 성숙을 이루도록 돕는 것이다.[6]

이런 선언문은 교단 차원의 교과 과정 개발을 강조하고 유도한다. 각 교회 역시 다른 교회의 선언문이나 심지어 교단의 선언문이 아닌 자체의 목적 선언문을 갖추어야 한다. 이런 모델들은 어떤 영역을 표명하고 어떤 사역을 해야 하는지를 참고 자료로 사용할 수 있다. 선언문은 소속 교회의 독특성을 고려해 교회의 전체 교육 프로그램을 평가하는 데 도움이 되어야 한다. 각 기독교 교육기관은 그 기관의 사명 선언문과 그 조직의 기준을 점검함으로써 평가를 받는다.

콜먼(Coleman)은 평가 과정이 세 단계로 이루어진다고 지적한다. 첫 단계는 평가하기 위한 기준을 세우는 것이다. 교육 사역자는 "지향하는 목적은 무엇인가?"라는 질문에 답해야 한다. 두 번째 단계는 "현재 상태는 어떤가?"라는 질문에 답하기 위해 현재 상황에 대한 정보와 자료를 분석하는 것이다. 세 번째 단계는 설정한 기준에 따라 '현재 상태'와 '지향하는 목적'을 비교해 정보나 자료를 해석하는 것이다. 무엇을 평가하든 그 열쇠는 기준에 있다. 이 세 단계는 기독교 교육 프로그램이 개선되도록 도우려는 목적이 있다.

평가의 목적은 무엇인가?

평가가 무엇인지에 동의했다면, 다음 질문은 이것이다. '평가의 목적은 무엇인가?' 평가는 기독교 교육 프로그램에 유익하기 때문에 꼭 필요하다. 어떤 평가는 수시로 진행된다. 리더가 평가의 목적을 이해해야 그것이 도움이 된다. 평가 기준은 계획이 완성되기 전에 마련해야 한다. 평가는 기획 과정에 도움이 되며, 전체 교육 프로그램을 점검하는 데 도움이 된다. 또한 평가를 통해 학습자의 진도를 다룰 수 있다. 존슨(Johnson)은 평가의 목적을 이렇게 말한다.

1. 평가는 교육 사역에 대한 통합적 시각을 제공하는 데 기여해야 한다.
2. 평가는 교회의 교육 철학과 프로그램이 상충되지 않는지 확인하는 시간이어야 한다.
3. 평가는 관련된 모든 사람이 협력하는 기회가 되어야 한다.
4. 평가는 기획과 실행 과정의 일환으로 교회에 지속적으로 기여해야 한다.
5. 평가는 질과 성장에 초점을 맞추어야 한다.
6. 평가는 교사/리더, 학습자, 학습 과정에 대한 진지한 검토의 기회가 되어야 한다.
7. 평가로 장점을 확인한 후 사역 확대를 고려할 때는 전체 기획 과정에 이 정보를 반영해야 한다.
8. 평가는 문제를 확인하고 적절히 해결할 목적으로 그 문제를 집중 점검하는 것이 되어야 한다.
9. 평가는 좋은 목표를 명확히 드러내고, 그렇지 않은 목표의 약점을 지적하는 데 도움이 되어야 한다.
10. 평가는 정확하고 적실한 정보를 제공해야 한다.[7]

평가의 범위

기독교 교육 프로그램은 교회 안의 수많은 그룹과 사람들 사이에 역동적 상호 교류를 수반한다. 영은 그것을 이렇게 확인해준다.

> 한 교회의 교육 프로그램을 구성하는 상호 교류의 범위는 다음과 같다. 교회 자체, 그 구성원, 교단과 그 고유한 성격과 목적, 사명, 프로그램, 특정 교회가 자리한 지역 공동체, 그 교회의 문제와 기회, 도전, 사용 중인 커리큘럼, 그것의 목적과 범위, 맥락, 과정, 디자인, 교육 내용, 목표, 관심사, 필요, 신앙 경험이 있는 교회 프로그램의 참가자, 그 프로그램에 참여하는 어린이들과 청소년들의 부모, 그들의 가정, 교사/리더, 행정 관리자와 사역자와 그 외 다른 리더들을 위시한 프로그램의 리더십, 그 프로그램에 이용되는 건물과 설비, 그 프로그램의 인력과 재정적 지원, 그 프로그램의 조직과 관리.[8]

간단히 말해서, 평가 범위는 교육 프로그램과 그 프로그램을 뒷받침하는 교회의 사명만큼이나 교회 내외적으로 다양하고 포괄적이다.

평가의 원리

평가는 교육 프로그램과 기관이 발전하는 데 도움이 된다. 하지만 어떤 평가는 기관에 도움이 되기보다 방해가 될 수도 있다. 다음의 원리는 평가 과정을 강화해준다.

- 평가는 목표나 기준에 기초해 진행된다 목표는 교회에서 나온다. 교회가 기독교 교육에 거는 기대가 기초가 된다. 교회는 교육의 사명을 규정한다. 각 교육 부서도 마찬가지다. 앞에 나오는 목적 선언문을 검토해보라. 그런 선언문을 지침으로 삼으면, 단순히 작년 기록과 비교하는 수준이라 해도 통계 분석에 그치지 않고 출석 점검을 넘어서는 평가가 될 수 있다. 기독교 교육의 목적은 단순히 출석률을 높이는 데 있지 않다. 교육 사역자들은 성도들이 개인적으로 유익한 여러 활동에 참여하여 신앙이 성숙해지도록 돕고 나아가 교회를 도와야 한다.
- 평가 기준은 그 과정에 참여한 모든 사람이 이해할 수 있어야 한다 사람들이 스스로 알지 못하거나 인정하지 않는 잣대로 평가를 받는 것은 불공평하다. 관련된 당사자들끼리 평가 기준을 공유하는 것이 가장 좋다. 그렇지 않을 경우, 그 평가 결과가 개선으로 이어지지 않고 오히려 사기를 저하시킬 수 있다.

  평가 대상자들이 동참해야 좋은 평가 기준이 마련된다. 평가자가 독단적으로 결정하면, 성공의 공은 모두 본인이 차지하고 실패의 원인을 다른 사람에게 돌리고 싶은 유혹을 받는다. 예를 들어, 대부분 교사는 반 학생이 모두 토론에 참여하도록 학습 계획을 세우지만 결국 아무도 그날의 공과를 공부해오지 않은 것을 알게 된다. 학생들이 교사의 기대에 어긋났기 때문에 교사는 낙담해서 교실을 나간다. 그 교사는 한 가지 기준, 즉 학생들이 참여형 학습 준비를 하고 수업에 참가해야 한다는 기준으로 그들을 평가한 것이다. 교사는 그들에게 사용된 평가 기준을 자각해야 한다. 학생들에 대해서도 동일하게 사려 깊어야 한다.

- **평가에는 기독교 교육 프로그램의 모든 측면이 포함된다** 평가는 포괄적이다. 모든 기관과 연령대가 포함된다. 개별 기관들은 소속 부서와 반의 평가를 받는다. 참여자들의 개별적 성장 역시 평가받아야 한다. 리더들과 참여자들은 평가 과정의 한 부분이고, 평가는 다양한 접근 방식과 기법을 사용하여 진행된다. 어떤 평가는 성경 지식 테스트로 배운 지식을 측정하고, 어떤 평가는 출석의 양상을 평가한다.[9] 콜먼은 다음과 같이 주장한다.

> 성경 공부를 대하는 학생들의 태도, 교실에서 서로 간의 의사소통, 성경 공부 후의 태도 변화, 학습 공간의 시설 등도 고려해야 한다.[10]

평가하는 풍토 조성하기

사람들은 인생의 모든 영역에서 평가한다. 기업, 학교, 공동체들은 평가를 위한 도구와 기법을 활용한다. 기독교 교육 프로그램이 발전하려면 반드시 평가가 이루어져야 한다. 성과를 평가한다는 개념이 기독교 교육기관과 교회에도 있어야 한다. 이 평가를 실행할 수 있는 몇 가지 제안은 다음과 같다.

- **평가를 위한 연례 리트릿을 실시하라** 연간 사업 계획을 세우기 전

에 일정을 잡고 교육기관의 리더들을 모두 참여시켜라. 이 리트릿의 목적은 지난 1년간 진행된 활동을 점검하고 업무의 질을 평가할 기준을 세우는 데 있다. 리트릿에서 사람들은 평가 기준을 합의한다. 지난 한 해 동안 수행한 영역들을 확인한다. 다음 한 해 동안 추구할 꿈을 작성하고 그것을 이루기 위해 필요한 일을 결정한다. 이렇게 할 때 구체적 목표를 세우고 평가 절차를 합의할 수 있다. 목표 지표에 대한 합의가 도출되면 평가가 어렵거나 위협적으로 느껴지지 않는다. 이 과정은 각 교육기관, 즉 주일학교, 제자 훈련, 선교 교육, 기타 교육 프로그램에 유익하다.

- **정기적으로 모이는 기독교 교육 위원회에 앞서 평가를 실시한다는 원칙을 세우라** 사람들은 출석률이 높고 골치 아픈 문제가 없다면 만사가 잘되고 있다고 생각하는 경향이 있다. 그러나 평가는 주관적 감정에만 의존하지 않는다. 목표에 도달하고 있다는 가시적인 증거가 있어야 한다. 교육 사역자들은 기독교 교육 리더들이 계획된 평가 절차에 맞게 아이디어를 발전시키도록 돕는다. 1년 동안 평가 절차를 활용하기 위해 명확한 계획을 세우도록 이끈다. 활동과 행사에는 즉각적인 평가가 필요하다. 1년에 한 번 몰아서 평가할 경우, 구체적이지 않고 일반적인 평가로 머물 수밖에 없다. 정기적으로 평가하면, 잘한 영역과 그렇지 못한 영역이 쉽게 확인된다.
- **다양하고 짧은 테스트를 실시하면 평가가 이루어지는 풍토가 마련될 수 있다** 그동안 교회는 서면 테스트를 활용하는 데 소극적이었다. 어떤 이들은 이런 방식이 괴로운 학창 시절을 떠올리게 해서 성

인들에게 외면받을 것이라고 생각한다. 또 다른 이들은 과도한 테스트로 기독교 교육의 현황을 평가하려고 시도한다. 테스트는 평가 과정에 중요한 역할을 한다. 대부분 테스트는 인지적 학습을 평가하며, 학습자가 습득한 사실이나 정보 평가에 치중한다. 기독교 교육에서 인지적 차원이나 지식을 지나치게 강조하는 것은 문제가 있다. 종교는 인지적 절차가 아니라 주로 '정서적' 학습 영역과 관련이 있기 때문이다. 교회에서 하는 테스트는 하나님과 사람들과의 관계에서 성장하고 있는지, 여러 문제에 대해 어떤 감정을 느끼는지를 측정하는 용도여야 한다. 정적인 학습은 공감, 태도, 인생철학, 특정 생활 방식의 수용, 기독교 윤리, 도덕성에 집중한다. 테스트는 단순히 사람들이 알고 있는 지식만이 아니라 전체 기독교적 경험을 평가한다. 그리스도인으로서 성장하는 삶인지를 평가하는 데 목적이 있다면, 테스트는 효과적인 평가 방식 중 하나가 될 수 있다.

- 사적인 모임에서 교육 리더들과 평가에 대해 토론하라 사적인 모임은 경직되지 않은 편안한 분위기에서 평가의 중요성과 기준에 대해 토론할 수 있는 기회가 된다. 궁금한 질문과 개인 관심사들을 허심탄회하게 드러내고 토론할 수 있다. 사적인 모임에서 고려할 수 있는 몇 가지 질문은 다음과 같다. (1) 지금 소속된 기관에서 이루어지는 일들을 어떻게 생각하는가? (2) 자주 부딪히는 문제는 없는가? (3) 이런 문제들을 어떻게 도우면 좋겠는가? (4) 앞으로 3개월이나 6개월, 혹은 내년에 기관에 바라거나 희망하는 점은 무엇인가? (5) 교수/학습 과정을 개선할 수 있는 아이디어가 있다면 무엇인가? (6) 개선해야 할 직분자들의 태도는 무엇인

가? (7) 각 학습 영역(지식, 행동, 습관, 태도, 생활 방식)의 목표는 무엇인가? (8) 이런 목표들의 진척도를 어떤 방법으로 평가할 계획인가?[11]

평가의 종류

교육 프로그램의 역량을 평가하는 데 다양한 방법이 사용된다. 학습 내용, 학습 과정, 직분자의 수행 능력, 시설, 기관과 프로그램, 참여 수준이나 비참여의 수준이 검토 대상이다.

학습 내용

학습 과정에는 인지적 차원과 정서적 차원이 있다. 기독교 교육에 참여하는 사람들은 지식, 정보, 이론, 원리를 배운다. 그러나 기독교 교육 사역자들은 종교는 정서적 차원이나 태도를 학습하는 것이 더 중요하다는 사실을 유념해야 한다. 이런 학습은 감정, 태도, 정서적 반응, 감상, 가치와 관련이 있다. 지식 차원의 학습을 평가하는 것은 쉽다. 그것을 통해 학습자들은 암기, 배경 정보 이해, 성경에서 특정한 신학적 진리 도출, 진리와 인간 역사의 해석으로 교재 내용을 이해했음을 알 수 있다. 학습한 지식은 시험, 시뮬레이션, 개인별 면접, 혹은 관찰로 평가할 수 있다.

정서적 차원의 학습을 평가하는 것은 어렵다. 정서적 학습 결과를 기술하는 사람들은 대부분 이차적 결과가 있어야 함을 인정한다. 이런 차원의 학습을 평가하는 한 가지 방법은 사람들에게 특정 주제에 대해 어떻게 '느끼는지' 혹은 어떻게 '생각하는지'를 질문하는 것이다. 이 경우 설문지나 면담 혹은 관찰 방식을 이용한다. 정서적 학습을 측정할 좋은 방법으로는 인형극, 영화, 조형 점토, 철사 조각, 데생, 그 외 여러 예술 재료를 이용한 투사 기법이 있다. 일기를 쓰는 것도 투사 기법을 활용하는 것이다. 이런 자료들을 사용하면 추상적인 감정이나 자기 행동에 대한 함의를 구체적으로 설명할 수 있다. 교육 사역자는 교수/학습 경험이 일상생활로 스며들었는지를 어떻게 평가할 수 있을까? 학습자 본인이 학습 과정에서 일상생활의 경험을 보고하게 하면 된다.

학습 과정

모든 교사와 리더들은 "반 학생들이 수업을 즐기고 있는가? 교사로서 나를 어떻게 생각할까? 배우는 주제가 자신과 연관성이 있다고 생각할까? 신앙생활에 도움이 될까? 서로를 어떻게 생각할까?"를 궁금해한다. 이런 질문들은 교수/학습 과정에 대한 학습자의 태도와 관련이 있다. 간단한 설문지를 정기적으로 작성해 학습자들의 태도를 확인할 수 있다. 교수/학습 과정을 평가하는 또 다른 방법은 교육 현장에서 의사소통의 흐름을 관찰하는 것이다. 때로 교육 사역자들은 소외되는 사람 없이 모두가 수업에 참여하고 있다고 생각하는지를 확인하고 싶어 한다. 어떤 이들은 수업 시간을 독차지하는 사람들을 통제하기 원한다. 수업 내용을 객관적으로 평가할 수 있는 한 가지 방법은 관찰자를 따로 정해 학생들이 말하는 횟수를 기록하게 하는 것이다. 종이에 반 학생들의 이름을 적는다. 발표하거나 의견을 말하는 학생이 있으면, 도표 위의 이름 옆에 그 횟수를 표시한다. 수업이 마무리될 즈음 관찰자는 각 사람이 말한 횟수와 시간을 확인해 발표한다.

학생들이 수업에 적극적이지 않아 고민하는 교사를 도운 적이 있다. 나는 한동안 수업을 참관했고, 수업에 적극적으로 참여하는 학생 수가 너무 적어서 놀랐다. 나는 학생들의 이름을 모두 적고 이름 옆에 열세 개의 칸을 만들라고 제안했다. 그리고 주일에 수업이 끝나면 발표한 학생들의 이름을 표시하게 했다. 4주 후에는 교사가 표시하는 것을 중단할 정도로 거의 모든 학생이 수업 시간에 적극적으로 참여하게 되었다.

때때로 학생들은 수업 시간에 얼마나 적극적으로 참석했는지, 깨달은 내용을 반 친구들이나 교사와 얼마나 활발하게 토론했는지를 스스로 순위를 매기고 싶어할 수 있다.

직분자의 수행 능력

전문 사역자든, 일반 교사든 교육자에 대한 평가는 매우 어려운 영역이다. 애덤스(Adams)는 이런 평가의 어려움과 필요성을 이렇게 설명한다.

> 교회나 교회 기관이 사역에 대한 하나님의 기준을 마음대로 재단하거나, 오직 하나님만이 아실 수 있음에도 그 사역의 드러나지 않은 효과를 평가하려 한다면, 정말 오만하다고 해야 할 것이다.

> 교회가 세우고 해당 구성원이 책임을 받아들이기로 결단한 사역의 목적과 목표가 있다. 이 목적과 목표를 성취하기 위한 행동과 성과를 평가 대상으로 삼아야 한다.[12]

바우어스(Bowers)는 리더십 능력을 평가해야 할 이유를 4가지로 제시한다. (1) 리더는 아주 높은 열의와 애정을 가지고 시작한다. 시간이 흐르면서 그 열의는 식고 결국 효율이 크게 떨어진다. (2) 오랫동안 직무를 잘 감당했지만 나이가 들수록 정신적, 신체적으로 역량이 감소하면서 성공의 가능성도 낮아진다. (3) 소그룹으로 시작했다가 규모가 점점 커지는 경우가 있다. 소그룹을 가르치거나 행정을 관리하는 일은 능숙하지만 큰 그룹에 필요한 에너지와 헌신할 열정이 없는 사람들이 있다. (4) 도움이 필요해도 그것을 요청하지 않으려는 사람이 있다. 바우어스는 "평가자는 판단하거나 해고를 권고하는 자리가 아니다. 오히려 하나님께 받은 사역을 잘 감당하도록 교회의 모든 지체를 격려하고 안내하고 돕는 자리다"[13] 라고 주의를 준다.

평가는 매우 신중해야 하고, 관련 당사자들의 전적 협력이 있어야 한다. 제삼자가 평가하기에 앞서 스스로 평가하도록 하는 것이 현명한 첫걸음이다. 교사를 평가하기 전에, 좋은 가르침이 무엇인지 먼저 결정해야 한다. 교사들이 교육 사역자를 도와 그들을 평가할 기준을 마련하도록 해야 한다.

매 주일마다 소속 교사들을 평가하겠다고 결심한 어떤 교육 사역자가 생각난다. 그는 반마다 쌍방향 의사소통 체계를 마련하는 방법으로 이 일을 했다. 주일 아침에 한 반을 방문하여 수업 내용을 듣고 교사가 교실을 떠나기 전 그가 작성한 평가 자료를 보여준다. 이런 자료를 받은 교사들은 불쾌한 반응을 보였고, 그런 반응은 일리가 있었다. 이런 식의 평가 방식이 몇 주일간 계속되자 매주마다 그 긴장도가 높아졌다. 얼마 지나지 않아 교회는 그에게 사임을 요구했다. 한 교사는 이렇게 말했다. "나는 평가를 받으려고 이 일을 하는 게 아닙니다. 더 좋은 교사가 되고 싶지만 이런 방식은 아닙니다."

교육 사역자나 교회 프로그램 리더는 교사로서 갖추어야 할 기본 소양에 대해 교사들의 합의가 이루어지도록 돕는다. 이것은 추상적 특질이나 인격적 자질이 아니라 강의 능력과 기술을 규정하는 데 목적이 있다는 것을 기억하라. 콜먼은 이렇게 주장한다.

> 그런 기술은 다음과 같다. (1) 특정한 수업 목표를 제시하는 능력, (2) 학습자들의 말을 귀 기울여 들을 줄 아는 능력, (3) 적절한 질문을 던질 수 있는 능력, (4) 시청각 교재를 비롯해 다양한 교수법을 적절히 활용하는 능력, (5) 학습자들이 호기심을 갖도록 수업을 시작하는 능력, (6) 그룹 토의를 지도하되, 너무 일방적으로 개입하지 않고 논점을 이탈할 때까지 방치하지 않게 조절할 수 있는 능력, (7) 성경 공부 프로젝트를 준비하고 지도할 수 있는 능력, (8) 학습자들의 의사를 존중하고 건설적으로 활용할 수 있는 능력.[14]

교사가 가르치는 특정 연령 집단에 적용한다면, 매우 구체적으로 이 목록을 설명할 수 있을 것이다. 교사가 강의 능력 목록을 만들어 스스로 평가하면 핵심 장점이 증가한다. 이런 평가는 열거한 항목에서 가능한 높은 점수를 받기 위한 것일 수 있지만, 개선의 여지가 많을 경우 능숙한 정도는 아니더라도 개선하는 데 상당한 도움이 된다.

교사가 스스로 평가하도록 도울 수 있는 다른 좋은 방법은 수업 내용을 비디오로 촬영하는 것이다. 많은 교회와 교회 구성원들이 비디오카메라를 갖고 있다. 우리는 신학교에서 목회자, 음악가, 교육 사역자들을 훈련할 때 이것을 사용한다. 주간 교사 모임을 진행할 때, 진행자 자신의 능력을 평가하기 위해 이 비디오 촬영을 한다고 소개하라. 그런 다음 요청하거나 동의하는 교사들에 한해 비디오 촬영을 하라.

자기 평가는 중요하다. 하지만 제삼자처럼 객관적으로 자신을 평가하기란 어렵다. 다른 유능한 교사들이 주기적으로 교사 역량을 평가해줌으로써 도움을 받을 수 있다. 콜먼은 다음과 같이 지적한다.

> 교사들이 제삼자가 관찰하는 방식으로 평가받는다는 개념을 받아들인다면, 그 과정에 4가지 원리가 반드시 반영되어야 한다.
> 첫째, 평가하는 사람은 교사들에게 '자신이 무슨 일을 하는지 아는' 사람으로 인정받아야 한다. 교사들이 교사로서 역량을 보여준 적이 없는 사람에게 평가받기를 원치 않는 것은 당연하다.
> 둘째, 교사들은 이런 평가가 자신에게 유익하다는 자세로 이 과정을 자발적으로 수용해야 한다.
> 셋째, 평가를 위한 관찰 계획을 미리 세우고 상대방의 기분이 상하지 않도록 실행해야 한다.
> 넷째, '교사의 잘못을 지적하는' 기회가 아니라 상호 평가의 의미에서 사후 모임이 진행되어야 한다.[15]

교수/학습 과정에서 가장 직접적인 당사자인 학습자들이 때로 교사의 성과를 평가하는 데 참여해야 한다. 이런 종류의 평가는 관련된 교사들이 사전에 모두 알고 승낙한 가운데 조심스럽게 이루어져야 한다. 교사가 직접 평가 도구를 다루지 않는 것이 가장 좋다. 교사가 평가하는 학습자의 신분을 모르는 가운데 전체 연령 집단이나 가능한 많은 학습자가 참여할 때 가장 바람직한 결과가 도출된다. 학습자가 참여하는 평가 방식을 계획할 때 학습자들은 교사를 평가하고, 학습자로서 자신들을 평가한다. 교수/학습 환경에서 학습자 본인이 긍정적인 노력을 거의 혹은 전혀 하지 않았을 때 이 내용이 평가 도구에 반영된다면 교사를 인색하게 평가하기가 그만큼 어려워진다.

시설 평가

교수/학습 상황의 물리적 환경이 교수와 학습의 질에 영향을 미친다. 매년 정기적으로 학습 공간과 시설을 점검하고 평가해야 한다. 이 일은 사역자나 교사가 할 수도 있지만, 교실을 사용하는 교사가 아닌 제삼자가 평가하는 것이 바람직하다.

이미 논의한 다른 영역들과 마찬가지로 어떤 기준으로 시설들을 평가할지를 결정하는 것이 먼저다. 대부분 연령별 그룹 스터디 교재는 필요한 비품이나 자료를 추천하지만 또한 필요한 공간에 대한 지침도 소개한다. 공간이 너무 협소하면 수업의 질에 부정적 효과를 미친다. 특정한 연령 집단에 맞게 설계된 설비가 필요하다.

예를 들어, 먼저 교실의 전체 공간을 확인하고 그 공간을 사용할 사람들을 정하는 일부터 해야 할지도 모른다. 다음으로는 지난 6개월 동안 평균 출석률을 확인하라. 그런 다음 장년부, 청소년부, 유년부, 유치부가 각기 사용할 경우 그 방의 적정 인원이 몇 명인지 보여주라.

관찰자들은 쾌적한 교실 환경과 설비를 마련하는 것 외에도 다양한 연령 집단에 맞는 교수법에 대해 알 수 있다. 프로그램 리더들은 건물 전체를 평가한다. 물리적 설비를 조사한 후, 이런 공간들을 사용하는 사람들과 그 조사 내용을 논의한다.

교과 과정 평가

여기에서는 두 가지 중요한 문제를 다루었다. 커리큘럼을 선택하는 법과 현재 사용 중인 커리큘럼을 평가하는 법이다. 교회는 커리큘럼을 선택하는 문제에서 수많은 선택권을 갖고 있다. 소속 교단의 커리큘럼을 선택할 수도 있고, 다른 교단에서 만든 커리큘럼이나 개별 출판사가 만든 커리큘럼을 선택할 수도 있다. 이때 기존에 정립되어 있는 기준을 근거로 교재를 선택한다. 기본적으로 '좋은 커리큘럼의 특징은 무엇인가?'를 고려해야 한다. 콜슨(Colson)과 리그돈(Rigdon)은 7가지 특징을 소개한다.

1. 성경적이고 신학적인 건전성이 중요하므로 커리큘럼에서 가르치는 내용이 올바른 기독교 진리에 기반하고 있는지를 확인해야 한다.
2. 상관성이란 학습자가 현재 처한 상황에서 그들의 필요와 성격에 맞게 배운 내용을 적용해야 함을 말한다.

3. 포괄성이란 커리큘럼이 범위에서 본질적인 모든 내용을 포함하며 학습자의 기독교적 전인적 인격 개발에 필수적인 것을 모두 포함한다는 뜻이다.
4. 균형이란 커리큘럼이 다양한 구성 내용들을 과도하게 강조하지도 과소평가하지도 않는다는 뜻이다.
5. 목차는 커리큘럼 내용을 학습하기에 가장 좋은 순서로 배열하는 것이다.
6. 커리큘럼을 학습자의 개인 차이와 여러 유형의 교회에 맞게 그리고 리더와 교사들의 다양한 능력에 맞게 응용하기 위해서는 융통성이 중요하다.
7. 연관성은 전체 커리큘럼 계획에서 내용들이 서로 적절한 관계를 이루는 것이다.[16]

다양한 커리큘럼 체계나 제작자를 비교하면 다른 문제들이 제기된다. 티드웰은 이 과정에 필요한 점검 목록을 소개한다. 표 5를 참고하라.

기관과 프로그램 평가

기독교 교육 프로그램의 성공 여부는 많은 부분에서 각 사역자와 교사의 능력과 노력에 달려 있다. 이런 노력들은 교육기관이 내리는 결정 여하에 따라 강화되거나 제한된다. 교수/학습을 목적으로 학습자들을 배정하는 방식은 학습의 질에 영향을 미친다. 또한 반과 부서의 크기 역시 수업의 질에 영향을 미친다. 고려해야 할 몇 가지 질문은 다음과 같다.

1. 수업을 진행하기에 충분한 반과 적절한 종류의 반이 편성되어 있는가?
2. 적합한 교사진이 준비되어 있는가?
3. 프로그램을 계획하고 실행하기 위한 모임이 적절하고 충분히 이루어지고 있는가?
4. 예산, 교재, 시설, 인력, 시간을 비롯해 자원을 적절하게 활용하고 있는가?[17]

기관의 특징에 따라 교육 프로그램은 강화되거나 방해를 받는다. 주일학교와 제자 훈련 프로그램의 공동 과제는 사람들에게 복음을 전하는 것이다. 종종 아웃리치 담당자나 직분자를 모집하는 담당자들은 전체 회의에 참석하지 않는다. 사람들에게 복음을 전하는 것이 중요한 임무라면, 누군가는 그것을 가장 중요한 책무로 여겨야 한다. 기관 평가는 이와 같은 약점이나 강화가 필요한 영역들을 드러낸다. 조직의 형태는 여러 프로그램의 매뉴얼에도 반영된다. 지명을 받은 사역자들과 리더들은 목적이라기보다 조직이 의도한 목적을 실현하도록 돕는 수단임을 기억해야 한다.

각 기관의 프로그램 역시 평가가 필요하다. 프로그램의 목적은 각 기관이 설립 취지를 실현하도록 하는 데 있다. 프로그램 리더들이 공동으로 계획을 세우고 기관이 발전하도록 노력하기 위해서는 다양한 기획 모임이 필수다. 콜먼은 주일학교를 위한 기획과 관련해 7가지 질문을 한다. 이 질문은 다른 기독교 교육 프로그램을 평가할 때

응용할 수 있다.

1. 모든 행정 리더(전체 담당자와 부서 담당자)가 주기적으로 실무자들과 대면하여 기획 모임을 갖는가?
2. 주일학교위원회는 월별 기획뿐 아니라 연례 기획 모임을 갖는가?
3. 교회의 승인을 받고 주일학교 연간 사업이 기록된 달력을 발행해 고루 배포하는가? 이 달력을 주일학교와 관련된 모든 직분자가 활용할 수 있는가?
4. 주일학교의 모든 부서가 주간 직분자 모임을 갖고 있는가? 월간 모임은 어떠한가? 부서 책임자들은 이런 모임을 꼼꼼히 준비하는가?
5. 주일학교 교사들은 교재 내용을 미리 준비하는가? 주마다 성경공부를 연합으로 계획하는 모임에 참여하는가?
6. 주일학교는 1년 목표와 장기 목표를 세우고 교인들이 이해할 수 있도록 제대로 알리고 있는가?
7. 잘 정리된 주일학교 보고서를 교회의 모든 정기 사업 회의에 제출하는가?[18]

| 표 5 | 커리큘럼 선정을 위한 점검 목록

이 목록을 사용해 지금 맡은 연령 집단에 사용할 예정인 커리큘럼 교재들을 서로 비교해보라. 교재 내용을 신중하게 점검하라. 아래 명단의 각 항목에 표시하라. 각 항목당 가장 좋은 교재에 O 표시를 하라. 기본 구성인 학생용 교재, 교사용 교재, 그 외 다른 보조 교재를 비교하라. 자신의 필요에 가장 부합하는 교재를 선택하고 활용하라.

고려할 사항	교재		
	A	B	C
1. 충분하고 적절하게 성경을 활용한다.			
2. 내용이 교리적으로 건전하다.			
3. 교리를 강조하는 시각이 치우치지 않고 균형 잡혀 있다.			
4. 성경을 종합적으로 다룬다.			
5. 교육 철학이 온전하다.			
6. 해당 연령 집단의 수준에 맞게 개념을 소개한다.			
7. 인생의 필요를 적절하게 다룬다.			
8. 적절한 반응을 유도한다.			
9. 내용과 방법론이 적절한 연관성이 있다.			
10. 교사의 능력에 맞는 방법을 활용한다.			
11. 교사의 능력을 개발할 훈련 교재들이 준비되어 있다.			
12. 학습 활동이 연령 집단에 부합한다.			
13. 교회 프로그램을 지원한다.			
14. 해당 기관의 목적을 성취하는 데 도움이 되는 교재다.			
15. 양질의 교수/학습 도구를 즉각 활용할 수 있다.			
16. 보조용 주석을 활용할 수 있다.			
17. 용인될 수 있는 수준의 예술을 활용한다.			
18. 디자인이 사용자에게 매력적이다.			
19. 내구성이 뛰어나고 튼튼하게 제본되어 있다.			
20. 종이의 질이 적절하다.			

고려할 사항	교재		
	A	B	C
21. 활자 크기가 적당하다.			
22. 글자체가 선명하고 읽기 편하다.			
23. 교재의 색감이 만족스럽다.			
24. 주문하고 돈을 결재하는 서비스가 좋다.			
25. 교재 활용법에 대해 문의할 수 있다.			
26. 각 교재의 페이지 수가 적절하다.			
27. 장점을 고려해 책값이 적절하다.			
28. 비교할 수 있는 항목당 비용이 저렴하다.			
29. ________________ (우리가 중요하게 고려하는 다른 요인)			
30. ________________ (우리가 중요하게 고려하는 다른 요인)			
이 비교 내용을 종합할 때 우리에게 가장 적당한 커리큘럼 교재는 ________이다.			

11

성장 조력자

셰릴은 대형 교회에서 교육 사역자로 청빙을 받았다. 역사가 100년이 넘는 교회는 풍성한 전통과 내실 있는 교육 사역을 자랑한다. 그러나 교회는 여러 해 동안 지속적으로 쇠퇴하고 있었다. 교회는 여러 이유로 교육 프로그램을 줄였다. 교육 사역은 주일학교와 선교 교육 위주로 진행된다. 제자 훈련은 없다. 매년 주일학교 교사를 구하기가 더 어려워진다. 담임목사는 교회가 이렇게 쇠퇴하는 현실이 염려스럽고, 특히 줄어드는 주일학교를 셰릴이 성장시켜주기를 바란다.

이 교회가 다시 성장하도록 그녀가 할 수 있는 일은 무엇인가? 무엇을 우선순위로 삼아야 하는가? 주일학교만 사역해야 하는가? 아니면 적극적인 제자 훈련 프로그램을 개발해도 되는가? 리더십 개발은 어떤가? 교사 양성을 위한 반은 필요 없는가?

교육 사역자의 한 가지 임무는 교회가 성장하도록 이끄는 것이다. 많은 교회가 교육 사역자들을 청빙하면서 그들이 새신자 수를 늘려 사례비 이상의 역할을 해주기를 기대한다.

대부분 교회에서 교육 사역자는 심방과 전도 프로그램을 총괄한다. 주일학교의 부서나 반은 모든 초신자를 책임지도록 조직되어 있다. 교육 사역자는 교회의 심방과 전도 사역의 리더십을 제공한다. 종종 주일학교는 교회의 다른 어느 부서보다 새 신자 비율이 높다. 주일학교에 주어진 임무 가운데 하나는 사람들을 전도해 성경 공부를 하는 것이다. 일단 성경을 공부하면 성령이 그 학습한 내용으로 인해 죄를 깨닫고 주님을 영접하도록 이끌어주실 것이라고 믿는다. 또 다른 임무는 사람들에게 그리스도를 증거하고 그들이 교인으로 등록하도록 인도하는 것이다. 교회는 이런 전도와 선교로 성장한다.

많은 교회가 복음 전도로 사람들에게 다가가는 것 이상으로, '무관심과 무활동이라는 뒷문'으로 더 많은 사람을 잃고 있다. 제자 훈련이 없는 복음 전도는 이런 회전문 현상을 만들어낸다. 전도로 사람들을 교회로 인도하지만, 서툴거나 잘못된 제자 훈련으로 결국 교회를 떠나게 만든다. 이것은 서툰 복음 전도다. 새신자는 신앙생활을 시작할 때 제자 훈련이 필요하다. 또한 그리스도인으로서 남은 평생 동안 제자 훈련을 해야 한다. 제자 훈련에는 세 가지 측면이 있다. 새신자 훈련, 기존 신자 훈련, 리더십 개발. 교회는 이 훈련을 통해 새신자를 교제 안으로 흡수하고 끌어들일 수 있다. 그런 훈련은 교회가 모든 신자의 '신앙 개발'에 헌신하고 있음을 보여주는 증거다.

이 장에서는 다음의 세 가지 주요 주제를 다룬다. 첫째, 복음 전도다. 교육 사역자는 복음 전도의 책임이 있다. 더 많은 사람을 예수 그리스도께로 인도함으로써 교회가 양적으로 성장하도록 돕는다. 둘째, 제자 훈련이다. 교회는 사람들이 믿음 안에 뿌리를 내리도록 어떻게 도울 수 있는가? 어떻게 해야 신자들이 열매 맺는 신앙생활을 할 수 있는가? 셋째, 신앙 성장이다. 교회는 교인들이 믿음 안에서 성숙하도록 어떻게 도울 수 있는가? 어떻게 하면 예수 그리스도를 더욱 닮아갈 수 있는가?

복음 전도와 아웃리치를 통한 성장

대부분 주요 교단은 1960년대에서 1980년대 사이에 교인 수가 감소하는 것을 경험했다. 이 현상은 복음 전도를 무시하고 기독교 교육 프로그램으로 기존 성도를 양육하는 데 치중했기 때문이다. 주일학교가 그 존재 목적을 어떻게 인식하느냐에 따라 성장과 퇴보에 큰 차이가 생긴다. 찰스 아른(Charles Arn)과 윈 아른(Win Arn) 그리고 도널드 맥가브란(Donald McGavran)은 이렇게 지적한다. "주일학교가 쇠퇴일로에 있는 교회들은 대부분 '존재 목적'이 기존 그리스도인을 목양하고 양육하는 데 완전히 치우쳐 있다."[1] 그들은 그 결과를 이렇게 정리한다.

> 기독교 교육의 우선순위가 전적으로 기존 그리스도인들의 양육에만 집중될 때 어떤 일이 생기겠는가? 사람들은 오직 그들에게 도움이 될 것이라는 이유로 주일학교에 참여하라는 재촉을 받는다. 교회는 다른 그리스도인들과 교제를 나누는 일종의 피난처이자 신자들이 영적으로 성숙하도록 양육되는 개인적이고 영적인 센터로 인식된다. 프로그램, 활동, 커리큘럼은 기존 그리스도인들의 개인적 관심사에 집중된다.[2]

교회가 계속 성장하려면 복음 전도와 아웃리치를 중요한 우선순위로 삼아야 한다. 한 교단은 지난 30년간 교인 수가 별로 줄지 않았다. 그들은 주일학교를 통해 복음 전도를 강조했다. 교회는 주일학교를 통해 복음 전도의 결실을 맺을 때 성장한다. 성장하기를 원하는 교회라면 복음 전도의 수단으로 주일학교를 이용하는 법을 배워야 한다.

주일학교가 새신자들에게 다가가는 한 가지 방법은 그들을 수업에 참여하게 하는 것이다. 찰스 아른과 윈 아른과 도널드 맥가브란은 이렇게 지적한다.

> 내부 중심적 주일학교 활동 역시 기존 교인들에 대한 내향적 관심을 반영하는 것이다. 이 경우 비신자들을 찾아 전도하려는 노력은 거의 혹은 전혀 하지 않고, 기존 교인 중심으로 교제가 이루어진다. 교회를 방문하는 이들은 교인들 간의 끈끈한 관계나 배타적 전통이라는 '장벽'을 넘는 데 어려움을 느낀다. 혹시 성장이 일어난다면 그것은 전적으로 기존 그리스도인들이 수평 이동한 것이다.[3]

이런 내부 중심적 주일학교는 지역 공동체 안의 비신자들에게 다가가는 것을 성장 목표에 언급하지 않는다. 그것은 신자들을 양육했을 때 자동으로 따라오는 결과라고 생각한다.[4]

외부 중심적 주일학교는 강조점이 다르다. 그리스도의 대위임 명령(마 28:18-20)에 순종하고, 하나님의 백성이 다른 사람들을 섬길 수 있도록 준비시키는 것(엡 4:11-12)을 목적으로 삼는다. 물론 기존 그리스도인들의 영적 성장과 양육에도 관심이 있다. 그것을 모든 커리큘럼과 활동의 중요한 부분으로 삼는다. 하지만 그것은 목적이 아니라 목적을 위한 수단이다.

찰스 아른과 윈 아른, 도널드 맥가브란은 이렇게 지적한다.

> 외부 중심적 주일학교는…복음 전도와 교육을 동전의 양면으로 여긴다. 한 목표를 이루는 두 방법인 것이다. 복음을 전하고 잃어버린 사람들을 제자 삼으라는 그리스도의 위임 명령은 성장하는 대부분 주일학교에서 기독교 교육이 이루어지는 중요한 동기로 작용한다.[5]

바이른(Byrne)은 이렇게 단언한다. "복음 전도는 주일학교가 해야 할 중요한 사역이다. 복음 전도를 배제하는 기독교 교육은 기독교적이라 할 수 없다. 이 부분에서 실패한다면 가장 중요한 존재 목적도 실패하는 것이다."[6]

이것은 주일학교 전체에 반영되어야 한다. 주일학교 기관 전체가 이런 태도를 지녀야 한다. 그러므로 반과 부서들 역시 이 점을 중시해야 한다. 찰스 아른과 윈 아른, 도널드 맥가브란은 다음과 같이 말한다.

> 외부 중심적 주일학교에서 각 반과 부서는 새로운 사람들과 아이들을 찾아 복음을 전하고 가르치며 제자 삼는 일을 대단히 중요한 우선순위로 생각한다. 성장 중심적이며 외부 중심적 주일학교의 전체 조직, 행사와 수업, 커리큘럼, 활동은 한 가지 목표를 지향한다. 바로 제자 삼는 것이다.[7]

성장하는 교회들은 한 가지 공통된 특징이 있다. 효과적이고 적극적인 심방 프로그램이 있다는 것이다. 주일학교는 복음을 전하고 사람들에게 손을 내미는 교회의 팔과 같다. 주일학교가 그 임무를 성취한다면 심방이 확실한 우선순위가 된다. 모든 주일학교 반과 부서는 아웃리치와 복음 증거에 적극적으로 참여해야 한다. 브래든(Braden)은 "주일학교는 성경 공부와 사역의 질을 높이고, 아직 구원받지 못한 사람들, 교회에 다니지 않는 그리스도인들과 그들의 가족을 교회로 인도하는 일에 매진해야 한다"[8]라고 주장한다.

교육 사역자는 교회의 심방 프로그램을 조직하고 인도할 책임이 있다. 교육 사역자가 이 책임을 진다고 하더라도 이 프로그램이 성공하기 위해서는 다른 리더들의 역할이 중요하다. 성공적인 심방 프로그램을 위해 필요한 조치는 브래든의 『주간 심방 프로그램 설립과 시행 방법』(*How to Set Up and Conduct a Weekly Visitation Program*)[9]에서 소개하고 있다.

대부분 교육 사역자는 효과적인 심방 프로그램을 유지하는 것을 매우 벅찬 과제로 여긴다. 높은 수준의 관심과 열정과 참여도를 유지하려면 어떻게 해야 하는가? 브래든은 이에 대해 몇 가지 조언을 한다.[10]

제자 훈련

제자 훈련의 필요성을 〈크리스채너티 투데이〉(*Christianity Today*) 30주년 특집 기사에서 지적했다. 칸처(Kantzer)는 세속주의의 침투로 복음

주의자들이 직면한 위험을 이렇게 말한다.

> 이 도전을 상쇄할 열쇠는 회심자들에 대한 교리적이고 도덕적인 교육이다.…그러므로 향후 30년간 교회가 직면할 가장 큰 과제는 복음 전도와 제자 훈련의 필요성이다. 우리는 물질주의적이고 자기중심적이며 개인의 쾌락을 추구하는 사회에 둘러싸여 있다. 그리스도의 증인으로서 우리는 잃어버린 영혼을 찾아 그 환경 속으로 들어가야 한다. 그들을 구주께 얼마나 성공적으로 인도하느냐에 따라 제자 훈련이라는 소명 역시 더욱 중요해진다. 교회를 새신자들로 채우는 것은 놀라운 경험일 것이다. 그러나 그들을 믿음으로 양육하는 일 역시 중요하다. 복음 전도의 싸움에서 승리하더라도 제자 훈련의 전투에서 진다면 차세대 교회를 잃게 될 것이다.[11]

몇 년 동안 많은 교단에서 세례받는 신자들의 총 인원수가 감소했다. 제자 훈련이 미약하거나 전무할 경우 이 문제는 더욱 심각해진다. 제자 훈련은 복음 전도에 긍정적 영향을 미친다. 제자로 세워진 개인들이 복음 전도 사역을 감당하기 때문이다.

많은 교회에는 새신자를 위한 좋은 제자 훈련 프로그램이 있다. 이런 프로그램은 유익하지만 평생 신앙생활을 하는 신자들을 훈련하기에는 부적절하다. 『새신자를 위한 생존 전략』(*Survival Kit for New Christians*)[12]이라는 훌륭한 책이 있다. 이 책은 유익하지만 새신자의 새 출발을 돕는 도구일 뿐이다. 심층적인 제자 훈련이 없다면, 망망대해에서 구명 기구를 던져주고는 알아서 안전한 곳으로 찾아가라고 하는 것이나 마찬가지다. 새신자 교육은 단순한 주입식이 아니라면 올바른 방향으로 가는 첫걸음이 될 수 있다. 이 교육은 새신자들이 교회에서 그리스도의 몸의 일부가 되도록 돕고, 교회에 관한 정보를 제공하며(교회가 어떻게 기능하며 무엇을 믿는지), 새신자가 교회의 책임 있는 지체로서 기능하는 법을 설명하기에 가장 효과적이다. 이 교육에는 제자로서 성장하는 평생의 과제를 소개하는 것도 포함된다.

한 마디로, 새신자 교육은 새신자들이 성도의 교제에 참여하도록 인도하기 위한 계획이다. 잃어버린 영혼을 구원하고자 하는 교회의 복음 전도 사역과 교인들이 더 성숙하고 효과적인 그리스도인이 되도록 돕는 교육 프로그램을 이어주는 고리다. 새신자 교육은 또한 교회에 정식으로 등록하기 원하는 구속받은 사람들이 교회에 성공적으로 적응하도록 돕기 위한 계획적인 프로그램이다. 새신자들은 그리스도의 제자가 되도록 안내와 격려를 받는다. 이 교육은 새신자들을 위한 기본적인 첫 훈련으로, 그들이 그리스도와 교회와 맺는 새로운 관계를 해석해준다. 이런 교육을 통해 사람들은 교회 생활과 세상을 향한 복음 증거에 더 의미 있게 참여하게 된다.[13]

교회의 일차 사명은 사람들을 그리스도께로 인도하고 그들이 성도의 교제 안으로 들어오도록 하는 것이다. 복음주의 교회들은 성경이 회심한 교회 구성원을 가르친다고 믿는다. 교회는 교회의 힘을 키우는 동시에 순수함을 지키려고 노력한다. 복음 전도에 헌신함으로써 교회가 이루고자 하는 목표는 세 가지다. 월드럽(Waldrup)은 그것을 이렇게 정리한다.

1. 새신자가 자신이 맺은 언약 관계의 본질을 이해하고 전심으로

그 언약에 헌신하도록 돕는다.

2. 새신자가 자신이 등록한 교회의 정식 구성원이 되었음을 제대로 이해하고, 지체로서 역할에 충실하며, 특권과 책임을 알도록 돕는다.
3. 새신자가 교회 생활과 사역에 참여하고 성장하도록 도움으로써 세상에 대해 효과적인 그리스도의 증인이 되게 한다.[14]

이런 목적을 토대로 3가지 활동이 이루어진다.

1. 교회는 회심한 교회 구성원을 추구한다. 교회는 새신자가 이 새로운 관계의 본질을 이해하도록 세밀한 노력을 기울인다. 따라서 교인으로 등록하고자 하는 모든 사람은 반드시 상담을 받아야 한다.
2. 교회는 새신자가 교회를 더 깊이 이해하도록 돕는다. 여기에는 교회의 신앙 서약, 프로그램, 등록 교인의 특권과 책임이 포함된다.
3. 교회는 새신자의 참여를 독려한다. 새신자 교육에는 상담과 교육이 포함된다. 이 새신자 교육은 좋은 교인을 길러내는 산실 역할을 한다. 새신자는 다른 교인들의 안내를 받아 교회 생활의 여러 영역에 참여할 수 있다. 이런 참여를 통해 새신자 교육에서 소개받은 것을 실제로 경험할 수 있다. 이런 참여는 의미 있는 연구 풍토와 환경을 조성한다. 개인 상담, 새신자 후원 사역, 교회 프로그램 등록, 적절한 인정으로 추가적인 도움을 받을 수 있다.[15]

새신자 교육 프로그램은 교회나 교단마다 다양하다. 4주용 프로그램도 있고, 13주용 프로그램도 있다. 교회는 새 신자 교육이 이런 프로그램의 목적에 위배되지 않도록 계획을 세워야 한다.

제자 훈련은 새신자 교육과 함께 바로 시작한다. 교인은 그리스도의 몸인 교회의 지체로서 생활하고 섬겨야 한다. 교회는 그리스도의 제자가 되기 위해 교인들에게 필요한 기술과 관계나 지식이 무엇인지 알려준다. 교회는 믿는 성도의 모임이다. 교회는 신자 개개인의 성장과 발전을 도모하며, 그들이 인생의 모든 영역에서 그리스도인으로 살아갈 수 있도록 준비되게 한다. 그러므로 제자 훈련은 교인이 교회를 세우는 관계와 기술과 공동체적 이해가 발전되도록 돕는다. 교인은 서로 조화로운 관계를 누리며 사역하는 법을 알아야 한다.

또한 제자 훈련에는 기독교 신학과 교회 교리, 기독교 윤리, 기독교 역사, 교회 정책과 조직에 대한 학습이 포함된다. 교인은 기독교 신학을 공부함으로써 성경의 가르침을 더 깊이 이해할 수 있다. 이런 연구를 통해 신앙을 개인적 신학으로 체계화하게 된다. 기독교 신학을 공부하는 일차 목적은 교인들이 자신들이 믿는 바를 알고 표현하며 적용하기 위해서다. 교회 교리를 공부함으로써 교인들은 자신이 믿는 내용과 그 이유를 전할 수 있다.

모든 사람은 자신의 도덕적 선택에 대해 하나님께 책임을 진다. 기독교 윤리는 하나님이 원하시는 이상적인 삶을 다룬다. 그리스도인이 직면하는 실제적인 문제들도 다루는데, 이런 문제들은 그리스도인의 태도에 영향을 미친다. 기독교 윤리를 공부하게 되면 기독교 원리에 따라 행동하게 된다.

기독교 역사는 그리스도 안에 나타난 하나님의 계시에서 출발한다. 성경은 교회의 기원과 초대교회에 대한 가장 중요한 증언이다. 기독교 역사는 교회와 국가의 문제, 그리스도인의 행동에서 경제적 동기, 사회가 교회 생활에 미치는 영향을 점검한다. 기독교 역사는 내부의 징계 문제로 씨름하는 교회를 다룬다.

교회 정책과 조직에 대해 공부하면 교인은 교회가 어떤 목적으로 어떻게 기능하는지 알게 된다. 대내외적 관계에 대한 공부도 여기에 포함된다. 이 공부는 교인들이 교회의 사명을 위해 시간과 재능과 재정의 선한 청지기가 되고자 결심한 이유와 방법을 알고 있다는 것을 전제로 한다.

제자 훈련에는 또한 교회 리더들의 사역 훈련이 포함된다. 이 영역의 제자 훈련은 교인들이 맡게 될 모든 유형의 리더십 역할을 포함한다. 훈련은 교인들이 효과적이고 효율적으로 섬기도록 역량을 개발하는 데 목적이 있다. 그들은 훈련을 통해 자신이 가장 효과적으로 감당할 수 있는 리더십 역할 유형을 더 잘 이해할 수 있다. 리더 훈련은 3가지 유형 중 하나다. (1) 잠재적 리더 훈련은 리더십에 대한 기본 지식과 이해를 제공한다. (2) 새로운 리더 훈련은 리더의 역할을 구체적으로 감당할 수 있도록 돕는다. (3) 경험자 리더십 훈련은 리더에게 필요한 추가적인 지식, 이해, 기술, 태도를 개선 혹은 습득하도록 돕거나, 특정 업무에 국한된 수행 능력을 넘어 리더로 성장하도록 돕는다.[16]

체계적인 제자 훈련 프로그램이 영적 성숙으로 이끈다고 흔히 말한다. 부분적으로는 그렇다. 하지만 '신앙 성장'에 대해 우리가 지금 가지고 있는 지식에도 해당하는가?

신앙 성장

우리가 신앙 성장을 이해하는 데 도움을 주는 세 학자가 있다. 듀크 대학교 신학대학원 교수인 존 웨스터호프(John H. Westerhoff)는 신앙 성장을 주제로 글을 쓴 최초의 학자다.[17] 대부분 사람은 제임스 파울러(James H. Fowler)의 『신앙의 단계: 인간발달의 심리학과 의미의 추구』(*Stages of Faith: The Psychology of Human Development and the Quest for Meaning*)를 이 분야의 가장 중요한 저술로 꼽을 것이다.[18] 남동부 침례신학교 교수인 브루스 파워스(Bruce P. Powers) 역시 신앙 성장 분야에 대한 연구를 진행했다.[19]

미국의 6개 주요 개신교 교단은 신앙 성장의 필요성을 확인했다. 연구 결과 청소년과 성인 중 극히 일부만이 교회가 개발하고자 노력하는 통합적이고 생동감 넘치며 삶을 포괄하는 신앙을 갖고 있는 것으로 드러났다. 대부분 청소년과 성인은 성숙한 신앙에 필요하다고 확인된 여러 핵심 요소가 결여된 신앙을 갖고 있었다.[20] "교회 생활의 중요한 목표는 생동감 넘치고 삶이 변화되는 신앙, 개인의 존재 방식과 사고방식과 행동 방식을 규정하는 신앙을 가꾸는 것이 교회 생활의 중요한 목표"[21]라고 연구 결과는 지적한다.

신앙 성장은 제자 훈련의 중요한 일부다. 교육 사역자는 어떻게 해야 신자 개개인의 신앙이 성장하도록 돕는 기독교 교육 프로그램을 만들 수 있을까? 현재의 커리큘럼으로는 이 목표를 달성하기가 쉽지 않다. 현행 커리큘럼은 인지적 성과를 내는 데 치우쳐 있다. 지식이 신앙 성장에 일정 역할을 하지만, 종교의 전체 영역은 인지적 영역보다는 정서적 학습 영역에 더 관여한다. 신앙은 개인이 가진 지식에 한정되지 않는다. 하나님과 예수님, 교회, 인류, 세상에 관한 태도가 신앙이며, 이것과 이것을 포함하는 인생철학의 이해와 관련이 있다. 모두 정서적 영역의 학습인 것이다.

교육 사역자는 신앙 성장과 사람들의 영적 성숙 과정을 이해해야 한다. 능동적이고 효과적인 제자 훈련 프로그램에 이런 이해가 대부분 반영되어 있다. 사람들이 신앙 성장의 어느 단계에 있는지를 이해하고 확인함으로써 성장하는 신앙 경험을 하도록 프로그램을 계획할 수 있다. 이것은 사람들이 참여할 수 있는 다양한 성장 기회를 만들 수 있음을 뜻한다. 신앙 성장은 과거와 현재의 종교적 경험을 넘어설 때 일어난다. 신앙은 저절로 성장하지 않는다. 면밀한 계획이 필요하다.

12

커뮤니케이터와 프로모터

대형 교회에서 교육 사역자로 일한 둘째 날 조앤은 4페이지짜리 교회 신문을 만들어야 했다. 그녀에게 별로 대수롭지 않은 일로 보였다. 작업을 진행하기 위해 여러 교역자에게서 원고를 받았다. 문제는 그녀가 그 일을 한 번도 해본 적이 없다는 것이다. 원고가 부족해 거의 반 페이지가 남았다. 추가로 글을 쓰고 나니 인쇄하기로 예정한 시간보다 두 시간이나 늦어졌다. 그녀는 이 일이 예상보다 시간이 더 필요한 일임을 알게 되었다. 그 후 매주 화요일 오전은 교회 신문을 만드는 날로 따로 정해두었다.

조앤이 이 교회의 청빙을 받아들인 후, 교회가 곧 새로운 부지로 이전한다는 사실을 알게 되었다. 교회는 현재 교회당의 건물 그림을 로고로 사용하고 있었다. 교회당은 기둥이 떠받치는 구조물로 계단이 높고 교회 첨탑이 있었다. 새로 옮겨갈 건물은 임시 교회당으로 현대식 건물이었다. 교회가 이사를 하자, 지금까지 쓰던 로고가 더는 어울리지 않았다. 그녀는 새 로고를 디자인하고 교회의 사명과 목적을 알리는 일을 맡게 되었다. 교회당이 아직 건축되지 않았기 때문에 건물 그림을 로고로 쓰는 것은 부적절했다. 그녀는 기독교적인 상징을 새 로고로 사용하기로 결정했다.

교육 사역자는 커뮤니케이터(communicator)다. 그는 인간과 복음과 교회에 대한 생각을 개인적인 메시지로 공유한다. 의사소통을 위한 기술은 언어와 글이다. 적절한 의사소통은 내용은 물론 전달하는 방법도 좋아야 한다.

또한 교육 사역자들은 프로모터(promoter)다. 교회의 다양한 활동과 행사를 홍보하고 알린다. 그리스도인으로 살아가는 데 유익한 행사가 교회에 준비되어 있음을 알리는 것이 목표다. 또한 교회의 교육 사역과 활동을 알리고 홍보한다. 이것은 교회의 홍보 프로그램과 연관이 있다.

교육 사역자는 또한 커뮤니케이터와 프로모터 역할을 겸하는 홍보 전문가다. 홍보의 목표는 모두에게 호감이 가도록 조직을 소개하는 것이다. 홍보는 사람들이 교회 프로그램과 사역을 받아들이고 이해하는 데 도움이 된다.

커뮤니케이터

의사소통은 무언가를 알리거나 전달하는 것이다. 또한 자신을 표현하고 즉각적으로 이해를 받는다는 의미도 있다. 무언가를 알리거나 알기 위해서는 많은 시간이 사용된다. 때로 의사소통은 전달자가 상대방의 행동을 교정할 목적으로 상징적 의미들을 전달하는 과정이기도 하다. 그러나 모든 메시지가 다 반응이나 행동을 이끌어내지는 못한다. 흥미롭게도 누군가 말을 하거나 글을 쓰더라도, 다시 말해 자기 자신을 표현하거나 상징을 전달하더라도 소통이 이루어지지 않을 수 있다.[1]

크레이그(Craig)는 소통의 중요성을 이렇게 말한다.

> 지금까지 인간이 알고 있는 가장 효과적인 커뮤니케이터는 누구인가? 의사소통할 내용이 가장 많았던 이는 누구인가? 과거부터 지금까지 계속 의사소통하고 있는 이는 누구인가? 이 질문에 대한 답은 의문의 여지가 없다. 바로 예수님이다.
>
> 그분의 메시지, 행동, 방법 그 모두가 전달되었다. 예수님이 의사소통을 하시면 종교 지도자들의 심기가 불편해졌다. 하지만 백성은 그분의 말씀을 기쁘게 들었다. 게시판이나 신문도 사용하지 않고 메시지를 전하셨지만 그분의 방법은 현대적이었다. 그분은 사람들이 이해하는 언어를 사용하셨다. 당시의 기법을 사용하시되, 자신이 창조한 기법들을 활용하셨다.
>
> 예수님은 모래에 글자를 쓰시거나, 성경을 인용하시거나, 질문을 던지거나, 질문을 받기도 하셨다. 그림 언어를 사용하셨고, 모든 계층의 사람들을 상대로 말씀하셨다.
>
> 모든 움직임에 그분의 의도가 드러났다. 갈릴리에서 사역하신 기간에는 그분이 오신다는 소문이 사람들의 입을 타고 200여 개가 넘는 마을로 전해졌다.
>
> 예수님은 촌락과 촌락을 다니시면서 여러 방법으로 그분의 뜻과 관심을 전달하셨다.
>
> 중풍병에 걸린 사람을 고쳐주심으로,

세리를 부르심으로,
관원의 딸을 살려주심으로,
병에 걸린 여자를 낫게 하심으로,
두 맹인의 눈을 뜨게 해주심으로,
말 못하는 사람을 고쳐주심으로….
2천 년이 흐른 후에도 예수님의 명령은 동일하다. 복음을 전하라는 것이다. 이 시대를 살아가는 그리스도인은 모든 입증된 수단을 동원해 복음을 전해야 한다.[2]

그렇다면 교회에서 이루어지는 의사소통의 목적은 무엇인가? 교회는 구성원들과 소통해야 한다. 교회에 등록하지 않고 출석하는 교인은 등록 교인이 되기 위한 그 절차와 관련된 제반 내용을 알아야 한다. 교회 안팎의 여러 기관이 교회의 본질과 그 사역 내용에 대해 알도록 의사소통이 이루어져야 한다.[3]

교육 사역자는 여러 형태로 의사소통을 한다. 한 가지 형태는 정보의 전달이다. 바나(Barna)는 이것을 '합리적 메시지를 주는 행위'라고 부른다. 알릴 자료와 설득할 논리를 이용해 정보를 제공하는 것이다.[4] 정보를 전달한다는 것은 말하는 이와 듣는 이 사이의 나눔을 전제로 한다. 교육 사역자는 이 방법을 사용해 가르침을 전달한다. 여러 교수법 역시 이런 의사 전달법을 사용한다. 논쟁, 토론, 심포지엄은 정보를 나누는 과정이다. 교육 사역자는 기독교 교육위원회, 교회위원회, 여러 교육위원회와 일할 때 정보를 공유한다. 그들은 의사 결정을 내릴 때 정보를 공유한다. 레쉬(Lesch)는 이렇게 지적한다. "의사 전달의 효과는 구성원 각자가 갖고 있는 정보의 질과 그 정보를 효과적으로 전달하는 능력에 따라 달라진다."[5]

정보를 나누는 것 외에도 의사소통을 위한 여러 형식이 있다. 바나는 정서적인 접근으로 사람들의 마음을 움직이려 하는 정서적 메시지에 대해 설명한다. 그 메시지의 목적은 개인의 정서적 에너지에서 나오는 행동 반응을 확보하는 데 있다. 세 번째 메시지는 도덕적인 것이다. 상대방의 옳고 그름에 대한 의식에 호소한다. 또한 구체적으로 반응을 보이면 혜택이 있음을 설득하는 보상에 기반한 메시지도 있다.[6] 형식이나 메시지가 무엇이든 간에, 가장 효과적인 의사소통은 대인관계로 접근하는 것이다.

인상적인 의사소통은 일부 사람들만 선천적으로 갖고 태어나는 재능이라고 믿는 이들이 있다. 하지만 의사소통 전문가들은 누구나 대인관계로 접근하는 의사소통의 기본을 배울 수 있다는 데 의견이 일치한다.

프로모터

의사소통은 홍보의 중요한 한 부분이다. 홍보란 어떤 것의 성장 혹은 발달을 진작시키고 완성하는 데 도움을 주는 행위다. 에젤(Ezell)과 부시나로(Businaro)는 "홍보는 어떤 사건이나 프로그램, 행사, 활동, 자원을 사람들에게 알리기 위한 계획적 전략이다"[7]라고 말한다.

강력한 홍보는 사람들이 프로그램이나 활동, 자원을 단순히 인지하는 수준(정적 반응)에서 그것에 참여하는 수준(동적 반응)으로 나아가는 것을 목적으로 한다. 홍보는 사람들의 관심을 유발하고 자극한다. 홍보 활동으로 인해 흥미를 보이고 충분한 관심이 유발되면, 그 사람은 행동하고 관여하며 참여하도록 동기를 부여받은 것이다.[8]

대부분 교회 프로그램과 활동에는 더 많은 사람이 참여할 여지가 있다. 교회가 제공하는 프로그램이나 활동이 필요하지만 정작 그 사실을 알지 못해 참여하지 못하는 사람들이 있으므로 홍보가 중요하다. 홍보가 필수인 이유는 정보를 제대로 전달받지 못하거나 참여하는 데 미온적인 사람들이 많기 때문이다. 교인들과 새신자들에게 교회가 현재 진행 중인 일을 알리기 위해서라도 홍보가 필요하다. 더 많은 사람이 교회 활동에 참여해야 하므로 홍보가 중요하다. 또한 교회는 신앙 성장에 필요한 자원을 제공하고 사람들은 그것이 필요하므로 프로모션이 필요하다.

모든 교회 리더는 홍보를 이해해야 한다. 교육 사역자는 교회의 사업을 기획하는 과정에 깊숙이 참여하기 때문에 종종 홍보하는 역할을 한다. 복음 전도와 신앙 양육 혹은 성장 프로그램을 계획하는 사람들은 가능한 많은 사람이 이런 활동에 참여하기를 원한다. 나의 지난 경험으로 볼 때, 교회 프로그램은 목회자와 다른 교역자들의 홍보 활동이 필요하다. 그래야 신뢰성과 가시적인 성과를 얻을 수 있다. 교육 사역자는 자신이 프로모터임을 인정한다. 기독교 신앙의 프로모터며 교회와 교육 사역의 프로모터다. 그들은 교회가 진행하는 사업을 신뢰한다. 때문에 그들은 진지하고 열정적이며, 꾸준하고 지속적으로 홍보한다.

홍보는 저절로 되지 않는다. 교회 프로그램을 알리고 참여하도록 하기 위해서는 계획적인 홍보가 필수다. 계획적으로 홍보할 때 계획에 투자한 시간과 노력의 가치를 인정받을 만한 결과가 나타난다.

홍보는 강조할 중요한 프로그램을 확실히 정하고, 잠재적인 참여자들에게 그 프로그램의 혜택과 장점을 구체적으로 기술하는 전략이 있어야 한다.

홍보는 여러 방법을 사용한다. 시각적 방법이나 구술이나 인쇄 매체 혹은 이 3가지를 복합적으로 사용할 수도 있다. 좋은 홍보일수록 다양한 접근 방식이 활용된다.[9] 홍보란 교회와 교회 내 기관들이 계획하고 진행하는 내용을 사람들에게 알리는 것이다. 사람들에게 호감을 사고 일반적으로 용인되는 기준을 만족시키는 것이어야 한다. 홍보는 사람들이 특정 활동에 참여할 때 얻을 수 있는 긍정적 결과를 알린다. 참여자의 혜택보다는 교회나 기관의 혜택을 부각시키는 경우가 많다.

홍보 전문가

보통 교육 사역자는 교회의 홍보를 책임진다. 교회의 홍보는 무엇인가? 레쉬는 "교회 홍보 활동은 교회 프로그램을 이해하고 평가하여 교회 내부와 외부 사람들에게 알리고 그 프로그램의 이해와 지원을 이끌어내는 것"[10] 이라고 말한다. 스투디(Stoody)는 이렇게 지적한다.

> 종교라는 틀에서 바람직한 홍보는 교회가 점점 더 많은 교인의 신뢰와 협력을 얻기 위한 모든 노력이라고 할 수 있다. 간단히 말해, 그리스도와 그분의 교회의 친구들을 만드는 것이다.[11]

크레이그는 홍보의 다섯 가지 요소를 지적한다. 첫째, 홍보는 리더들에게서 출발해야 한다. 총괄 리더가 홍보의 큰 틀을 세운다. 즉 담임목사가 교회 홍보 프로그램을 이끈다. 위원회나 교역자 개인에게 이 일을 일임한다고 해도 핵심은 담임목사다. 둘째, 홍보는 평가의 성격을 지닌다. "목적과 취지는 무엇인가? 누가 주체고, 누구를 위한 것인가? 왜 하는가?"와 같은 어려운 질문들에 대답해야 한다. '무엇을', '누가', '왜'라는 질문은 홍보의 훌륭한 출발점이다. 셋째, 공공성을 지닌다. 오래된 기관일수록 외부 세계의 말에 귀를 기울이고 외부 세계를 이해하는 데 어려움을 느낀다. 효과적인 기독교 커뮤니케이터가 되기 위해서는 사람들의 변호자가 되어야 한다. 넷째, 설득의 기능을 한다. 실행 계획을 세운 후 구체적인 목적을 가지고 해당 청중에 맞춘 의사소통 도구를 선택한다. 이때 예산의 범위를 벗어나서는 안 된다. 다섯째, 홍보는 개선이 필요하다. 해당 프로그램의 강점과 약점은 무엇인가? 개선이 필요한 부분은 무엇인가? 평가로 홍보 과정을 다시 시작하지만 이제는 개선된 프로그램으로 홍보하게 된다.[12]

교육 사역자는 교회 출판물과 교회 활동의 홍보를 책임진다. 의사소통은 교회 내부와 교회 외부 모두에서 이루어진다.

커뮤니케이터와 프로모터로서 첫발 내딛기

홍보는 최상의 상태로 이루어지는 의사소통을 말한다. 기관이 존재하는 목적과 목표를 명시하고, 그 목적을 전달하기 위한 세부 사항을 결정하는 것으로 시작한다. 다음으로는 이 정보를 전달하기 원하는 대상을 결정한다. 이른바 타깃 청중이다. 마지막 단계에서는 이 메시지를 드러낼 방법을 결정한다.[13]

타깃 청중 결정하기

교회가 홍보의 대상으로 삼는 것은 크게 두 부류다. 내부 사람과 교회 외부 사람이다. 이들이 교회의 '공중'(publics)이다.

교회 내부[14]

대부분 교회는 홍보하려는 메시지를 전달하기 위해 다양한 매체를 활용할 수 있다. 교회 내부에서 "메시지는 대개 인상, 감정, 느낌, 함축적인 의미로 전달된다."[15]

대화는 유용한 홍보 전략이며 작은 교회에서 널리 사용된다. 좋은 '소문'은 입이라는 쉽고 신속한 수단으로 정보를 전달하는 것이다. 사람들은 다른 사람들의 사고에 영향을 미치기 위해 말을 사용한다. 흥미롭게도 기업들은 입소문을 광고의 가장 생산적인 수단으로 인정한다.

교회 홍보 프로그램에는 문자 언어가 중요하다. 사람은 누구나 개인적인 편지를 받기 좋아한다. 오늘날은 컴퓨터를 이용해 거의 모든 경우에 개인적으로 편지를 쓸 수 있다.

편지 내용 못지않게 겉모양도 중요하다. 그러므로 교회 문구류를 디자인하고, 지면에 그 내용을 잘 정리하며, 스타일, 문법, 구두점에 주의하는 일은 모두 중요하다. 옛날 어투가 아니라 현대적 어투를 사용하고, 말을 할 때처럼 자연스럽고 편한 언어를 사용해야 한다. 문장을 짧게 쓰고 문단을 길지 않게 끊어 배치하며, 내용을 간결하게 하는 것이 좋다. 또한 교회에서 보내는 편지는 친근하고 진지해야 한다.

교회 출판물은 또 다른 형태의 문자 언어다. 보통 교회는 예배 순서지를 인쇄해서 찍어내는 것에서부터 시작한다. 오래 지나지 않아 광고와 다른 정보가 추가된다. 때로 교회 주보나 예배 순서지를 결석한 교인들에게 발송하기도 한다. 조금 지나면 교회 행사를 표시한 달력이 포함되고, 담임목사나 다른 교회 리더들의 짧은 글이 포함될 수도 있다. 이렇게 해서 교회 신문이 태어난다. 교회 신문은 정보 전달, 영감, 격려, 홍보라는 목적을 충족시킨다. 나이트(Knight)의 『교회 주보 발행법』(*How to Publish A church Newsletter*)은 실제적인 제안을 담고 있다.[16]

어떤 교회는 출판 프로그램에 교회 연감, 교회 안내 책자, 등록 교인 명단, 교회 달력, 교회 안내 브로슈어, 심방 기록부, 재능 조사 카드 기록도 포함시킨다. 교회 출판물 건수가 늘어날수록 홍보 예산이 더 필요하다.

시각 효과를 활용하는 것도 매우 중요하다. 일대일로 대화하는 것이 교회 프로그램을 이해할 수 있는 정보를 가장 잘 전달하지만, 시각 효과를 활용하면 정보를 이해하고 기억하는 데 도움이 된다. 다음 사례들을 고려해보라.

- 예산에 관한 정보 대부분 교인은 숫자로 가득한 재정 보고서를 지루하게 생각한다. 하지만 시각 효과를 활용하면, 교회 예산에 대해 사람들이 관심을 갖고 이해할 수 있도록 보고할 수 있다. 교회 활동과 국내 선교와 해외 선교와 관련된 사진을 덧붙이면 메시지가 더 분명해진다. 도표와 그래프도 예산의 흐름을 시각화하는 데 도움이 된다. 교회가 사역한 활동을 담은 컬러 슬라이드나 비디오테이프 역시 예산 내용을 이해하는 데 도움이 된다.
- 일상 업무 대부분 교회 사업 회의는 틀에 박히고 지루한 방식으로 진행된다. 따라서 사람들은 지루하고 활기도 없는 이런 모임에 참석하지 않으려 한다. 그런데 그래프와 포스터를 활용하면 보고서나 제안서에 사람들의 관심을 집중시키기 쉽다. 촌극이나 역할놀이도 이용할 수 있다. 이처럼 시각 효과를 활용해 정보를 전달하면 교인들이 쉽게 관심을 가질 수 있다.
- 특별 행사나 친교 행사 교회가 교인들과 시각적이고 창의적으로 소통할 수 있는 기회가 된다.

교회 외부[17]

교회 안의 의사소통 혹은 홍보는 교회에 대해 우호적이지만 그 자리에 있을 수 없는 청중을 대상으로 한다. 이 사람들은 어떤 식으로든 이미 교회에 연루되어 있다. 교회 외부 사람들과 소통하는 것도 이와 유사할 수 있다. 말을 통한 의사소통이 항상 쉽거나 체계적이지는 않지만, 교인들이 교회에 대해 이해하고 인식하는 것은 교회 밖에 있는 사람들에게 매우 중요하다. 교인들은 교회 프로그램에 대해 알고 이해한 것을 바탕으로 매일 교회 밖에 있는 사람들에게 무엇을 드러낼지를 결정하는 것이다.

외부 사람들에게 교회 위치를 알릴 때 다양한 표지판을 활용한다. 시선을 끄는 방향 표지판을 사람들이 많이 왕래하는 교차로에 설치하면 사람들이 쉽게 교회를 찾을 수 있다. 색감이 예쁘고 깔끔하게 처리된 눈에 잘 띄는 표지판은 외부인들에게 도움이 된다. 나는 사역과 관련된 일로 여러 교회를 꾸준히 방문하는데, 교회가 설치한 방향 표지판을 보고 교회를 찾아가는 것은 쉽지 않다. 표지판이 망가져 있으면 교회를 찾기도 어렵고, 교회가 내게 별로 관심이 없다는 강력한 비언어적 메시지를 전달받게 된다.

어떤 교회들은 예배 시간에 대한 정보를 제공하고, 특히 교회를 홍보할 목적으로 교회 앞에 게시판을 설치한다. 그럴 때는 계속 내용물을 교체하되 간결하면서도 관심이 가도록 내용을 전달해야 한다.

교회는 이외에도 여러 가지로 외부 사람들에게 교회에 대한 인상을 전달한다. 교회 건물은 한눈에 메시지를 전달한다. 교회는 전자 차임벨, 거리를 가로지르는 현수막, 전광판, 책자, 택시와 버스에 붙인 포스터, 메모지, 그 외 다른 매체를 이용해 교회 울타리 밖으로 메시지와 사역을 전할 수 있다.

비용 대비 최대한의 효과 내기

시장 조사는 교회가 전하려는 메시지를 실제적으로 전달할 수 있는 방법을 알려준다. 새신자를 대상으로 한 설문 조사는 그들이 교회에 어떻게 오게 되었고, 그 교회로 이끈 요인이 무엇인지를 보여준다. 신문, 라디오, 텔레비전 광고에 많은 돈을 사용하는 교회는 신문에 실린 광고를 본 독자나 라디오에서 광고를 들은 청취자 혹은 텔레비전에서 광고를 본 시청자에게 의존한다. 그런데 유료 광고보다는 사람들이 관심을 가질 법한 이야기들이 더 효과적이다. 그런 이야기들은 교회가 하나의 장소가 아니라 구속받은 삶을 살아가는 개인들의 모임인 것을 분명하게 알려준다. 교육 사역자나 교회홍보위원회 위원장은 종교부 편집장이나 기획 기사 편집자 또는 방송사 아나운서들과 친분을 가지면 좋다.

대형 신문사 광고나 라디오 혹은 텔레비전 방송의 프라임 시간대의 광고비는 매우 비싸다. 그래서 어떤 교회들은 광고판을 활용해 좋은 효과를 얻는다. 전략적인 곳에 설치된 광고판은 매일 수천 명이 본다. '티저' 옥외 광고는 사람들의 관심을 사기에 좋다. 광고판에 다양한 메시지를 전달하면 사람들이 그 내용을 기억하는 데 도움이 된다.

13

교육자

잔은 대형 교회의 교육 사역자다. 그녀가 이 교회에 부임하기 전 담임목사와 인사위원회가 교육 사역자와 교회 행정 담당자에 대해 논의했다. 그들은 교회 사업을 전담할 행정 담당자를 따로 채용하기로 결정했다. 잔이 부임하기 한 달 전 행정 담당자가 근무를 시작했다. 잔의 직무 설명서에는 교육 사역자의 역할만 적혀 있었다.

본격적으로 일을 시작한 잔은 교회교육을 감당하는 리더들을 파악하는 시간부터 확보했다. 그녀가 속한 교단에서는 커리큘럼의 대대적 변화를 시도하고, 반 편성과 학년을 책정하는 방식을 수정하는 중이었다. 잔은 교사들이 새로운 교수법이 반영된 새 커리큘럼을 이해하도록 돕는 데 많은 시간을 쏟았다. 교사들은 익숙하지 않은 용어들과 교수법을 이해하는 데 어려움을 느꼈다. 그녀는 교사들 못지않게 열심히 공부했다. 교육특별위원회와 다른 여러 교육위원회와 협력해 다음 해 계획을 세웠다. 그녀가 교회의 교육 사역을 너무나 신속하게 변화시키는 모습을 본 사람들은 모두 놀랐다. 그녀는 교회의 행정 업무에서 벗어나 교육 사역자로 전념하게 해준 교회가 고마웠다.

소명이나 훈련 내용 아니면 직무 배정으로 보아도 교육 사역자는 무엇보다 교육자다. 내가 교육 사역자의 역할을 이해하는 데 도움이 되었던 어떤 설명은 교육 사역자가 교회에서 하는 역할이 공립학교 교장과 비슷하다는 것이었다. 두 직책 모두 사람을 모집하고, 훈련하며, 커리큘럼을 선정하고, 설명하며, 신임 교사와 기존 교사들에게 훈련 기회를 제공하고, 컨설턴트이자 장비와 비품 구입 대리인, 교육 프로그램의 예산과 재정 분야를 지도하는 일을 총괄하는 행정 리더십을 제공한다. 교육 사역자와 교장의 차이점은 교장은 전문 교사들과 함께 일하지만, 교육 사역자는 그렇지 않다는 것이다.

최근 교육 사역 비평가들은 교육 사역자와 관련해 교회 성장을 도모하는 일보다는 행정 업무에 치중하는 식의 변화가 있었다고 느낀다. 이런 일이 발생하면 성장, 전도, 교사 모집 등의 일을 할 시간이나 에너지는 거의 남지 않는다. 그레이브스(Graves)는 교회 교육자의 바람을 이렇게 진술한다.

> 더 긍정적으로 말해, 교회는 교육자들-교육 사역자, 청소년 사역자, 주일학교 교사, 교단의 교육 리더들-이 교회와 교단이 제공하는 교육 프로그램들의 기본 성격과 목적을 이해하고 지지해주기를 바란다. 교인들은 교육자들이 각 교회와 공동체의 필요에 부응하는 교육 프로그램들을 개발하고 평가할 수 있기를 바라며, 담임목사의 리더십 아래 있는 다른 교역자들과 협력할 수 있고, 그들이 봉사와 섬김을 목적으로 선발하고 훈련한 자원봉사자들을 이해하고 효과적인 리더십을 발휘할 수 있기를 바란다.

교육 사역자들은 변화의 생산적 주체가 되어 복음을 듣고 교회로 나아와 가르침을 받고 다시 섬김의 자리로 나서는 사람들의 삶에 변화가 일어나도록 해야 한다.[1]

교회 안에서 교육자로서 교육 사역자의 역할이 제대로 이해받지 못하는 경우가 종종 있다. 교육 사역자에 대한 여러 농담 중에는 그들을 '발표 사역자'라거나 '기타 등등 사역자'라고 비하하는 것도 있다. 교육 사역자들이 교육 사역에 전념하도록 배려하지 않는 교회들은 이 유용한 사역자를 제대로 활용하지 못하는 것이다.

교육 사역자는 교육자로서 어떤 일을 하는가? 빌(Beal)은 8가지 기능을 이야기한다. 교육 커리큘럼 선정과 연구를 주도한다. 교육계의 최신 동향에 뒤처지지 않도록 한다. 각 연령별 교수/학습 과정을 안다. 교사와 유급 교역자를 관리 감독한다. 잠재적 교회 리더를 훈련한다. 체계적 훈련 프로그램으로 교사를 육성한다. 교육에 필요한 비품과 자료를 확보한다. 도서와 미디어 서비스를 제공한다.[2]

해리스(Harris)는 교육 책임자의 역할을 다음과 같이 설명한다.

교육은 교재의 선정과 배포, 교사들이 교육학 훈련을 받을 수 있는 프로그램 마련과 실제 교육, 특정 프로그램에 적합한 교육 환경 마련, 심사, 도서와 시청각 장비와 하드웨어와 소프트웨어 선택과 구입, 실제 학습 상황에서 교사들에 대한 감독과 관찰이 포함된다. 또 모임과 회의, 그런 활동과 관련된 평가와 반성도 포함된다.[3]

여기서 교육은 교육 사역자의 모든 기능에서 보여지는 총체적 과업을 말한다.

교육 사역자에 대한 인식

1980년대에 사역한 교육 사역자들은 아웃리치와 교회 성장이라는 중요한 임무를 망각했고, 교육 사역의 범위 확대와 발달이 그것의 일부 원인으로 작용했다는 비판이 일각에서 제기된다. 슬프게도, 어떤 이들은 현상을 유지하고 관리하는 일에 주력하라는 압력에 굴복함으로써 이 중요한 임무를 소홀히 했다. 현재 교육 사역자들은 담임목사나 교회뿐 아니라 그들 자신도 교육자보다는 다른 역할로 인식하는 경우가 많다.

이것이 단순히 인식의 문제일까? 최근 종교교육 모임에서 한 교육 컨설턴트가 참석자들에게 그들 자신을 어떻게 인식하는지 물었다. 놀랍게도 참석자 중 자신을 교육자로 인식하는 이는 많지 않았다. 나는 교육 사역자가 무엇보다 예수 그리스도를 섬기고, 그다음 교회 안팎에서 교육으로 섬기는 사람이라고 생각한다.

이 문제는 많은 교육 사역자가 교육이 아닌 다른 일을 하기 때문에 일어난다. 한 조사를 살펴보면, 조사에 참여한 교육 사역자 중 91퍼센트가 교육 외에 다른 사역 영역을 책임지고 있었다.

결과는 다음과 같다.

54퍼센트–행정

38퍼센트–부목사

30퍼센트–청소년 사역

20퍼센트–음악 사역

12퍼센트–레크리에이션

교육 사역자가 이런 기타 사역에 할애하는 시간이 어느 정도인지는 아직 조사되지 않았다. 종종 교육 사역자는 또 다른 영역이 포함된 직함, 즉 교육 행정 사역자로 불린다. 교육 사역자라는 직함을 유지하는 교회들조차 종종 교회의 행정 기능을 총괄하는 책임을 그들에게 떠맡긴다. 교육 사역자에게 이런 도전이 처음은 아니다. 오래전 W. L. 하우스(W.L.Howes)는 "교육 사역자의 감독 활동을 확대함으로 그들의 전공 분야에서 최대한 섬길 기회가 약화되지 않도록 주의해야 한다"[4]라고 경고했다. 그의 경고는 여전히 유효하다.

해리스는 기독교 교육 책임자를 수석 교사(master teacher) 혹은 교육 자원 제공자(educational resource person)라고 지적한다. 그녀는 "기독교 교육 책임자는 공식적으로나 비공식적으로 교구에서 교육과 관련해 진척이 더딘 많은 일의 촉매 역할을 한다"[5]라고 말한다. 그러나 그들은 종종 다른 사역자들과 관리 직원들을 감독하라는 요구를 받는다. 이런 일에 매달리다 보면 결국 교육자로서의 역할이 약화될 수밖에 없다. 이것은 또한 교역자들과 교인들이 교육 사역자를 교육자가 아닌 행정 관리자로 인식하는 원인이기도 하다. 그들은 인력 관리자가 아니므로 교회의 교육 사역에 가장 많은 시간과 에너지를 헌신해야 한다.

이 문제는 부분적으로 교회 인사위원회와 담임목사가 교역자를 투입해 담임목사의 일상적인 교회 업무와 사무의 짐을 덜어주도록 하기 때문에 일어난다. 이런 상황에서 교육 사역자들은 교회 프로그램을 관리하는 일을 맡을 뿐 아니라, 교육 사역의 기회보다 그 일을 우선해야 한다는 암묵적 압박을 받게 된다.

교육 사역 훈련으로 교육 사역자는 무엇보다 교육자로 섬기는 훈련을 받는다. 교회나 담임목사, 교회위원회들이 교육 사역자의 일차 사명인 교육에 전념하지 못하도록 원인을 제공했다고 해도 교육 사역자는 자기 자신을 그렇게 인식하지 않고 교육자로서 최선을 다하지 못한 책임이 있다.

교육 사역자가 교육자여야 하는 이유

교육 사역자가 교육자여야 하는 가장 큰 이유는 그것이 하나님께 받은 소명이기 때문이다. 교육이 아닌 다른 일에 더 치중한다면 그 소명을 부정하는 것이다. 그들의 직함 역시 이 점을 암시한다.

교회는 교회 성장에 도움이 되리라는 기대로 교육 사역자를 청빙한다. 그들이 교육자의 역할에 더 집중할수록 교회 성장의 가능성도 커진다. 훈련 사역으로 더 많은 사람이 봉사, 복음 전도, 그리스도와 교회를 위한 아웃리치를 할 준비를 하게 되고, 탁월한 교사와 리더로 준비된다. 그들이 교육자의 역할에 충실할 때 교회와 하나님 나라가 성장하는 데 도움이 된다.

사람들이 훈련을 받고 교회 리더로 준비되면, 그들의 신앙도 성장한다. 교육자들은 예수 그리스도를 본받아 이 사역의 모델이 된다. 사람들을 현재의 수준이 아니라 그분의 도우심과 인도하심으로 변화될 잠재력을 지닌 존재로 보는 예수님의 모범을 따라야 한다. 예수님은 시몬 베드로를 거칠고 무식한 어부의 모습으로만 보시지 않았다. 그 안에 잠재된 리더십과 베드로가 드릴 수 있는 깊은 헌신과 섬김의 모습을 보셨다. 예수님은 우물가에서 만난 여인의 죄성을 꿰뚫어 보셨지만 변화될 수 있는 가능성도 보셨다.

교육 사역자는 교육의 기회를 제공하여 사람들이 하나님이 원하시는 대로 잠재력을 발현하도록 도전하고 성장하도록 돕는다. 교회의 일은 외형적인 일만 중요한 것이 아니다. 사역자와 리더는 그리스도를 닮아가는 인격 성장의 기회이자 필수 기능으로 교회 사역을 보아야 한다.

교육자는 사역을 통해 교회가 양적으로나 질적으로 성장하도록 돕는다. 통계와 교회의 각종 기록을 조사하면, 교회의 외형적 성장은 쉽게 추적할 수 있다. 교육자는 교회가 양적 성장을 가능하게 할 조직을 갖추도록 프로그램을 세운다. 교인들과 교사들이 신앙적으로 성장하는 체험을 하고, 지역 교회와 기독교 공동체와 각자의 일상에서 일과 사역을 감당할 역량을 갖추기 위해 능력과 기술을 개발하도록 돕는다.

양적 성장은 평가하기가 쉽지만, 질적 성장은 미묘하고 어렵다. 질적 성장을 도모하려면 교인들이 영적으로 성장하도록 이끌 장기적인 계획이 필요하다. 한 교육 사역자는 최근에 교회 제자 훈련 프로그램의 3년짜리 세부 계획을 보여주었다. 그녀는 교인들의 필요를 충족시키기 위해 적극적으로 지도해야 할 부분이 무엇인지 알았다.

모든 교인이 신앙 성장에 대해 이해하는 수준이 같을 것이라는 생각은 잘못이다. 신앙 성장의 목표는 예수님을 묘사하는 누가복음 2장 52절에서 찾을 수 있다. "예수는 지혜와 키가 자라가며 하나님과 사람에게 더욱 사랑스러워 가시더라."

교육 사역자는 교회 신자들이 영적으로 성장하도록 도울 책임이 있다. 성경을 아는 지식이 자라고 그 진리를 실생활에 적용하는 법을 배우도록 도와야 한다. 지식과 지혜 자체가 목표는 아니다. 가능한 가장 풍성한 신앙생활을 할 수 있도록 능력을 강화시키고, 주변 사람들도 동일한 삶을 영위하도록 돕는 것이 목적이다. 영적 성숙에는 기독교 신앙과 일치하는 윤리적이고 도덕적 결단을 내리는 능력도 포함된다.

교육 사역자가 영향을 미치는 교육 영역은 리더십 훈련을 받는 사람 수, 교사로 섬기는 사람들의 재직 기간, 교회의 복음 전도와 아웃리치 사역, 교인들의 청지기로서의 헌신이 포함된다. 즉각적으로 가시적 성과가 나타나기보다는 시간이 지나야 그 성과를 확인할 수 있는 영역이 대부분이다.

교육자의 기능

이 장 초반부에서 인용했지만 교육 사역자의 직무 기능은 교장과 비슷하다. 교육 사역자는 세 가지 특수 영역의 전문가로서 이 세 영역과 전체 교육 프로그램을 이끈다.

커리큘럼 전문가

커리큘럼은 교육 사역자가 해결해야 할 과제 중 하나다. 해리스가 쓴 『교육목회 커리큘럼』(*Fashion Me A People*, 한국장로교출판사)은 커리큘럼과 관련된 문제들을 파악하는 데 도움이 된다.[6] 커리큘럼과 관련한 한 가지 문제는 사용 가능한 교재의 수다. 많은 교단 소속 출판사들과 개별 기독 출판사들이 다양한 커리큘럼을 선보인다. 우리는 10장에서 단계별 커리큘럼에 관해 다루었다. 성경 공부반과 부서가 모두 같은 커리큘럼을 사용하면 교육 사역자는 행정적으로 한결 수월하고, 주별 교사 모임을 계획하기도 쉽다. 그러나 한 종류의 커리큘럼으로는 모든 성경 공부반과 부서들의 다양한 필요를 충족시키기가 쉽지 않다. 그러면 교육 사역자는 더 많은 그룹을 대상으로 다양한 교육 계획을 세워야 하는 짐을 떠안게 된다. 하지만 다양한 커리큘럼을 이용하면 더 많은 청중의 필요를 충족시킬 수 있다. 커리큘럼을 선정하는 문제는 어느 시대나 교육 사역자들이 직면한 가장 어려운 과제일 것이다.

커리큘럼을 효과적으로 사용하는 교사는 많지 않다. 교육 사역자는 각 연령별 그룹이 교재를 사용하는 방식뿐 아니라 다양한 커리큘럼의 특징을 대략 알고 있다. 나는 장년 기독교 교육을 전공했다. 어느 해인가 담당자가 결석하는 바람에 초등학교 2학년 부서를 맡아야 했다. 나는 그동안 어린이 교재를 사용해본 적이 없었다. 그런데 교재를 공부하면서 교재 내용이 매우 훌륭하고, 교육 방법이 실제적인데다 활용하기도 쉽다는 것을 알게 되었다. 그 후 나는 어린이 부서 교사들에게 더 실제적인 도움을 줄 수 있었다. 그 경험을 통해 나는 교육 사역자가 연령을 가리지 않고 대리 교사로 자주 섬기면서 현장을 경험할 필요가 있다는 것을 알았다. 이런 경험으로 커리큘럼이 어떻게 기능하는지 직접적인 정보를 얻고, 통찰력을 키울 수 있다.

교육 사역자는 기독교 교육 위원회와 주일학교 위원회들을 인도하며 커리큘럼을 정기적으로 평가하고 검토하는 작업을 한다. 이 자리에서 교사들이나 여러 사역자의 조언과 고충을 들을 수 있다. 교재 사용자인 학생들 역시 커리큘럼에 대해 느낀 점과 의견을 나눈다. 커리큘럼을 정하게 되면 장기간 사용해야 한다. 짧은 기간에 같은 성경 본문을 반복해 배우게 된다고 불평하는 사람들이 있기 때문이다. 일반적으로 이런 일은 커리큘럼을 자주 바꿀 때 일어난다.

교육 사역자는 좋은 커리큘럼의 특성을 공부하고, 교재를 어떻게 계획하고 준비하는지를 파악한다. 커리큘럼을 계획하려면 소기의 목적을 이해해야 한다. 개인과 교회 생활에서 그 교재가 무엇을 추구하는지 이해해야 한다.

■

교육 전문가

교육 사역자들은 교육과 교육 과정에 대한 수많은 정보를 지속적으로 파악한다. 기독교 교육의 최신 동향과 연구 결과를 계속 점검한다. 교수 방법론, 교육 심리학, 인간 발달 단계, 교육 이론과 철학의 최신 이론을 계속 공부한다. 그들의 전문 분야는 교육이다.

그들은 체계적인 독서 프로그램으로 교육계의 최신 동향과 중요한 연구 결과를 지속적으로 읽고 공부한다. 기독교계와 일반 학계의 전문 저널을 구독하여 교육의 새로운 경향, 중요한 연구 내용, 교육 분야에 중요한 공헌을 한 인물들에 대해 지속적으로 정보를 얻는다. 신학교나 대학교에서 개설한 평생 교육 과정에 등록해 지식을 더 얻는 경우도 있다. 신학교나 대학교 도서관에서 며칠만 공부해도 유익한 지식을 습득할 수 있다.

교육 사역자에게 단순히 의지만 있다고 해서 교육 전문가가 되지는 않는다. 구체적 계획과 훈련, 목적을 이루기 위한 시간 투자가 있어야 한다. 교육계의 동향을 파악할 수 있는 좋은 방법은 그 분야 리더들에게 질문하는 것이다. 신학교 교수인 나는 1년에 여러 차례 강의 목록과 참고 문헌을 알려달라는 요청을 받는다. 지금까지 나는 전공 분야에서 여러 사람과 흥미롭고 유익한 책을 함께 읽고 교류하고자 노력해왔다. 지금도 그런 친구들을 만나거나 이야기를 나눌 일이 생기면, 어떤 책을 읽었고 어떤 점이 유익했는지를 물어보고 교육자의 안목을 넓히는 일을 계속하고 있다.

교육 전문가가 되기 위한 또 하나의 방법은 자신이 속한 교단이나 초교파 교육자 모임에 참여하는 것이다. 나는 한 달에 두 번 두 시간 동안 진행되는 그런 모임에 가입한 적이 있다. 때로는 한 회원이 유익하다고 생각하는 책을 정해 토론을 이끌기도 했다. 때로는 교육 전문가를 초청해 강의를 듣기도 했다. 공교육에 몸담고 있는 한 회원은 이 분야의 새로운 소식이나 혁신안이 있으면 알려주었다.

연령 집단별 전문가들이 교역자로 있다고 해도 교육에 대한 전문 지식을 갖춘 교육 사역자가 전체 교육 프로그램을 이끈다. 다시 말해, 교육 사역자는 교육의 역사, 종교교육과 세속 교육의 현재 위치, 예상되는 미래 교육의 흐름을 알고 있다는 뜻이다.

연령 집단별 교수/학습 과정

인간 발달 단계 연구와 교육 심리학은 사람마다 배우는 방식이 다르다는 것을 확인해준다. 특히 이것은 연령별 단계에 적용된다. 학령전기 아이들은 놀이와 활동을 통해 배운다. 학령전기 교사들은 딱딱한 책상과 의자를 떠나 학습 센터나 놀이 시설을 활용하는 것이 학습에 효과적임을 알게 된다. 어린이들, 특히 저학년 아이들 역시 활동을 통해 배운다. 그들은 여전히 추상적 개념을 이해하지 못하며 매우 구체적으로 사고한다. 따라서 유년부 교사들은 아이들이 자기 경험을 나누기 좋아한다는 것을 금방 알아차린다. 비록 누군가가 이미 비슷한 경험을 나누었다 해도 아직 일반화할 줄 모르기 때문에 다시 그 이야기를 들려주고 싶어 한다.

청소년기 교육은 좀 더 추상적 영역으로 이동한다. 아이들이 성숙할수록 도덕적이고 윤리적인 문제에 관심을 보인다. 이 시기는 의견의 차이를 구분할 수 있고, 복합적인 상황에 대해 해결책을 찾으려고 시도한다. 이전에 비해 더 깊이 있고 장기적인 결단이 가능하며, 교수/학습 과정에서 일어나는 일에 대해 더 책임감 있게 행동할 수 있다.

학령전기, 학령기, 청소년기에는 인생을 준비하는 교육이 이루어진다. 성인 교육은 인생 그 자체다. 자기 인생과 가정과 함께 일하는 사람들에 대한 어렵고도 복합적인 결정을 다루도록 성인을 준비시키는 일에 초점을 맞춘다. 종교교육은 실제 삶에 적용할 수 있다.

교육자들은 독서 지도, 관찰, 특히 다양한 연령별 수준에 따른 교수/학습법을 배울 수 있는 모임에 참석함으로써, 여러 연령별 집단 교수/학습 과정이 기능하는 방식을 배운다.

교육 관련 직분자를 감독하라

교육 사역자는 교육 프로그램을 이끌며 교육 관련 직분자들을 지도한다. 혹시 교회에 연령별 집단 전문가들이 있다면, 그들이나 교사들을 지도하는 일도 교육 사역자의 몫이다. 기독교 교육 프로그램을 지도하기 위해서는 시간과 관심이 필요하다. 위임에 대해서는 9장을 참고하라.

잠재적 리더를 훈련하라

교육 사역자는 리더를 훈련할 책임이 있다. 새 리더가 훈련을 받고 리더로서 역할을 수행하기 시작하면, 새 리더를 찾고 등록하고 훈련하는 일이 다시 시작된다. 교육 사역자의 이 역할에 대해서는 8장에서 다루었다.

교수법 개발

교육 사역자는 모든 교사가 체계적인 훈련 프로그램에 참여하게 하는 것을 목표로 삼아야 한다. 교사는 학생들에 대한 새로운 통찰이 필요하며 새롭고 다양한 교수법으로 교수/학습 과정을 강화해야 한다. 공교육에 몸담고 있는 교사들은 지속적으로 재교육을 받아 교사 자격증을 유지하고 기술을 갱신한다. 마찬가지로 교회 안의 교육 종사자들도 특정 연령 집단을 교육할 수 있는 훈련을 정식으로 받은 사람들에게 교육을 받아야 한다. 모든 교사가 참여하는 체계적인 훈련 프로그램이 있어야 이런 교육이 가능하다.

교육 용품과 장비 확보

기독교 교육은 교수/학습 과정에 적절한 용품과 자료가 필요하다. 어떤 교회는 교실과 의자만 준비하면 필요한 것은 다 되었다고 생각한다.

가능한 최고의 교수/학습이 이루어지기 위해서는 교실에 적절한 시설과 비품을 구비해야 한다. 교육 사역자는 이런 비품과 시설을 갖추는 일을 주도한다. 일단 적절한 공간 확보가 필수다. 공간이 제대로 갖추어지지 않으면 성장은 한계가 있다. 연령별 교육 매뉴얼을 보면, 효과적인 교육이 이루어지기 위해 필요한 비품이나 설비를 소개하고 있다. 키에 맞는 탁자와 의자, 칠판과 게시판, 연필, 다양한 종이, 미술 자료가 주일학교 교실에 필요할 것이다.

비품을 구입하려면 계획을 세워야 한다. 어떤 교회는 반이나 부서별로 필요한 것을 구입하도록 한 다음 비용을 정산해준다. 그러나 교사들이 항상 필요한 용품을 다 예상할 수 있는 것이 아니며, 또한 필요한 대로 구매하기보다 대량 구매가 비용 면에서 더 효과적이다. 색종이, 연필, 분필, 마분지, 가위, 풀, 색연필을 비품함이나 캐비닛에 준비해놓고 기관들이 필요한 대로 사용하게 하는 것이 좋다. 이런 방법은 각 기관이 각자 비품을 마련하는 것보다 장점이 많다. 이렇게 하지 않으면 다른 부서의 비품을 빌려 써야 하는 일이 생긴다. 그러면 물품 마련 계획을 세우고 물품을 구입한 부서 리더는 비품 공급에 차질이 생겨서 서로 얼굴을 붉히는 일이 생길 수 있다.

주일에 유치부 교사들이 비품을 종종 가져가서 사용하는 바람에 이런 문제가 생긴 교회 유치원이 있었다. 교육 사역자는 8월에 비품을 대량 구매하는 유치원 교장과 이 문제를 의논했다. 그들은 보통 때보다 두 배로 물품을 주문하고 비용을 절반씩 나누기로 결정했다. 이 결정으로 인해 비품 사용과 관련된 많은 문제가 해결되었고, 필요한 비품을 적절히 공급할 수 있었다.

교회 미디어 자료실과 협력하라

교회 미디어 자료실은 교육 사역을 보조할 목적으로만 존재하는 것은 아니다. 그러나 제대로 된 미디어 자료실이 없으면 양질의 교육 프로그램은 상상하기 어렵다. 미디어 자료실은 교사들과 교인들과 사역자들이 학습 환경과 경험을 강화할 목적으로 교수/학습 과정에 사용할 수 있는 각종 시청각 자료, 인쇄 자료를 제공한다.

교육 사역자는 교회 미디어 자료실 책임자와 긴밀한 협력 관계를 이룬다. 이런 긴밀한 협력이 있어야 교육 사역자가 새로운 책이나 자료를 사용할 수 있고 그 목록을 알 수 있다. 교사는 새로운 학습 과정을 시작할 때 도움이 될 만한 자료들이 교회에 구비되어 있는지를 알아야 적극 활용할 수 있다.

에믈러는 교회의 미디어 자료실에 대한 교육 사역자의 역할을 잘 지적하고 있다. 그는 미디어 자료실의 개념을 단순히 자료 보관실의 개념으로 국한하지 않고, 자료를 생산하는 역할로 확장한다.[7]

교회 미디어 자료실은 시청각 자료를 보관할 최적의 장소다. 자료실 직원은 교역자들이 자료를 설치하도록 돕고 사용법을 알려준다.

미디어 자료실은 슬라이드 필름, 영화, 비디오테이프의 목록을 작성하고 보관하여, 필요할 때마다 찾아 쓰고 배포하며 활용할 수 있도록 한다.

14

동기 부여자

스콧은 성장이 정체된 지역의 중형 교회에서 교육 사역자로 섬기고 있다. 그는 교인들에게 직분을 맡아달라고 하면 쉽게 수락하지만, 끝까지 그 일을 하는 사람이 거의 없음을 알게 되었다. 각종 위원회는 뜨거운 열기로 시작되지만 얼마 지나지 않아 위원회 위원들이 모임에 나타나지 않는다. 주일학교 리더들은 교회의 정기 심방 프로그램에 참여하기로 약속하지만 지키지 않는다. 주일학교에 심방할 사람들의 명단을 제시하지만, 몇 개월이 지나도 심방은 이루어지지 않는다. 교인들은 의욕이 결여되어 있다.

스콧은 일을 해내려면 혼자서 하든지, 아니면 이미 열심히 하고 있는 소수의 사람을 의지할 수밖에 없음을 알게 되었다. 교인들이 책임지겠다고 해놓고 그 일을 끝맺지 않을 때 그 역시 영향을 받고 낙심하게 된다. 그는 사람들이 충분히 동기 부여가 되지 않는 이유를 알아보았다. 하지만 그 이유를 알고 더 큰 좌절감을 느꼈다.

그는 스스로 질문하기 시작했다. 어떻게 해야 사람들에게 의욕을 심어줄 수 있을까? 어떻게 호소해야 교인들이 헌신하겠다는 약속을 끝까지 지키게 할 수 있을까? 혹시 자신이 이들을 설득하려 하지 않고 조종하려 하는 것은 아닌가?

'동기를 부여한다'는 것은 자극을 주어 행동하게 한다는 뜻이다. 혹은 어떤 일을 할 이유나 유인책을 준다는 뜻이다. '동기'는 행동하도록 자극하는 감정이나 욕망, 심리적 필요, 혹은 그 밖의 유사한 충동을 말한다. 교육 사역자는 사람들이 섬기는 일을 할 수 있도록 준비시키는 역할을 한다. 따라서 사람들에게 행동하도록 동기를 부여하는 일은 교육 사역자로서 성공하는 데 중요한 요소이자 과제다. 민즈(Means)는 "영적 리더는 사람들이 자신의 영적 필요와 가치와 목표를 깨닫도록 일깨우고, 그와 관련한 중요한 영역에서 성장하도록 돕는다"[1] 라고 말한다.

사람들이 지금처럼 행동하는 이유가 무엇인지 알면, 동기를 부여하는 분위기를 조성하는 데 도움이 된다. 자원봉사자 리더들이 특히 어려워하는 동기 부여는 행동할 에너지를 주는 내적 힘으로, 행동의 방향성을 정하는 요인으로 작용한다.

동기 부여란 무엇인가?

사람들이 더 의욕적으로 일하거나 소속 집단에 더 높은 수준의 충성도를 보이는 이유는 무엇인가? 심리학자들은 그 이유를 대략 다음과 같이 소개한다.

1. 동기 부여는 논리적인 것이 아니라 심리적인 것이다. 이것은 본

질적으로 정서적인 과정이다. 연구에 따르면, 사람들은 돈을 더 많이 받거나 혜택이 더 많다고 해서 동기 부여가 더 되지는 않는다고 한다.

2. 동기 부여는 기본적으로 무의식 속에서 일어나는 과정이다. 우리 자신이나 다른 사람들에게서 보이는 행동은 언뜻 비논리적으로 보일 수 있지만 그 개인의 무의식에서는 충분히 납득이 되는 행동이다.
3. 동기 부여는 개인적 문제다. 한 개인을 행동하게 하는 열쇠는 그 자신에게 있다.
4. 동기 부여를 받아야 할 필요는 사람마다 다를 뿐 아니라 한 개인이라고 해도 시간마다 달라진다.
5. 동기 부여는 반드시 사회적 과정이다. 종종 우리는 다른 사람들의 시선에 의존해 우리의 필요를 상당 부분 충족시킨다.
6. 우리가 매일 일상적으로 하는 행동은 오래전 활성화된 동기 부여 과정에서 형성된 습관으로 보호를 받는다.[2]

동기 부여의 외적, 내적 요인

동기 부여 이론은 크게 두 부류로 나뉜다. 외적 동기 부여와 내적 동기 부여다. 일반적으로 자원봉사자들은 외적 요인 때문에 동기가 부여되는 것이 아니라고 한다. 외적 요인들은 자원봉사자들마다 다르지만 분명히 존재한다.

외적 동기 부여 요인

동기가 외적 혹은 외생적 요인에 좌우된다고 보는 설명은 개인이 보상을 얻거나 처벌을 피하기 위해 행동한다고 가정한다. 때로 자원봉사자들은 보상이 거짓이라는 것을 알게 되거나 처벌이 위협용이라는 것을 알게 될 때 그 일을 포기한다. 강제로 떠밀리거나 억지로 해야 한다는 느낌이 들 경우 실망하고 그 일을 그만둔다.

자원봉사자들은 노력에 대한 인정과 개인적 성장으로 '보상'을 받는다. 자원봉사자들의 목적은 다른 사람들을 돕고 스스로 성장하는 데 있다. 그들은 봉사가 즐겁지 않으면 그 일을 그만둘 것이다. 교육사역자와 교회 리더는 외적 동기 부여 방법을 가능한 한 자제하고, 만약 그 방법을 사용하더라도 아주 조심해야 한다.

내적 동기 부여 요인

교회라는 배경에 더 적합한 방식은 내적 동기 부여 방식이며, 이 방식이 자원봉사자들의 필요를 충족시키는 데 더 적합하다. 내적 동기 부여 방식은 일반적으로 두 가지 모델을 따른다. 하나는 '결핍' 모델이다. 이것은 욕구와 결핍과 긴장과 불안이라는 강한 동기 유발력을 강조한다. 어떤 사람들은 뛰어나고 싶고 성공하고 싶은 내적 충동으로 동기가 유발된다. 어떤 사람들은 그들을 따르는 이들에게 권력을 행사하고 영향을 미치기 원한다. 더 긍정적인 측면에서 따뜻하고 긍정적인 관계를 원하는 사람들도 있다. 그들은 소속감을 원하므로 집단에 참여하기를 좋아한다.[3]

내적 동기 부여의 두 번째 모델은 '성장' 모델로, 에이브러햄 매슬로우(Abraham Maslow)의 욕구 계층 이론으로 대중화되었다. 이 모델은 인간의 주요 욕구를 다섯 가지로 분류한다. 생리적 욕구, 안전의 욕구, 소속과 사랑의 욕구, 존중의 욕구, 자아실현의 욕구다. 이 이론은 충족되지 못한 가장 기본적 욕구가 동기를 유발한다고 주장한다. 일단 그 필요가 충족되면 그것은 더 이상 동기 유발력을 갖지 못한다. 그러면 다음 단계의 욕구가 동기 요인으로 등장한다. 낮은 단계의 욕구가 다시 생기지 않는 이상 대개 욕구는 다음 단계로 이동한다. 이상적으로는 차상위 욕구까지 이동해야 하지만, 실제로 어떤 사람들은 자아실현이라는 최고 수준의 욕구까지 실현하지 못한다.

교인들은 사회의 더 넓은 문화적 변화상으로 영향을 받기 때문에 그들이 교회에서 갖는 욕구와 동기는 쉽게 변할 수 있다. 교회 리더는 교인들의 새로운 욕구에 민감해야 한다.[4]

매슬로우의 욕구 계층 이론이 교육 사역자에게 갖는 함의는 매우 크다.[5] 교육 사역자가 성도들에게 동기를 부여하고 싶다면, 욕구의 위계를 이해해야 한다. 교사들과 교역자들의 실제 필요를 알아야 한다. 그렇지 않으면 핵심적인 동기 유발 욕구가 무엇인지 파악하지 못할 수 있다. 어떤 리더는 팀원들이 동기 부여가 안 되고 의욕이 없는 것 같아서 고민한다. 그러나 정반대로, 교육 사역자나 리더보다 교사들이 더 의욕적인 경우도 있다.

1단계
생리적 욕구

생리적 욕구는 인간의 가장 기본 욕구다. 먹을 것이 풍족하면 음식은 더 이상 욕구나 필요가 아니다. 교육 사역자가 생리적 욕구가 충족되지 못한 리더나 교사를 만날 일은 거의 없다.

2단계 안전의 욕구

매슬로우는 안전의 욕구를 안전, 안정, 보호, 두려움과 불안과 혼란에서 자유, 조직, 질서, 법, 경계, 보호자의 힘 등으로 확인한다.[6] 이런 욕구들은 교회 환경에서 안전하다는 느낌이 들기를 원할 때 익숙하지 않은 것보다는 익숙한 것, 알려지지 않은 것보다는 알려진 것을 더 선호하는 식으로 표현된다. 물리적 안전 때문에 두려워하는 것이 아니다. 그들의 두려움은 심리적인 것이다. 이런 욕구를 인정하는 긍정적 동기 부여 요인은 다음과 같다.

- 교사가 하는 일을 리더가 지지한다는 확신
- 체계적이고 행정적인 방식으로 제공되는 안정감
- 갈등이 표면으로 드러나도 괜찮은 긍정적인 대인 관계 유지
- 문제가 생길 때 의사 결정 능력과 갈등 해결 전략의 작동

3단계 소속과 사랑의 욕구

이런 욕구는 최근에 낯선 동네로 이사했거나 새 교회로 옮겨서 배려받을 수 있는 관계가 필요한 사람들이 느끼는 욕구다. 그런 사람들은 가족이나 집단의 일원이 되기를 원한다. 그들은 이 욕구를 충족하기 위해 많은 노력을 마다하지 않는다. 소속감을 느끼기 위해 리더십 제안을 수락한다. 고독감, 거절당한 느낌, 친구도 뿌리도 없이 혼자라는 느낌을 원치 않는다. 교회, 특히 교회의 교육기관들은 이런 깊은 필요를 충족하는 데 도움이 된다. 어떤 사람들은 접촉과 친밀함과 소속감을 추구하는 이런 욕구가 다른 사람들보다 더 큰 동기로 작용하며, 외로움과 고독감과 혼자라는 느낌을 극복하고 싶은 마음이 매우 강하다. 예를 들어, 교회 활동에 과도하게 참여하거나 감당하기 벅찰 정도로

많은 일을 떠맡는 사람은 소속감의 욕구를 충족하기 위해 이런 무리수를 둘 가능성이 있다. 때로 이런 사람은 사랑을 베푸는 법은 알지만 받는 일에는 서툴다. 사랑의 욕구가 제대로 충족되기 위해서는 사랑을 베풀 뿐 아니라 받을 줄도 알아야 한다.

4단계 존중의 욕구

매슬로우는 "누구나 자신에 대해 안정적이며 특별히 좋은 평가를 받기 원하고, 자존감의 욕구나 다른 사람들의 인정을 받고 싶은 욕구나 필요가 있다"[7]라고 말한다. 이런 욕구는 다시 두 가지 형태로 구분된다. 첫째는 힘과 성취와 유능함, 적합성, 확신, 지배, 독립, 자유와 같은 욕구를 포함한다. 둘째는 명성(다른 사람에게서 받는 존경이나 존중)과 지위, 칭송, 지배, 인정, 관심, 중요성, 위신에 대한 욕구다.[8]

자존감의 욕구가 충족되면 자기 확신, 자기 가치감, 능력, 유능감의 감정이 생긴다. 이런 필요들이 좌절될 때 열등감, 무기력감, 자기비하를 초래한다.

실제 능력과 역량, 업무에 대한 적합성이 아니라 다른 사람들의 인정에서 자존감을 찾으면 위험하다. 안정적이고 건강한 자존감은 외적인 명성이나 정당하지 않은 칭찬이나 지위가 아니라 정당한 존중에 바탕을 두어야 한다. 교회는 사람들을 인정하고 격려함으로 이런 필요가 충족되게 한다. 매년 열리는 '교사의 밤' 같은 행사는 이런 존중의 욕구를 충족시키는 데 도움이 된다. 교사들의 수고를 공개적으로나 개인적으로 인정해주는 것도 자기 존중의 욕구를 충족시키는 데 일조한다. 교육 사역자는 사람들이 봉사의 일을 할 수 있도록 준비시킴으로써 그들이 하나님과 하나님의 사역과 교회에 소중한 존재며, 교회가 세운 목표에 중요한 역할을 할 수 있음을 확인해준다.

5단계

자아실현의 욕구

이전 단계의 욕구들이 충족되면 사람들은 종종 새로운 불만과 불안감을 느낀다. 이런 감정이 생기는 이유는 적성에 맞지 않는 일을 하기 때문이다. 사람들은 잠재력을 최대한 발휘해야 한다. 이것은 자아를 실현하는 유일한 길이기 때문에 사람들은 자신의 본성에 충실해야 한다. 자아를 실현한 사람들에게는 몇 가지 특징이 있다. 첫째, 현실을 명확하게 인식한다. 둘째, 사랑과 안전, 소속감, 자기 존중의 모든 단계에서 자신을 받아들일 수 있다. 셋째, 자발적으로 행동한다. 개인차가 가장 많이 생기는 부분이 바로 이 자아실현 단계다.[9] 그들은 인격의 성장, 자기표현, 성숙, 발전에서 동기를 부여받는다. 자신의 인생에 사명이 있다고 느끼며 성취해야 할 임무가 있다고 생각한다. 이 사명을 자신의 의무라고 생각한다. 그리고 인생의 기본적인 문제들과 영원의 문제에 관심이 있다. 매슬로우는 "자아를 실현하는 사람들은 인생의 기본재에 대해 순수하고 새로운 마음으로 언제라도 감사할 줄 알고, 경이감과 기쁨, 심지어 황홀감을 느낄 수 있다"라고 말한다.[10]

모든 사람이 다 이 단계에 이르지는 않는다. 그렇다고 해서 자아를 실현하지 못한 사람들은 양질의 일을 할 수 없다는 뜻이 아니다. 교육 사역자는 사람들이 하나님께 받은 영적 은사를 최대한 활용하도록 격려함으로써 잠재력을 최대한 발휘하도록 돕는다.

교육 사역자 자신에 대한 동기 부여

교육 사역자 스스로 동기 부여가 되지 않는다면 다른 사람들에게 동기를 부여하기 어렵다. 민즈는 교육 사역자가 다른 사람들에게 동기를 부여하는 방법에 대해 설명한다.

> 훌륭한 영적 리더는 교회의 사명과 그리스도의 영광을 위해 활기차고 활발하며 열의를 북돋는 열정적인 정신을 사람들에게 불어넣는다. 그들은 무엇보다 먼저 개인적인 낙관론과 진정성, 열정과 모범을 보임으로써 이 일을 한다.[11]

교육 사역자는 자신의 사역에 대한 의욕이 높은지를 어떻게 확인하는가? 교육 사역자들이 개인적 동기 요인을 확인하는 데 도움이 되는 몇 가지 질문이 있다.

- 구체적인 목표를 설정했는가?
- 목표를 이루기 위한 계획을 문서화했는가?
- 목표가 얼마나 현실적인가? 그 목표를 이룰 능력이 있는가? 성공할 기회들이 있다면 무엇인가?
- 목표의 출발점은 어디인가? 시작하기 위해 무엇을 했는가?
- 하루 중 최고로 능률이 오르는 시간은 언제인가? 그때 가장 어려운 일을 하는가?
- 각 목표의 마감 시한을 정했는가? 목표를 제대로 수행하고 있는지 확인할 점검 목록이 있는가?

- 목표를 여러 프로젝트나 과제로 세분화했는가? 과업의 막중함 때문에 압도당하는 느낌은 없는가?
- 목표를 달성할 때 얻을 수 있는 전체적인 유익은 무엇인가? 목표를 성공적으로 달성할 때 스스로 보상을 하는가?
- 프로젝트가 진척되지 않을 때 어떻게 하는가?
- 낙관적인 편인가?
- 얼마나 열정적인가?[12]

동기를 부여하는 분위기 만들기

교육 사역자가 의욕적으로 일할 수 있는 분위기를 만들기 위해 할 수 있는 일은 무엇인가? 의욕적으로 일하는 분위기를 만드는 일이 교육 사역자만의 고유한 임무는 아니다. 교회의 다른 리더들도 이 일에 동참해야 한다. 그러나 교육 사역자는 여러 수준의 다양한 교회 그룹을 대상으로 사역한다. 이와 같은 특성 때문에 그들은 매주 교육기관 전반에 걸쳐 이런 풍토를 조성할 기회를 얻는다.

맥도너프(McDonough)는 이렇게 지적한다. "동기를 부여할 책임이 있는 리더는 사람들의 필요와 은사에 민감해야 하며, 사람들이 자신의 은사와 필요를 깨닫고 소명을 따라 살면서 자부심을 가질 수 있도록 도와야 한다."[13]

동기 부여자는 낡은 방법을 사용하지 않는다. 한 가지 방법으로는 모든 사람이 의욕을 갖고 일하게 할 수 없다. 사람마다 욕구와 희망과 꿈과 두려움의 크기가 다르다. 교육 사역자는 사람들의 필요에 민감하다. 시간과 에너지를 투자하고 싶은 의욕이 일어나도록 분위기를 조성할 수 있는 몇 가지 제안을 소개한다.

- **사람들이 사역에 대한 꿈을 명확히 하고 공개하도록 도우라** 그들이 속한 그룹이 목표와 가치를 분명히 하면, 그들은 그 꿈을 실현하기 위해 행동할 것이다. 데일(Dale)은 "리더가 꿈에 관심을 계속 집중하게 하고, 지지하며, 말과 행동과 상징으로 표현하도록 할 때 의욕적으로 일할 수 있는 분위기가 조성된다"[14]라고 지적한다.
- **사람들은 인정과 감사가 필요하다**[15] 사람들은 인정받는 분위기에서 일하기를 원한다. 일을 잘하면 당연히 인정받아야 한다. 그렇게 하지 않으면, 사람들은 혹사당하거나 인정받지 못한다고 생각할 수 있다. 엥스트롬(Engstrom)과 데이턴(Dayton)은 "목표를 달성하거나 노력이 인정받을 때, 도전적인 일을 만나거나 책임을 져야 할 때 그리고 개인적 성장을 경험할 때 사람들은 의욕이 생기고 동기를 부여받는다"[16]라고 강조한다. 사람들은 동기를 부여받을 수도 있고 의욕이 꺾일 수도 있다. 행정적 지원이 부실할 때, 감독이 제대로 이루어지지 않거나 미약할 때, 일할 조건이 갖추어지지 않았거나 대인 관계가 서투를 때, 지위와 안정이 보장되지 않을 때 사람들은 의욕을 잃는다.[17]
- **에너지가 넘치는 사람을 찾아내라** 교회에서 가장 열정적인 사람은 누구인가? 이런 사람들과 함께 있으면 힘이 난다. 교회 안의 개인들도 열정적일 수 있지만 그룹도 그럴 수 있다. 그 사람들과 그룹이 누구인지 확인할 필요가 있다. 그들은 중요한 사역에 더 신속하고 창의적으로 반응한다.

- **개인의 필요와 교육 사역의 목표를 연결시키라** 교육 사역은 구체적인 목표를 완수하는 데 관심이 있다. 모든 사람이 같은 과업에 동기를 부여받고 도전받거나, 수행할 능력이 있거나, 부르심을 받지는 않는다. 모든 사람이 과업마다 다 관심을 갖지는 않는다. 이런 관심 부족을 적대감으로 오해해서는 안 된다. 달성해야 할 목표와 이유에 대해 명확한 비전을 갖는 작업이 우선되어야 한다. 교육 사역자는 사람들에게 직분을 맡김으로써 그들의 능력을 인정하는 것이다. 직분과 개인의 은사가 맞아야 한다. 사람들에 대한 정보가 정확해야 그들의 동기를 유발하는 데 도움이 된다.[18]
- **사람들이 자신의 타당한 필요를 인정하고 충족할 수 있도록 도우라** 사람들은 자신에게 도움이 되는 기관에 소속되기를 원한다. 누구나 인생에 틀이 필요하다. 이런 틀은 불안과 변화를 관리하는 데 도움이 된다. 순수한 필요를 확인하는 작업은 특정한 일을 하고, 그렇게 해서 인식한 필요를 충족시키고 싶어 하는 이유를 아는 데 도움이 된다. 사람들은 다양한 이유와 동기로 자원봉사를 한다. 어떤 사람들은 다른 사람들을 순수하게 섬기고 싶어서 자원봉사를 한다. 이런 식으로 평소의 생각을 행동으로 옮긴다. 사람들을 돕고 섬기는 것은 그리스도인의 소명을 실천하는 좋은 방법이다. 그런데 어떤 사람들은 사랑받고 인정받고 싶은 욕구 때문에 자원봉사를 한다. 이런 욕구들은 타당하지만 또한 잘못이기도 하다. 사람이라면 누구나 사랑과 인정이 필요하기에 타당한 욕구다. 그런데 문제는 이런 것이 지배적인 욕구가 되어 감당할 수 없는 일까지 욕심을 낼 경우다.

인정받고 싶은 깊은 갈망으로 인해 인정과 지위를 얻고자 자원봉사를 하는 사람들이 많다. 지위나 세력을 얻기 위해 직분을 받아들이는 경우는 바람직하지도 않고 건강하지도 않다.

어떤 사람들은 본인의 재능과 기술을 활용해 목표를 달성할 때 얻는 만족감이 좋아서 자원봉사를 한다. 그들은 자신이 하는 거의 모든 일에 사명감을 느낀다. 직장 일이든 교회 봉사든 짐으로 생각하지 않고 기쁘게 감당한다. 그들을 움직이는 가장 높은 동기는 하나님을 섬기는 것이다. 그들은 하나님이 그리스도인에게 봉사의 일을 하도록 은사를 주신 것을 안다. 하나님이 그들의 인생에서 하시는 일에 감사하기 때문에 섬기는 것이다. 맥도너프는 "다른 사람을 섬기는 것은 하나님을 섬기는 것이다. 영향을 끼칠 기회로 자기가 받은 직분을 바라볼 때 하나님을 섬기게 된다. 그리고 거룩한 사명을 완수하는 것 역시 하나님을 섬기는 것이다"[19]라고 말한다.

- 사역 팀을 구축하라 사람들은 팀에 실질적인 기여를 하고 있음을 체감하고 싶어 한다. 교육 사역자가 설정한 목표와 계획을 이루기 위해 여러 기독교 교육 모임과 동역할 때 이런 기회가 생긴다. 주일학교 반이나 부서는 팀 사역의 일환이다. 그들이 할당된 과제를 받아들이는 이유는 그 과제가 그들의 능력이나 관심사와 일치하기 때문이다. 의욕적으로 일할 분위기를 조성하기 위해서는 '우리는 하나'라는 인식 혹은 '이 일은 우리 일'이라는 의식이 필요하다.
- 공동으로 의사 결정하는 분위기를 조성하고 실천하라 주인 의식은 프로젝트를 함께 진행할 때 생긴다. "다른 사람의 목표를 이루

는 일은 항상 게으르게 진행된다"라는 옛 속담이 있다. 직접 계획을 세우고 그 일을 이루기 위해 시간과 에너지를 쏟을 때, 보통 그들은 높은 동기 부여를 받는다.

- 직분에 대한 서약을 하라 교육 사역자는 사람들에게 요구되는 기대가 무엇인지 알도록 돕는다. 직분을 맡길 때 서로 간에 권리와 의무에 대한 합의가 이루어진다. 이것은 일종의 계약 체결이며, 이 계약을 통해 실무를 진행할 수 있는 권한을 주고, 과제를 담당할 사람과 그 완료 시점에 대한 기대를 분명히 밝힌다.
- 긍정적인 동기 유발 요인을 사용하라 때로 부정적인 동기 유발 요인은 사람들이 과제나 프로젝트에 참여하는 데 방해가 된다. 교육 사역자는 사람들이 의욕적으로 일하는 데 방해가 될 요인들을 제거하고자 노력해야 한다. 민즈는 다음과 같이 주장한다.

> 진정한 리더는 언제나 긍정적인 말로 격려한다. 그들은 계속 수고를 인정해주고, 감사 엽서를 써서 보내며, 힘들어하는 사람에게 용기를 북돋워주고, 넘어져 쓰러진 사람의 손을 잡아주며, 실패한 사람의 무너진 자존심을 세워준다. 영적 리더는 마음에 용기를 주고, 의욕을 고양시키며, 활기를 북돋워줄 기회를 놓치지 않는다.[20]

조종인가? 설득인가?

동기를 부여하고자 노력하는 이유는 사람들에게 영향을 끼치기 위해서다. 문제는 누가 주도하는가다. 사람들은 유익하다고 생각하는 목표를 스스로 선택하고 있는가? 아니면 리더가 유익하다고 생각하는 목표를 강제함으로써 사람들을 통제하려고 하는가? 이것을 달리 표현하면, 교육 사역자는 조종하는 사람인가? 실현하는 사람인가? 통제가 사람들을 배려하지 않고 목표한 일을 이루는 데만 관심을 갖는다면, 실현은 이와 정반대다. 실현하는 사람은 자기 자신이나 다른 사람들이 저마다 타고난 은사와 재능이 있고, 하나님의 형상으로 창조된 존귀한 인격체라고 생각한다. 또한 사람들이 자신의 가능성을 발견하고 잠재력을 발휘하도록 돕는다. 민즈는 "자신을 믿어주고, 책임을 위임하며, 미래를 가꾸는 일에 함께하도록 누군가에게 요청받는 사람은 엄청난 의욕과 동기를 부여받는다"[21] 라고 말한다. 대부분 사람들에게는 다른 사람을 조종하는 면과 실현하는 면이 뒤섞여 있지만, 대개 한 면이 두드러지게 드러난다. 교육 사역자는 조종하기보다는 실현하는 사람이 되려고 노력해야 한다.

실현하는 사람과 조종하는 사람 사이에서 외줄타기를 하는 것은 매우 힘들다. 교육 사역자는 "결과가 수단을 정당화한다"라는 말에 혹해서 조종하는 사람이 되고 싶은 유혹에 빠질 수 있다. 성공하고 싶은 욕심 때문에 다른 사람들을 교묘하게 통제하고 조종하는 방법을 쓰기 쉽다. 자존심과 자기 명예가 걸린 일이면, 이런 유혹을 뿌리치기가 더욱 어렵다. 사람들이 그 인생을 향한 하나님의 길을 선택하도록 촉구하고 싶은 충동이 강하게 일어날 때 그들은 이런 함정에 빠지기 쉽다. 어떤 대가를 치르더라도 한목소리를 내야 한다고 믿을 때, 교육 사역자는 다른 사람을 조종하는 덫에 취약해질 수 있다.

사람들이 조종이라는 수단에 의지하는 이유는 무엇인가? 근본 문제는 자존심이다. 자존심은 여러 방식으로 표현된다. 권력은 자신의 가치를 입증하는 데 도움이 된다. 그리고 사랑하지 못하는 것도 문제다. 자신을 사랑하지 못하는 사람들은 자신의 가치를 입증하려고 노력한다. 실패에 대한 두려움도 영향을 미친다. 어떤 사람은 무슨 일이든 자신이 주도하려고 한다. 그래야 조종이라는 수단을 사용할 수 있기 때문이다. 상처받을 수 있다는 두려움도 이유로 작용한다. 어떤 사람은 조종이라는 방법으로 자신의 불안감을 보호한다.[22] 맥도너프는 이렇게 결론짓는다.

> 자존감이 없는 사람은 다른 사람을 조종하는 행동 방식에서 벗어나기가 매우 어렵다. 어떤 영역에서든 불안감으로 괴로워하지 않는 사람은 거의 없기 때문에 실현하는 사람으로서 행동하려면 끊임없이 자신을 성찰하고 자신이 몸담고 있는 환경을 살펴보아야 한다.[23]

누구나 동기 부여를 받는다. 사람들이 가치 있는 목표로 동기 부여를 받도록 돕는 것이 실현하는 사람의 역할이다. 동기는 내면에서부터 시작된다. 자기 행동은 리더가 아닌 본인이 책임을 져야 한다. 리더의 기본 임무는 사람들이 동기를 갖도록 풍토를 조성하는 것이다.[24] 동기는 내면에서 생기는 것이므로 교육 사역자는 필요를 충족시켜서 사람들이 기쁨과 온전함을 회복하는 풍토를 조성하고자 노력해야 한다. 맥도너프는 이런 분위기를 다음과 같이 설명한다.

> 안정감, 팀워크, 인정과 격려가 있을 때 사람들이 동기를 부여받고 의욕적으로 일할 수 있는 환경이 조성된다. 그러나 도전은 역

동성의 원천이 된다. 사명을 언어로 표현할 수 있고 확신에 찬 신념으로 인도할 수 있는 비전형 리더들은 의욕적으로 일할 도전적 환경을 제공한다.[25]

그리스도인의 삶에는 자기 한계를 뛰어넘게 하는 성령의 능력이 역사한다. 맥도너프는 이렇게 지적한다.

성령은 동기 부여 과정을 바꾸어주시지 않는다. 사람은 욕구로 지속적인 동기 부여를 받는다. 성령은 그 욕구를 사용해 일하시되, 개인의 동기 부여의 질적 수준을 높이는 방법을 사용하신다. …사람은 욕구를 좇는 생물이다. …성령이 우리 안에 거하시면 이런 자기중심성에서 벗어날 수 있다. 그리스도인은 그리스도를 영접하기 전에는 몰랐던 안정감, 사랑, 존중의 능력과 사명감으로 행할 능력이 있다.[26]

15

신학자

제니퍼는 젊은 부부가 많이 출석하면서 빠르게 성장하고 있는 교회에서 교육 목사로 섬기고 있다. 그녀는 신학교에서 신학 공부를 즐겁게 했고, 여전히 이 분야의 책을 탐독하고 있다. 그리고 교인들에게서 종종 신학적인 질문을 받는다. 주로 "당신은 무엇을 믿나요?" 혹은 "하나님이 어디 계시나요?"와 같은 질문이다. 부모들과 주일학교 리더들은 자녀에게 구원에 대해 어떻게 가르쳐야 하는지, 그리스도인이 된다는 것이 무엇인지를 묻는다. 죄 용서, 은혜, 믿음, 고통과 고난의 문제와 관련된 질문도 많이 받는다.

신학교에서 공부한 내용만으로는 이런 질문들에 충분히 답하기가 어렵다. 기독교 신앙의 주요 교리를 알고, 기독교 교육에서 다루는 신학적 주제들을 알고 있으며, 신학이 기독교 교육 방법론에 어떤 영향을 미치는지도 배웠다. 그러나 기독교 교육 프로그램으로 기독교 신앙을 적절히 해석해줄 수 없을 때 종종 당혹감을 느낀다.

이제 교육 사역자의 역할이 또 하나 추가되는데, 바로 신학자의 역할이다. 오랫동안 나는 기독교 교육 신학을 연구해왔다. 기독교 교육에서 다루어야 할 신학적 주제들을 소개하는 자료는 많이 있다. 신학이 교육 방법론에 미치는 영향을 다루는 책들도 있다. 하지만 기독교 교육 신학을 다룬 책은 전무하다. C. 엘리스 넬슨(Ellis Nelson)은『종교교육의 변화하는 양상』(*Changing Patterns of Religious Education*)에서 교육 사역자를 신학자로 묘사한다.[1] 다니엘 알레셔(Daniel Aleshire)는 1988년 한 모임에서 이 분야에 대한 내 생각을 더욱 담금질해주었다.

신학자는 하나님이 하시는 일을 이해하고 선포하는 일에 힘쓰기 때문에 그리스도인이라면 누구나 신학자라 할 수 있다. 종교 리더들과 사역자들은 사람들이 그들의 신학과 신학적 결론을 더욱 명료화하도록 돕는 역할을 한다.

교육 사역자에게 신학자의 역할을 부가할 경우 몇 가지 문제가 생긴다. 일반적으로 교육 사역자는 업무 부담이 많고 다양한 역할을 해야 한다. 일부 신학교에서 기독교 교육 전공자는 2년제 아니면 3년제 중 하나를 선택한다. 4년제 이상일 경우에는 신학과 성경 공부를 추가로 한다. 어느 경우든 교육 사역자는 신학적 소양을 갖추는 훈련을 한다. 하지만 커리큘럼, 교육 심리학, 인간 발달, 교육학과 같은 다양한 교육 관련 학문을 뒤처지지 않도록 끊임없이 공부해야 한다는 압박감을 느끼는 교육 사역자들이 또 다른 학문인 신학을 다양한 교리와 해석 방식과 함께 공부해야 한다는 것은 쉬운 일이 아니다.

가르치고 양육하는 과정에서 신학적 문제들이 수시로 발생한다. 설교자는 이런 문제들을 회피하거나 이에 대해 설교하지 않을 수 있다. 그러나 교육 사역자에게는 이런 선택권이 없다. 교과 과정에서 신학적 주제들이 꾸준히 거론된다. 아이들이 주님 안에서 성장할수록, 그들은 그리스도에 대한 믿음의 고백과 함께 회심, 회개, 믿음과 관련된 질문을 한다. 이것은 모두 회심이라는 특별한 순간에 필요한 과정이다. 아이들과 학부모들 그리고 그들을 섬기는 리더들에게 지도와 가르침이 필요하기 때문에 교육 사역자는 이런 문제를 끊임없이 다루어야 한다. 아이들과 청소년들은 교육 사역자에게 신학적인 질문을 하고 대답을 기대한다. 가족이나 친구 심지어 애완동물이 죽어도 신학적 의문이 생긴다. 인생은 본질적으로 신학적이다.[2]

교육 사역자들은 초기에 심리학과 교육학을 중점적으로 배웠다. 종교교육 전공 학생들에게 성경, 역사학, 신학은 선택 과목이었다. 그들은 이른바 '실천 신학'을 전공했다. 이런 과정은 기독교 신앙의 본질보다는 기능에 더 비중을 둔다. 먼로는 기독교 교육 사역자들이 방법뿐 아니라 내용면에서도 제대로 훈련되어야 함을 보았다. 그는 교재 개발자와 교사가 성경과 역사와 신학에 관한 제대로 된 지식을 갖추어야 한다고 생각했다. 그는 이렇게 믿었다.

> 교회의 교육 사역자로 섬기는 종교교육 책임자는 설교 사역자와 담임목사 못지않게 구약과 신약에 대해서도 제대로 된 훈련을 받아야 한다. 역사, 문학, 신학, 교회사, 기독교 교리, 기독교 예배와 실제의 원리라는 관점에서 성경을 보는 훈련을 해야 한다.[3]

신학자가 되기 위해 성경 신학과 역사 신학에 대한 지식이나 전통적인 기독교 교리를 확인하고 설명할 수 있는 능력만 필요한 것이 아니다. 신학자는 세계와 일상의 경험을 신학적으로 사유할 능력이 있어야 한다. 신학자가 되고 싶지 않아도 신학자가 되어야 한다.

1940년대에 이미 일부 교육자는 신학적 사고 능력이 기독교 교육자가 갖추어야 할 중요한 자질 중 하나라고 생각했다.[4] 1940년에 해리슨 엘리엇(Harrison Elliott)은 『종교교육이 기독교적일 수 있는가?』(*Can Religious Education Be Christian?*)라는 책을 출간했다. 이 책에 대한 응답으로 그 다음 해에 H. 셸턴 스미스(Shelton Smith)가 『기독교적 양육』(*Christian Nurture*)을 출간했다. 엘리엇은 종교교육이 단순히 교리를 전달하는 역할로 끝나서는 안 된다고 주장했다. 교육이라는 경험을 바탕으로 그 자체의 신학을 해야 하며, 전체 신학에 기여해야 한다고 주장했다. 스미스는 현대 종교교육이 존 듀이(John Dewey)의 사상을 맹목적으로 추종한다고 비판했다. 그렇게 함으로써 정통 기독교 신앙의 본질을 상실했다는 것이 그의 주장이었다. 그는 종교교육이 성경의 기본 교리를 가르치는 것이고, 종교교육을 신학 자체가 아니라 신학을 가르치는 수단으로 여겼다. 이 두 책은 논쟁을 촉발했고, 종교교육 이론이 발전하는 데 많은 영향을 끼쳤다.

1960년대에 종교교육자들은 '교사이자 신학자'가 되었다. 퍼니시(Furnish)는 이렇게 말한다.

> 교회 교육 책임자는 종교교육을 신학적 시각으로 혹은 조직, 방법, 프로그램의 관점에서 접근해야 한다는 도전을 받았다. 교회의 본질과 세상 속에서 그 사명의 핵심을 이해하도록 교회를 돕게 되면서 교회 교육 책임자가 신학적 과업을 수행한다는 인식이 생겼다.[5]

퍼니시의 지적은 현실적이라기보다 다소 이상적이다. 심지어 오늘날에도 일부 교단에서는 여러 다른 임무를 부여할 목적으로 커리큘럼 저술가를 선택한다. 어떤 이는 할당받은 성경 내용을 기초로 교과서의 내용을 준비한다. 어떤 이는 교수 · 학습 절차를 작성한다. 신학적으로나 학문적으로 수업의 내용과 학습 절차를 모두 작성할 준비를 했다고 해도, 퍼니시가 말한 일은 거의 일어나지 않는다.

어떤 이들은 기독교 교육이 기독교 신앙의 핵심 메시지를 등한시하고, 교육 기법과 방법에 치중한다고 생각한다.

신학과 기독교 교육

신학자와 교육자는 기독교 교육에서 신학이 차지하는 위치에 대해 토론을 벌인다. 윌리엄스(Williams)는 이렇게 강조한다. "그러므로 신학은 완전히 독립된 하나의 학문으로 기독교 교육에 포함되는 것이 아니다. 신학은 기독교 양육과 관련된 이러한 활동들을 반영해야 한다."[6] 토론의 쟁점은 신학이 기독교 교육의 일부인지가 아니다. 기독교 교육으로 어떤 신학을 가르치고 어떻게 가르치는지가 핵심이다.

리틀(Little)은 신학과 교육의 관계에 대해 5가지 시각을 소개한다.[7]

- 신학은 교육의 내용이다 신학은 종교적 신앙, 실천, 경험에 대한 이성적 해석이다. 그러므로 신학은 신앙 공동체에 공통의 언어와 이해를 위한 기반을 제공한다. 신학을 무시하면 공동체는 그 정체성과 사명감을 상실하게 된다. 가르침이 목표가 아니다. 신학은 의미를 탐색하는 작업을 거쳐 삶에 적용되어야 한다.

- 신학이 기준이다 교회 사역자들이 신조나 신학적 진술을 배워야 할 과목으로 미리 정하면, 그것이 그들에게 일종의 기준으로 작용한다.

> 교육 사역자는 말하자면 신학자의 입장에 서서 미래를 위해 과거에 진행되었거나 현재 진행되고 있는 교회의 교육 행위에 대한 실태를 분석하고 평가하는 중요한 일을 해야 한다. 신학은 교육 내용과 방법론에 대한 준거점으로 기능하기 때문에 일종의 규범 역할을 한다.[8]

- 신학은 교육과 상관없다 이 시각은 앞의 두 시각과 완전히 상반된다. 이 시각은 교육 자체가 필연적으로 종교적이라는 주장을 견지한다. 교육의 목적은 개인의 성장과 진리 탐구다. 교육은 목적을 위한 수단이므로 신학과 상관이 없다. 수단과 목적의 관계에 대한 고찰은 중요하지 않다. 교육은 독립적이다.
- 신학을 하는 것이 곧 교육이다 이 시각은 하나님이 인간 역사에 여전히 적극 개입하신다는 가정을 근거로 하며, 신학을 하는 것이 교육을 하는 것이라는 입장이다. 교육받고 싶은 사람이 있다면 "세상에서 일어나는 사건들의 의미와 하나님의 현존하심과 과거에 있었던 하나님의 역사와 미래에 대한 하나님의 뜻을 물어야"[9] 한다.
- 교육은 신학과 나누는 대화다 각 학문에는 고유의 기능이 있다. 신학은 사회학, 심리학, 인류학 등과 서로 관련이 있다. 각 학문은 다른 학문에 영향을 끼치고 호응한다. 리틀은 이런 접근 방

식을 다음과 같이 요약한다.

> 교육 과제에 대한 결정은 대화로 이루어지며, 신학적 혹은 이론적 진술의 '적용'으로 이루어지지 않는다. 대화가 지속되기 때문에 결정도 끊임없이 수정된다…특정 학문의 의미는 결정을 내려야 할 상황과 성격에 따라 달라진다. 그러므로 교육에 대해 합의하는 접근법이 필요하다.[10]

리틀은 이렇게 고전적인 5가지 신학적 시각을 설명한다. 첫 번째 시각은 신학이 인지적 과정이라는 주장이다. 맞는 말이지만 이것이 전부는 아니다. 두 번째 시각은 신학을 이용해 교회의 신조들을 판단한다는 것이다. 우리는 신학적 진술을 배운다. 세 번째 시각은 교육이 신학과 무관하다는 것인데, 그래서 고려할 대상이 아니다. 기독교 교육은 교리적인 선언과 신조들을 고려해야 한다. 네 번째 시각은 세상에서 일어나는 일들의 의미와 목적에 대해 질문하는 것이다. 다섯 번째 시각은 교육이 신학과 나누는 대화라고 본다. 교육 사역자들이 신학자의 역할에 더 충실하도록 돕기 위해 네 번째와 다섯 번째 시각을 절충할 수 있다.

신학과 교육을 분리할 필요는 없다. 윌리엄스는 이렇게 지적한다.

> 모든 기독교적 실천은 예수 그리스도로 인격화된 하나님의 말씀으로 믿음의 궁극적 자원과 필연적 관계를 유지해야 한다. 또한 신학으로 기독교 양육 활동을 통해 하나님의 말씀을 적용할 때 얻는 특별한 통찰을 전적으로 강조해야 한다.[11]

교육 속의 신학

신학과 교육 방법론은 직접 관계가 있는가? 기독교 교육에서 신학의 용도는 무엇인가? 교육은 단순히 방법론에 국한되지 않는다. 넬슨(Nelson)은 "교육은 보다 성숙한 사람이 미숙한 사람을 양육하고 돌보며 인도하는 과정이다"[12] 라고 말한다. 어떤 기독교 교육은 계획적인 활동으로 이루어지지만 비공식적 관계에서 이루어지는 교육도 있다. 기독교 교육은 삶의 한가운데서 믿음을 공유하는 것이다. 넬슨은 "예수 그리스도에 대한 믿음을 고백하는 모든 사람은 신학자인 동시에 교육자다"[13] 라고 결론을 내린다.

신학자로서 교육자

사역자와 교육자는 그들의 믿음을 전하면서 해석하는 일을 하기 때문에 신학자라고 할 수 있다. 그들의 신학은 얼마나 타당한가? 신학자로서 교육자의 적합성은 신학자의 신학에 대한 적합성을 판별할 때와 같은 기준을 적용한다. 넬슨은 "신학에 대한 교육자의 일차 관심사는 하나님에 대한 믿음을 다른 사람들에게 설명할 적합한 신학이 있는가다"[14] 라고 말한다. 교육자가 어떻게 신학자의 역할을 하는가의 문제는 아주 중요하다. 어떤 사람은 신학을 '그리스도인들이 믿어야 할 것', 곧 암송하고 배워야 할 교리라고 생각한다. 이렇게 해서 신학이 개인에게 전달되고 수용된다. 교육자들은 이렇게 그들의 행위를 교리와 연결하는 식으로 교리를 활용한다. 교육자 스스로 자신을 신학자로 인식한다면, 신학은 개인적 차원의 것이다. 즉 신학을 받아들여야 할 학문이 아니라, 자신이 참여하는 인생의 한 과정이자 사고 활동으로 여기는 것이다. 해리스는 이렇게 언급한다.

> 신학과 인간 생활의 종교적 특성들은 상호 보완적인 관계로 인식되는 경향이 있다…종교적 인간으로서 개인들의 존재는 공동체의 다른 이들이 서로를 향한 종교적 태도를 비슷한 방법으로 드러내도록 촉진하는 경향이 있다.[15]

신학자는 이미 있는 교리를 검증한다. 교육자는 경험을 검증하여 교리를 자신의 것으로 받아들이거나 자신이 하나님에 대해 이해하는 바와 일치하도록 그것을 수정한다. 사람은 신학의 기준이 아니다. 교회 신학은 오랜 시간에 걸쳐 형성되었다. 신학이 확정적인 이유는 성경과 부합하고, 많은 사람이 진리로 받아들이기 때문이다. 사람들은 저마다 자신의 신앙에 대해 하나님께 책임을 져야 한다. 규범화된 신학은 개인들이 그것을 이해하고 인생의 구체적인 사건과 연관 짓지 않는 이상 단순한 선언문에 지나지 않는다. 넬슨은 "교육자는 신학으로 생과 사를 조명하도록 관계 맺는 작업을 도와야 한다"[16] 라고 말한다.

교육자가 다른 사람들에게 하나님에 대한 믿음을 설명하기 위해서는 적절한 신학이 필요하다. 그런 신학이 있다는 것은 믿음을 다른 사람들에게 전할 충분한 확신이 있다는 뜻이다. 또한 교육자의 생활 방식을 보면 그들이 믿음을 어떻게 생각하는지 읽을 수 있다. 그들의 인격과 믿음의 모든 면이 삶으로 나타난다. 교육자는 계속 배우고 읽으며 신학자들과 교류할 뿐 아니라 성령의 인도하심에 열려 있어야 한다. 신학은 관념적인 면이 있지만 그 진리는 행동으로 통합되어야 한다. 넬슨은 신학자로서 교육 사역자의 긍정적인 면과 부정적인 면을 설명한다.

> 인생의 의미를 찾아 믿음으로 씨름하는 교육 사역자는 학생들에게 살아 있는 모범이 된다. 믿음에 대해 스스로 사유하기를 거부하고 사람들이 이전에 사유해서 정리한 진술을 단순히 소비하는 교육자는 학생들의 신앙생활에 방해가 된다.[17]

인생의 신학적 본질을 인식하기란 쉽지 않다. 마찬가지로 교육자들이 신학자가 되는 것도 쉽지 않다. 종교에 대해 사유하기 위해서는 사람들이 지금까지 사유한 내용과 성경 저자들이 가르친 교리를 알아야 한다. 또한 다양한 시각을 표현하고 검증하며 심지어 의심할 수 있는 환경에서 생각과 삶을 통합하는 노력도 필요하다. 이런 과정은 시간이 걸린다. 단기간에 결론을 내릴 수 있는 문제가 아니며 몇 개월이나 몇 년이 걸릴 수도 있다. 모든 사람이 연령별로 제자 훈련을 받는 프로그램이 이 일에 도움이 될 수 있다. 교육자는 신학적 주제와 교회 교리에 대해 지속적인 토론이 이루어지도록 지원한다. 이렇게 함으로써 사람들이 삶을 헤쳐나가는 데 꼭 필요한 중요한 믿음의 기초를 세울 수 있다.

기독교 교육자들은 신학적으로 더 깊이 사고해야 한다. 브라우닝(Browning)은 그 중요성을 이렇게 서술한다. "기독교 종교교육은 실제로 신학적 반성이 이루어지는 공동체에 들어갈 수 있는 사람들을 길러내고, 그 반성을 통해 행동에 참여하는 데 목적을 둔 실천 신학의

한 과정으로 이해해야 한다."[18] 신학생들은 신학적으로 성찰하는 법을 배운다. 이것은 누군가 모범을 보여줄 때 가장 잘 배우게 될 것이다. 그렇다면 교육자가 신학자가 되기 위해 신학적 사유가 필요한 부분은 무엇인가?

1. 개별적인 신도이자 교회인 하나님 백성의 일원으로서 자신의 목적을 생각하라. 알레셔는 이렇게 말한다.

> 믿음의 신자들이 배울 때 교육의 본질과 믿음의 본질이 연결된다. 그들은 하나님의 창조 비전을 발견할 뿐 아니라 하나님을 알게 된다. 하나님을 알게 될 뿐 아니라 서로를 알게 된다. 그리고 서로를 알게 될 때 사귐이라는 선물을 경험한다.[19]

사람들이 교회의 교육 사역에 적극적으로 참여하면, 교육자들은 성공했다는 자부심을 느끼게 된다. 신자들이 발전하도록 격려하는 일이 그들의 과업이기 때문이다. 그 과정에서 반드시 "믿는다는 것은 무엇을 의미하는가?"라는 신학적 질문을 해야 한다. 알레셔는 이렇게 말했다.

> 기독교 신앙은 신뢰, 생각, 느낌, 행위의 조합이다.
>
> **신뢰:** 이것은 믿음을 규정하는 두 가지 방식과 관련이 있다. 먼저 명제들을 포함하여 우리가 '믿을 수 있는 것'이 무엇인가다. 둘째로 우리가 근본적으로 '신뢰하고 확신할 수 있는 대상'은 무엇인가

다. 교육 사역자는 교육 대상자의 이런 신뢰와 믿음이 자라날 수 있도록 교육해야 한다.

생각: 우리 믿음의 명제적 내용은 중요하다…내용이 차이를 만든다. 우리는 내용의 발전이 있도록 교육해야 한다.

느낌: "너는 마음을 다하고 뜻을 다하고 힘을 다하여 네 하나님 여호와를 사랑하라"(신 6:5). 느낌, 즉 감정은 신앙 경험의 일부로 교육하고 육성해야 한다. 예를 들어 중학생들은 처음 경험하는 사춘기 감정을 처리하는 법을 배워야 한다. 신자들 역시 자신의 감정을 다루는 법을 배워야 한다.

행위: 우리 믿음에는 행위적 측면이 있다. 신앙 경험의 다른 영역들을 교육하고 육성할 때와 달리, 신앙의 행동적 측면을 교육하는 방법이 있다. 한 예가 십일조다.[20]

2. 기독교 교육자의 역할을 할 때도 신학적 사유가 이루어진다. "기독교 교육은 '독립된 별개의 학문'이 아니다. 기독교 교육은 실천 신학의 일부로 이해해야 한다."[21] 신학적 학문들은 통합적으로 배워야 한다. 실천 신학은 목회 훈련, 목회 돌봄과 설교, 교육적 훈육, 교육과 행정이 포함된다. 알레셔는 이렇게 말한다.

실천적이라고 해서 실용성에 치우쳐서는 안 된다…신학이라고 해서 사상적인 것에만 치우쳐서도 안 된다. 기독교 신앙의 육화된 진리는 생명, 사랑, 열정, 의미와 관련이 있다. 이런 것들은 어느 것도 100퍼센트 사고 활동에 국한되지 않는다. 진리, 즉 기독교 전통에서 진리는 세상 속에서의 삶으로 점검되고 지도받아야 한다. 교회의 교육 사역은 교회의 가르침을 떠나서는 아무 가치가 없다. 그리고 교회의 가르침과 신학은, 교회의 가르침으로 인생을 형성한 사람의 고통, 상처, 결핍, 희망, 상처와 무관하게 순수한 사상으로만 존재할 수 없다.[22]

3. 교육 방법 역시 신학적 사유의 주제다. 알레셔는 이렇게 지적한다.

교육에 대한 접근 방식은 단순히 교육 방법 자체가 아니라 우리가 정경을 어떻게 이해하는지에 영향을 받는다. 있는 그대로 수용해야 하는 것들이 있다. 예를 들어 토라(Torah)는 여호와의 말씀이다. 교리문답으로 토라를 가르친다. 케리그마(Kerygma)가 있다. 이것 없이는 복음서의 중심 내용을 알 수 없다. 또 경험해야만 하는 것들도 있다. 예언은 우리를 뒤흔들고 책망하는 하나님의 말씀을 말한다. 예언은 우리가 어떤 존재고, 하나님이 맡기신 책무를 어떻게 이행하고 있는지 알려주며, 하나님이 맡기신 은혜에 대해 말한다. 이성적으로 사유해야 할 것들도 있다. 성문서에는 우리의 이성적 판단이 필요한 부분들이 있다고 나온다. 이것은 '여호와께서 이같이 말씀하시되'가 아니라 '이것이 지혜로워 보이도다'는 식으로 소개된다. 교육 방법은 믿음에 대한 이해를 바탕으로 한다. 여기서 믿음은 집단의 믿음이 아니라 개인의 믿음이다. 믿음의 공동체는 단순히 프로그램으로 움직일 수 있는 기관이 아니다.[23]

올바른 신학적 해답에 이르지 못할까 봐 불안해서 신학적 질문을 하라고 권장하지 않는 이들이 있다. 획일성을 추구한다면, 그 교육자는 교회가 특정 교리에 대해 가르치도록 강요했던 사건들을 옹호하는 셈이다. 이것은 자신의 유산을 고집하는 것이다. 시간을 두고 사려 깊은 안내를 받는 가운데 토론을 진행하면, 반드시 더 다양한 해답이 나온다는 보장은 없지만, 피상적이고 얕은 생각들과 이전의 인상은 바꿀 수 있다. 그리고 사람들에게 더 적절한 신학적 확신이 생긴다. 신학적으로 다양하다고 해서 반드시 새로운 것은 아니다. 신약성경에서는 예수님이 하나님의 아들이라고 주장한다. 그러나 사복음서에서는 각기 다른 방식으로 예수님을 제시하고 있다. 사람들이 하나님에 대한 진리와 하나님의 뜻을 추구할 때, 논쟁은 진리에 도달할 오래된 방법으로 유용하게 활용될 것이다.[24]

신학적 질문 제기

많은 사람은 신학적 윤리가 기독교 교육의 이해에 필수라고 느낀다. 두 종류의 질문이 제기될 수 있다. '규범 중심'의 질문은 사람의 의무에 초점을 맞춘다. 이런 질문은 개인의 의무나 도덕적 의무와 관련이 있다. '덕성 중심'의 질문은 선한 사람의 본질과 도덕적으로 올바른 품성, 동기, 덕성의 본질을 밝힌다.[25] 이른바 덕성의 학문이다. 이 학문은 행복을 얻기 위한 기술이자 수단이다. 행위의 적절한 목적으로서 행복의 개념을 다룬다. 기독교 교육 분야에서는 누가, 언제, 얼마나 많이, 얼마나 자주 배우는가와 같은 질문을 해야 한다. 하지만 더 중요한 질문이 있다.

> 그것은 바로 선한 사람의 본질과 선한 품성과 덕의 성격에 대한 덕성 중심의 윤리적 질문이다…기독교 종교교육의 핵심 목표가 기독교적 인격을 함양하는 데 있다면, 덕성을 중심으로 하는 질문을 다루는 기독교 윤리가 가장 중요하다.[26]

브라우닝은 교회의 윤리적 과제에 대한 혼란이 기독교 종교교육을 실천 신학의 핵심 분야와 신학적 윤리의 핵심 하위 분야로 삼지 못한 데서 비롯한다고 생각한다. 그는 "기독교 윤리의 중심 목표는 교인들을 실천 신학 사상가이자 행위자로 길러내는 데 있다"[27]라고 말했다.

브라우닝은 다섯 가지 차원의 실천적인 도덕적 사고가 있다고 주장한다. 이런 차원은 신학자로서 기독교 교육자에게 의미 있는 5가지 기본 질문으로 연결된다.

> 우리는 어떤 세상에 살고 있는가? 우리는 무엇을 해야 하는가? 타고난 본성 때문에 인간이 만족하려는 기본 성향과 필요와 가치는 무엇인가? 현재의 문화적, 사회학적, 생태학적 맥락은 어떠하며 우리의 행동에 어떤 제약을 주는가? 우리가 따라야 할 구체적인 원칙과 역할은 무엇인가?[28]

신학적 윤리와 기독교 교육의 상관성

실천 신학에서는 신학 윤리와 기독교 교육을 고찰한다. 즉 신학 윤리와 기독교 교육의 원리와 특성을 모두 다룬다. 기독교 윤리와 기독교 교육의 과제는 기독교 이야기의 특성에서 얻을 수 있는 효과를 구분하고 내면화하는 것이다. 어느 것도 도덕적 의사 결정의 문제가 주된 것은 아니지만 결과적으로 이 문제를 수반한다. 실천 신학의 한 분야로서 기독교 윤리는 그리스도인이 되는 것의 의미를 이해하고 그리스도인으로서 합당한 성품을 개발하도록 돕는다. 실천 신학의 한 분야로서 기독교 윤리는 사람들의 인격 형성 문제를 다룬다. 이것은 기독교 공동체라는 배경 속에서 기독교적 이야기의 온전한 의미를 적합하게 할 때 이루어진다.[29]

담임목사와의 관계

어떤 이들은 교육 사역자의 신학 훈련이 담임목사와의 갈등을 유발할 것이라고 생각하지만 사실은 정반대다. 퍼니시는 이렇게 지적한다.

> [종교교육] 책임자가 신학과 성경에 대해 더 많은 지식을 소유할 때 담임목사는 교회의 전체 프로그램을 더 많이 위탁할 뿐 아니라 종교교육에 대한 그들의 전문성을 더 흔쾌히 인정하는 것으로 보인다.[30]

교육 사역자들이 전문 훈련을 받았음이 인정될수록 담임목사는 그들을 더 깊이 신뢰했다.

신학자 되기

교육 사역자에게 신학은 선택사항이 아니다. 사역의 성격상 그들은 꾸준히 신학적 개념들을 다루어야 한다. 신학자가 되도록 요청받을 뿐 아니라 또한 다른 사람들도 신학자가 되도록 훈련해야 한다. 사람들의 신앙이 성장하도록 돕는다는 것은 신학자의 역할을 한다는 뜻이기 때문이다.

많은 교육 사역자가 사역하는 과정에서 자연스럽게 신학자의 역할을 한다. 이제는 그들이 계획적이고 의도적으로 신학자가 되었고, 교회 안에서 그들이 하고 있는 사역의 일차 기능이 본성상 신학이라는 것을 인정해야 한다. 많은 사람이 의도적으로 노력하지 않아도 신학자의 역할을 계속하게 될 것이다. 하나님의 백성들이 세상 속에서 역량을 발휘하며 살도록 훈련하는 역할을 계속하는 한 교육 사역자는 신학자의 역할을 한다. 신학은 교육 사역에 추가된 차원이 아니라 교육 사역을 규정하는 필수 요소다.

3부

교육 목사가 다루어야 할 관계

3부에서는 교육 사역자가 맺는 여러 관계를 세 영역, 즉 영적 관계, 가족 관계, 다른 교역자와의 관계로 나누어 살펴볼 것이다.

16장에서는 교육 사역자의 영적 관계를 살펴본다. 교육 사역자가 하나님과 맺는 적극적인 영적 관계를 다룬다. 또한 그들이 하나님과 의미 있는 영적 관계를 유지하도록 도울 수 있는 방법을 소개한다. 교육 사역자가 강하고 인격적이며 영적인 기초를 유지할 때만 신자들이 삶 속에서 영적 힘을 발휘하도록 도울 수 있다.

17장에서는 가족 관계를 다룬다. 이 관계는 하나님과의 관계 다음으로 중요하다. 자신과 가족을 우선순위에 놓아야 더 나은 교육 사역을 할 수 있다.

18장에서는 다른 교역자들과 어떻게 원만한 관계를 유지할지를 다룬다. 교육 사역자는 담임목사와 원만한 관계를 맺어야 하며, 다른 교역자들과 한마음으로 사역해야 한다. 이런 사역이 가능하려면 개인적 훈련이 필요하고, 교역자 집단의 협력하는 노력도 필요하다.

16

영적 관계

예전에 전국 교육 사역자 모임에 참석했을 때였다. 예배 인도자가 참가자들에게 최근에 하나님의 임재를 경험한 이야기를 나누어달라고 요청했다. 나는 인도자의 요청에 화들짝 놀랐다. 인정하기는 싫었지만, 그 당시 나는 영적으로 완전히 고갈된 상태였기 때문이다. 내가 영적 가뭄에 시달렸던 이유가 나름 있었다. 노모를 돌보느라 가정에서 받는 스트레스가 만만치 않았다. 또 신학교에서도 과중한 임무를 떠맡고 있었다. 변명을 하라면 얼마든지 할 수 있었다. 하지만 솔직히 말해 그것은 결국 나의 신앙생활을 돌아볼 시간을 갖지 않았기 때문에 벌어진 일이다. 사역자는 거의 대부분 신앙생활의 활기와 열정을 잃어버리고 가뭄에 시달리는 시기를 경험한다.

교육 사역자는 다른 사람들의 신앙생활을 지원하고 돌보는 데 너무나 많은 시간을 쏟다가 정작 자신의 신앙생활은 소홀히 할 위험을 늘 안고 있다. 교회에서 종교적인 일을 하고 다른 사람들을 돌보느라 바쁘다고 하나님과의 영적 관계가 저절로 좋아지지는 않는다. 교육 사역자는 사역자로서 역할에 우선순위를 둘 수 있지만, 누구에게든 가장 중요한 관계는 주님과의 관계다. 모슬리(Mosley)는 동심원을 이용해 교육목회의 우선순위를 설명하면서 이 관계의 중요성을 드러낸다. 중요한 순서대로 우선순위를 소개하면 (1) 하나님과의 관계 (2) 배우자와의 관계(혹은 미혼자와의 관계) (3) 부모 혹은 자녀와의 관계 (4) 교인들과의 관계 (5) 고용된 사람들과의 관계 (6) 지역 공동체와의 관계다.[1]

이 모델을 보면 네 가지 원리가 드러난다. 첫째, 내부에서 외부 순으로 우선순위가 매겨진다. 제1 우선순위는 원의 중앙에 있는 하나님과의 관계다. 각 원은 내부에서 외부로 이동하고 바로 다음 원에 영향을 미치며, 안에서 바깥으로 행동 통제가 일어난다. 모슬리는 "심장이 혈액을 펌프질해서 온몸에 에너지를 공급하고 깨끗하게 하는 것과 마찬가지로 사역의 중심에 있는 우선순위가 나머지 바깥의 모든 우선순위에 생명과 에너지를 공급하고 지원하며 되살린다"[2]라고 말한다. 예수 그리스도와의 관계가 제대로 되어야 사역자의 삶과 사역이 통합된다. 이 관계를 소홀히 한다면, 다른 우선순위에 아무리 관심을 쏟아도 사역자는 제대로 잠재력을 발휘하거나 유지하지 못한다. 나머지 원들의 우선순위가 제대로 되어 관계가 바르게 정립되기 위해서는 내부에서부터 외부로 결속이 이루어져야 한다.

둘째 원리는 내부의 원이 약할 경우, 그 바깥 원들의 잠재력이 제한을 받는다는 것이다. 모슬리는 "내부 원이 외부 원의 토대 역할을 하기 때문에 내부 원에 적절한 관심을 기울이지 않는 사람은 어리석다"라고 지적한다.

셋째 원리는 외부의 원이 내부의 원보다 우선순위를 차지할 때 문제가 생긴다는 것이다. 외부의 원에 우선순위를 부여하고 그 일을 잘해내면 높은 우선순위의 영역들이 실패하지 않는다고 생각하는 사

역자들이 있다. 그러나 내부의 원을 무시하면 외부 원들은 반드시 약해진다.

넷째 원리는 우선순위를 제대로 지켜야 사역자가 삶에서 더 큰 만족감을 누릴 수 있다는 것이다. 그리고 사역에서도 더 큰 성공을 경험하게 될 것이다.

> 이 원리는 신분과 사역의 중요성 사이에서 균형을 유지하기 위한 시도다. 외부의 인정은 거의 대부분 우리가 하는 사역에서 얻게 되므로, 외부의 인정을 얻을 수 있는 사역 영역에 지나치게 시간과 에너지를 쏟을 위험성이 있다. 내면의 확신은 우리 상태가 어떤지에 따라 결정하며, 우리 사역으로 대중에게 인정이나 칭찬을 받지 않더라도 우리를 지탱하고 격려하는 힘이 돼준다.[3]

이 원리는 특히 교육 사역자에게 중요하다. 보통 교육 사역자는 사람들에게 공개적으로 인정받을 기회가 별로 없기 때문에 개인적인 만족을 얻는 영역에 더 많은 시간과 에너지를 쏟는 경향이 있다. 이런 태도는 시간을 제대로 혹은 효과적으로 활용하는 방법이 아니다.

교육 사역자들은 가치를 명확히 하고 우선순위를 정한 후 그 순위에 따라 살 때 성장하며 기쁨을 누릴 수 있다. 모슬리는 이렇게 말한다. "이렇게 하면 속사람이 성장하고 결혼 생활, 부모 역할, 교회 구성원으로서 역할, 직업, 책임 있는 시민으로서 역할을 더 효과적으로 수행할 수 있는 더 확실한 기초가 만들어져 성장의 기쁨을 누릴 수 있다."[4]

개인적 신앙의 우선순위

많은 사역자가 교회를 그들의 삶에서 가장 중요한 우선순위로 삼는다. 오코너(O'Connor)는 영적 관계의 중요성에 대해 사역자들에게 경고한다.

> 우리는 이 시대에 새로운 교회 조직을 만드는 데 매진하라고 부르심을 받은 것이 아니다. 봉사 프로그램에 헌신하거나 꿈을 꾸고 비전을 품는 데 전념하라고 부르심을 받은 것도 아니다. 우리는 무엇보다 먼저 구주이자 주 되신 예수 그리스도의 소유가 되어 그분의 생명의 화롯가에서 우리 삶의 온기를 유지하도록 부르심을 받았다. 새로운 조직과 봉사 프로그램을 만들고 다른 사람들도 그 안으로 이끌어 꿈을 꾸고 비전을 품도록 불빛을 밝혀줄 곳이 바로

> 그 화롯가다.
>
> 이것을 이해하려면 하나님의 은혜로 나아가는 유일한 관문인 그 훈련에 다시 투신해야 한다. 하나님께 배우지 않고서 어떻게 사랑하라는 명령을 성취할 것이며, 기도하지 않고서 어떻게 하나님께 배울 수 있겠는가? 그리고 어떻게 그분의 말씀과 그분의 나라를 인식하며 살아갈 수 있겠는가?[5]

모든 교육 사역자는 오코너의 말에 동의하고, 적극적으로 이 싸움을 감당해야 한다는 사실을 알고 있다. 이 중요한 관계는 시간이 흐를수록 더욱 확고하게 자리를 잡아야 하고, 끊임없는 노력과 관심을 쏟아야 한다. 사역에 집중하다 보면, 하나님과의 영적 관계를 소홀히 하기가 쉽다. 최근 한 목사는 도덕적 물의를 빚고 불미스럽게 사임해야 했다. 그는 성공적인 목회 방법에 대해 이야기하다가 너무 바빠서 기도하지 못한 사실을 인정했다. 기도 생활은 엉망이었고, 가정생활 역시 소홀히 하여 결국 가정도 무너지고 말았다.

맥도널드(MacDonald)는 자신의 책에서 사역자와 그리스도인이 삶의 우선순위를 유지하도록 도전한다.[6] 그는 대부분 사람이 외부로 드러나는 생활은 비교적 깔끔하게 유지하는 편이라고 지적한다. "우리가 우리 자신을 가장 잘 알 수 있는 곳은 바로 사적 영역이다. 바로 이 영역에서 자존감을 기르고, 동기와 가치와 헌신에 대한 기본 결정을 한다. 하나님과의 소통도 바로 이곳에서 이루어진다"[7]라고 말하며 사람들이 느끼는 결핍감을 지적했다. 그리스도는 우리가 개인적으로 초청하고 헌신할 때만 우리 안에 우리와 함께 거하신다. 교육 사역자들이 그리스도께 인생의 모든 영역을 통치하도록 맡기지 않으면 이런 일은 결코 일어나지 않는다. 하나님이 자신의 삶 속에 거하시기를 원한다면 어떻게 해야 하는가? 내면의 힘이 있으면 적극적으로 추구하게 된다. 맥도널드는 우리의 사적인 세계를 정리할 수 있는 다섯 단계를 소개한다. 이 다섯 단계는 동기 부여, 올바른 시간 사용, 지혜와 지식의 성장, 영적 힘, 회복이다. 이 과정을 여기서 다루는 이유는 교육 사역자의 신앙생활과 관련이 있기 때문이다.

동기 부여

동기 부여는 교육 사역자들이 사역을 할 수 있는 원동력을 가리킨다. 성공이 전부인 것처럼 몰아가고, 많은 사람이 어떤 대가를 치르더라도 성공하겠다며 덤비는 세상에서, 하나님은 그분의 인도하심과 도우심으로 가능한 최고의 잠재력을 실현하도록 교육 사역자를 부르신다. 그런데 하나님과의 교제를 막는 큰 장애물은 너무나 바쁜 사역이다. 기획을 하고, 모임을 준비하며 진행하고, 강의를 준비하며 여러 과제를 이행하느라 바빠서 하나님과 함께 개인적이고 친밀한 교제를 나눌 시간이 없다. 일에 내몰린 나머지, 사역을 해도 기쁨과 만족을 누리지 못하고 탈진한다. 그뿐만 아니라 동역자와 부사역자 역시 탈진에 이르도록 몰아갈 수 있다.

교육 사역자는 개인적 성공에 내몰리는 대신 그리스도가 주시는 동기 부여와 권한을 구할 수 있다. 맥도널드는 내몰리는 사람이었던 바울에게 생긴 급격한 변화를 소개한다.

그리스도인이 되기 전 사도 바울은 야망에 쫓기는 사람이었다. 종교적 야망에 내몰려 공부하고 참여하며, 성취하고 옹호하며, 박수갈채를 받았다. 회심하기 직전 그는 광분한 사람처럼 살기등등했다. 그는 허황된 목표를 향해 내달렸고, 훗날 충동에 사로잡혀 살던 그때의 삶을 되돌아볼 수 있게 되었을 때 "아무 가치 없는 삶이었다"라고 회고했다.

바울은 그리스도가 부르실 때까지 내몰리는 삶을 살았다. 다메섹으로 가는 길에서 주님 앞에 무릎을 꿇고 엎드렸을 때 그의 안에 안도감이 홍수처럼 밀려왔다. 기독교를 말살하기 위해 살의에 가득 차 다메섹으로 가려던 발걸음을 멈추고 예수 그리스도께 완전히 굴복하며 "주여 제가 무엇을 하리이까?"라고 묻는 그 극적인 순간은 참으로 놀라운 순간이었다. 내몰리던 사람이 부르심을 받은 사람으로 변화된 것이다.[8]

교육 사역자는 바울처럼 내몰리듯 살게 될 수 있다. 부르심을 받은 사람은 자신을 그리스도의 청지기로 인식하지만, 스스로 세운 목적이나 역할 혹은 정체성의 주인으로 자신을 인식하지 않는다. 하나님께 받은 소명 의식이 더 분명하기 때문에, 비록 교육 사역자의 역할은 교회의 중요한 사역이라 해도 그에게는 이차적인 사역일 뿐이다.

교육 사역자는 다른 사람들과 마찬가지로 자아에 대한 욕구가 있지만, 자신이 누구며 사역의 역할이 무엇인지 알기 때문에 수많은 함정을 피할 수 있다. 성공이 전부인 듯한 경쟁 사회에서 살다 보면, 내몰리는 삶을 살고 싶은 유혹을 이기기가 쉽지 않다. 움켜쥐고 보호하며 지배하고 싶은 충동에 쉽게 사로잡힌다. 맥도널드는 자신의 경험을 이렇게 고백한다.

> 하나님의 부르심에 계속 귀를 기울여왔기 때문에 나는 내 사명을 알 수 있다. 물론 용기와 훈련이 필요하겠지만 이제 결과는 나를 부르신 분의 손에 달려 있다. 내가 흥할지 쇠할지는 내 일이 아니라 그분의 일이다. 나와 사람들에 대한 그분의 기대에 맞게 내 인생 계획을 세우더라도 남들의 시선에 맞추어 나의 가치를 결정하며 산다면, 나의 내면 세계는 아수라장으로 변할 수 있다. 그러나 하나님의 부르심을 중심으로 살아간다면 놀라운 내면의 질서를 누릴 수 있다.[9]

올바른 시간 사용

시간 관리 전문가들은 우선순위를 제대로 설정해야 시간을 올바로 사용할 수 있다는 데 의견을 같이한다. 일단 우선순위가 결정되면, 그것을 바탕으로 생활을 꾸려가야 한다. 신앙생활을 소홀히 한 것에 대해 사람들은 흔히 시간이 부족해서라고 변명한다. 교육 사역자가 일상적으로 할 일이 많기 때문에 대부분 시간을 잡무에 할애해야 하는 것은 사실이다.

수많은 일을 앞에 둔 사람이 하나님과 깊은 영적 관계를 맺고 영위할 시간을 확보하기 위해서는 어떻게 해야 할까? 나는 경건의 시간을 따로 갖는다. 문자 그대로, 하나님과 만날 약속을 잡는다. 사무실에 출근하면 가장 먼저 하나님과 시간을 보낸다. 어떤 사람들은 매일 아침 일찍 묵상하고, 어떤 사람은 잠자리에 들기 전에 묵상한다. 하루 중 언제라도 상관없지만, 정신이 맑고 활력이 있는 시간이어야 한다. 하나님과의 교제를 서둘러 대충 해치우지 않아도 되는 시간이어야 한다.

이렇게 중요한 시간을 지키는 일이 쉽지는 않다. 맥도널드는 예수님에 대해 이렇게 말한다.

> 예수님은 시간에 쫓겨 서두르신 적이 없었다. 사명감이 투철하셨고, 아버지와 홀로 대면하는 시간을 늘 보내시면서 영적으로 깨어 계셨으며, 또한 그분이 하늘로 가신 후에도 지속적으로 그분의 사명을 계승할 사람들을 정확히 파악하고 계셨기 때문에, 우리 눈으로 보기에는 충분히 받아들일 만한 좋은 요청과 요구를 단호히 거절하시는 데 아무런 어려움이 없었다.[10]

교육 사역자는 자신의 생체 리듬을 파악해 가장 집중력이 높은 시간대가 언제인지 알아야 한다. 어떤 사람은 아침형 인간이다. 오전 시간에 일에 대한 집중력이 가장 높다. 저녁형 인간도 있다. 저녁 시간에 더 활발하고, 에너지가 넘치며, 높은 집중력을 발휘한다. 어느 경우든, 두뇌 활동이 활발하고 에너지가 넘치는 시간을 하나님께 드려야 한다. 그 시간을 확보하고 지켜야 한다. 조금이라도 방심하면, 하나님은 어느새 하루 일정에서 뒤로 밀리고 만다.

지혜와 지식의 성장

성장의 중요성은 예수님의 생애를 요약한 글에 잘 드러나 있다. "예수는 지혜와 키가 자라가며 하나님과 사람에게 더욱 사랑스러워 가시더라"(눅 2:52). 신앙 성장이 생활 방식이 되기 위해서는 헌신이 필요하다. 교육 사역자가 먼저 스스로 성장하지 않고서 다른 성도들이 영적으로 성장하도록 인도할 수 없다. 영적 성장에 헌신하면 인생의 가치와 생활이 재편성된다. 시간과 에너지를 활용하는 방식이 달라진다.

하나님과 교제하는 시간을 보낼 때 사고력과 지성을 확장해야 한다. 트루블러드(Trueblood)는 그것을 다음과 같이 설명한다.

> 최소한 세 가지 요소를 계발하지 않는 한 생명력 있는 기독교를 기대할 수 없다. 그것은 바로 내적으로 헌신하는 삶, 외적으로 섬기는 삶, 지적으로 합리적인 삶이다. 간단히 말해, 그리스도인은 단순히 한 가지 활동이 아니라 이 세 가지 활동으로 부르심을 받는다.[11]

교육 사역자는 지혜와 지식에서 성장해야 한다. 하나님의 사람들이 봉사할 수 있도록 준비시키는 사역에는 사유하는 습관과 공부와 계획이 필요하기 때문이다. 복음과 성경의 메시지를 현대 사회의 필요에 맞게 적용하고 적실성을 갖게 하려면, 지적인 능력과 지혜를 끊임없이 구하는 기도를 해야 한다. 특별히 현대인들은 수많은 도덕적, 윤리적 문제와 마주하고 있다. 이런 문제들을 기독교의 맥락에서 해결할 수 있는 방법은 무엇인가? 하나님의 말씀에서는 이런 문제들을 무엇이라고 하는가? 교육 사역자는 이런 질문에 답할 수 있어야 한다.

교육 사역자가 정신적인 성장에 대한 책임을 받아들일 때 지혜와 지식이 성장할 수 있다. 경청은 정신적으로 성장하는 한 가지 방법이다. 맥도널드는 이렇게 말한다. "우리는 경청함으로, 적극적으로 경청함으로, 의문을 제기하고 주변 세계에서 일어나는 일을 주의 깊게 살피며, 자신의 선택이 사람들에게 미치는 결과가 긍정적인지 부정적인지 평가함으로써 성장한다."[12] 나는 인생의 중요한 멘토 두세 분에게 큰 도움을 받고 있다. 그분들은 공식적, 비공식적으로 많은 가르침을 주었다. 나는 그룹이나 개인을 대상으로 사역하는 그분들의 모습을 보거나 그분들과 대화를 나누면서 많은 유익을 얻었다.

정신적으로 성장할 수 있는 또 다른 방법으로는 강연이나 과제 작성 준비에 필요한 자료 외에 책이나 잡지나 계간지를 읽는 것이다. 1년에 독서를 얼마나 하느냐는 질문을 받았을 때 "200권에서 250권 정도를 읽습니다"라고 대답한 동료 교수를 보고 깊은 인상을 받은 적이 있다. 그분에게 도전을 받은 뒤 나는 더 많은 시간을 독서에 할애한다.

영적 힘

나는 조깅을 좋아한다. 신체적, 정신적 건강을 위해 최소한 일주일에 4–5일은 조깅을 하려고 애쓴다. 조깅을 하다 보면, 기도하고 묵상하며 하나님이 만드신 세계를 감상할 시간이 나기 때문에 영적으로도 유익하다. 육신의 건강을 유지하기 위해 일주일에 여러 시간 운동을 하는데, 조깅한 지 2-3일이 지나면 몸이 다시 나갈 시간이 되었다는 신호를 보낸다. 신앙도 마찬가지다. 하나님과 교제하는 고요한 시간을 꾸준히 보내기 위해서는 끊임없는 관심이 필요하다. 어느 제자 훈련 프로그램에 참가했을 때 정기적인 묵상 시간을 확보할 수 있는 방법을 하나 배웠다. 21일 동안 연속해서 묵상 시간을 가지라는 것이었다. 반복하면 습관이 된다는 것이다.

하나님과 교제하는 시간을 꾸준히 보내면 영적 힘이 생긴다. 하나님과 대화하는 시간은 아주 중요하다. 교육 사역자는 하나님이 인생의 모든 부분을 인도하고 이끄신다는 것을 알 때 힘을 얻는다. 우리는 친구와 대화하듯이 하나님과 대화할 수 있다. 하나님과 이런 관계를 영위하는 사람은 홀로 하나님 앞에 고요히 나아가는 일을 조금도 두려워하지 않는다. 나는 자신이 무가치하다는 생각이 들거나 중요한 결정을 내려야 할 때 혹은 누군가를 위해 기도해야 할 때 근무하는 대학의 채플실을 애용했다. 하나님 앞에서 두세 시간씩 머물다 보면 하나님이 마음의 평화를 주시고 나아갈 길을 알려주셨다. 이런 시간들이 특별한 이유는 하나님이 내게 말씀하시도록 기다리기 때문이다. 뜻을 알려주시도록 기다리는 그 시간은 특별한 의미가 있었다.

회복

교육 사역자는 아무런 변화가 없는 일상의 틀을 깨뜨려야 한다. 대부분 그리스도인에게 주일은 특별한 날이다. 그러나 교육 사역자는 주일이 가장 바쁘고 할 일이 많다. 예배를 드리지만 각종 모임과 여러 프로그램을 진행하는 데 시간을 쏟아야 한다. 주일은 또 다른 일하는 날로 '느껴진다.'

안식일에 대한 유대인의 사고는 안식과 휴식을 가장 중시한다. 출애굽기 31장 17절에서 모세는 안식의 또 다른 차원을 소개한다. "여호와가 엿새 동안에 천지를 창조하고 일곱째 날에 일을 마치고 쉬었음이니라." 맥도널드는 이 구절을 문자적으로 번역하면 '스스로 충전하셨다'[13]는 의미가 포함되어 있다고 말한다. 램(Lamm)은 세비타(*shevitah*)에 대한 유대적 개념을 '일상의 노동을 손에서 내려놓고 개인성을 온전히 회복하는 데 휴식을 사용하는 것'[14]이라고 설명한다. 유대인들은 틀에 박힌 듯 반복하던 일을 내려놓고, 한 주의 노동에서 벗어나 휴식하면서 자아를 재발견할 수 있었다. 그는 이렇게 말한다.

> 틀에 박힌 일에 과하게 열중하고 압도당하는 사람은 그 존엄성이 위협을 받는다. 자기 자신을 사회나 가정에서의 역할과 동일시하기 시작하고, 결국 비인격적인 암호처럼 자신을 받아들이게 된다. 인간은 본능과 사회나 일에 얽매였던 데서 벗어날 때 자기표현을 허락받고 그의 진정한 '자아'가 전면에 드러난다…'쉼'이 있는 안식일에 세비타를 통해 내면에 있던 진정한 자아가 표현될 수 있다.[15]

세비타 후의 단계는 자아 발견보다 더 진전된 노페쉬(*nofesh*)다. 노페쉬는 자기 변화를 위해 쉼을 이용하는 것이다. 이때 개인적이고 내면적인 침묵이 필수인데 이것으로 더 수준 높은 표현이 가능해진다. 램은 "노페쉬에는 자신을 성취하는 것이 아니라 자신에게서 벗어나며 자신을 넘어선다는 의미가 내포되어 있다. 자신의 정체성을 찾는 것이 아니라 새롭고 더 나은 정체성을 창조하는 것이다"[16]라고 말한다. 교육 사역자는 창의적 재능을 활용하고 내면화하여 새롭고 진정한 자아를 창조해야 한다. 이것은 휴식이 아니라 재창조다. 안식일의 이런 개념들은 영적 차원을 발전시키거나 창조함으로써 자아를 풍성하고 새롭게 하는 자극제 역할을 한다.[17]

하나님이 안식하셨다는 사실이 중요하다. 맥도널드는 "하나님이 안식일을 제정하신 목적은 무엇보다 우리로 하여금 우리가 하고 있는 일을 해석하고, 그 일에 의미를 부여하며, 그 일을 올바른 대상에게 제대로 바쳤는지 확인하도록 하기 위해서다"[18]라고 말한다. 안식은 또한 그리스도에 대한 믿음과 헌신을 새롭게 하는 시간이 된다.

교육 사역자는 주일이 아닌 다른 날을 회복과 쉼을 누리는 날로 사용해야 한다. 역동적인 신앙생활을 유지하기 위해서는 이런 날이 필요하다.

17

가족 관계

하나님과의 관계 다음으로 교육 사역자에게 중요한 관계는 가족이다. 사실 교육 사역자 중에는 미혼인 경우도 많다. 그러나 이 장은 주로 결혼한 사역자를 대상으로 한다.

가정에서 처음 형성되는 관계는 아내와 남편이다. 그런데 자녀가 태어나면 자녀에게 주로 관심을 쏟느라 부부 관계는 흔히 뒷전으로 밀린다. 이 장은 남편과 아내와의 관계가 얼마나 중요한지를 집중적으로 다룰 것이다. 또한 교육 사역자의 가정에서 부모의 역할과 책임에 대해서도 살펴볼 것이다.

결혼한 사람

결혼한 교육 사역자에게 건강한 부부 관계는 아주 중요하다. 부부 관계의 친밀성 때문에 두 사람 사이에 일어나는 일은 다른 모든 관계에 영향을 미친다. 모슬리는 이렇게 말한다.

결혼 생활은 성령의 열매를 경험하고 표현하는 이상적인 실험실이다. 사랑과 희락과 화평과 오래 참음과 자비와 양선과 충성과 온유와 절제라는 성령의 모든 열매가 성장하고 성숙해가는 과정에 있는 남편과 아내에게 끊임없이 필요하다.[1]

성숙한 결혼 생활은 저절로 이루어지지 않는다. 남편과 아내가 함께 살아가려면 하나님의 은혜가 있어야 한다. 모슬리는 "수많은 인간 관계가 있지만 특히 부부 관계는 기적과 같은 일이다. 두 사람이 서로 함께하며 성장하고 서로를 도와 하나님이 의도하신 본연의 모습으로 변화되는 일에 헌신한다"[2]라고 말했다. 부부 관계의 중요성은 창세기 2장 24절에서 확인할 수 있다. "이러므로 남자가 부모를 떠나 그의 아내와 합하여 둘이 한 몸을 이룰지로다." 사도 바울은 에베소서 5장 21-33절에서 부부 관계를 그리스도와 교회의 관계에 비유한다.

"그리스도를 경외함으로 피차 복종하라 아내들이여 자기 남편에게 복종하기를 주께 하듯 하라 이는 남편이 아내의 머리 됨이 그리스도께서 교회의 머리 됨과 같음이니 그가 바로 몸의 구주시니라 그러므로 교회가 그리스도에게 하듯 아내들도 범사에 자기 남편에게 복종할지니라 남편들아 아내 사랑하기를 그리스도께서 교회를 사랑하시고 그 교회를 위하여 자신을 주심같이 하라 이는 곧 물로 씻어 말씀으로 깨끗하게 하사 거룩하게 하시고 자기 앞에 영광스러운 교회로 세우사 티나 주름 잡힌 것이나 이런 것들이 없이 거룩하고 흠이 없게 하려 하심이라 이와 같이 남편들도 자기 아내 사랑하기를 자기 자신과 같이 할지니 자기 아내를 사랑하는 자는 자기를 사랑하는 것이라 누구든지 언제나 자기 육체를 미워하지 않고 오직 양육하여 보호하기를 그리스도께서 교회에게 함과 같이 하나니 우리는 그 몸의 지체임이라 그러므로 사람이 부모를 떠나 그의 아내와 합하여 그 둘이 한 육체가 될지니 이 비밀이 크도다 나는 그리스도와 교회에 대하여 말하노라 그러나 너희도 각각 자기의 아내 사랑하기를 자신같이 하고 아내도 자기 남편을 존경하라."

교육 사역자들이 부부 관계를 제대로 영위하도록 도와주는 여러 요소가 있다. 모슬리는 그 가운데 몇 가지를 소개한다.

이 요소에는 결혼 생활을 이어가고자 하는 결심, 즉 결혼 서약을 존중하겠다는 확고한 결심, 기도와 성경 공부로 얻는 신앙의 힘, 교회와 교단의 동료 사역자들에게 굴욕을 당할 수 있다는 두려움, 사역의 기회가 지속되기를 바라는 열망, 배우자가 가정과 교회의 울타리를 넘어 직장과 여러 관계에서 성취감을 얻을 수 있는 기회의 증가 등이 포함된다.[3]

핵심 요소는 결혼 생활을 이어가겠다는 확고한 결심이다. 그리스도인의 결혼 생활이므로 배우자들은 말씀과 기도로 힘을 얻고, 또 서로에게서 힘을 얻는다.[4]

■

결혼 생활의 우선순위 설정

교육 사역자의 원만한 결혼 생활을 가로막는 큰 장애물은 여러 가지 요구로 사역자의 시간이 빼앗기는 것이다. 교육 사역자가 관심을 쏟아야 하는 일은 수없이 많다. 그들은 사역자이자 누군가의 아내나 남편이며, 부모일 수 있고 공동체의 일원일 수도 있다. 교단에서는 지역이나 전국 차원의 모임이 있을 때마다 그들의 지원과 도움이 필요하다고 압력을 가한다. 이 모든 역할과 활동 자체는 좋은 일이지만 교육 사역자는 이 일에 시간과 에너지를 많이 쏟아야 한다. 교육 사역자의 은사는 교회나 성도들의 성장과 성숙에 유익하게 사용된다. 그렇다면 배우자나 자신을 위한 시간은 어떻게 확보해야겠는가? 교회나 사역이나 공동체를 위해 헌신할 시간을 일정하게 유지하듯, 가족과 함께할 시간이나 개인 시간을 일정에 포함하는 것이 한 방법이다. 부부는 그들만의 시간을 보내야 한다. 때로 저녁 외식을 하거나 특별한 점심 식사 데이트를 즐길 시간이 필요한 것이다. 모슬리는 "정기적으로 둘만의 시간을 보낼 수 있는 방법을 창조적으로 모색하는 부부는 서로의 하나 됨을 지킬 방법을 찾아낼 것이다"[5] 라고 말했다.

건강한 결혼 생활

건강한 부부는 권력의 공유, 상호 존중, 열린 의사소통, 친밀감, 만족스러운 성관계를 함께 누린다. 권력을 공유한다는 것은 남편과 아내 두 사람 모두에게 가정의 리더십을 제공할 역량과 능력이 있다는 뜻이다. 각자의 역량으로 서로의 부족한 점을 보완한다. 두 사람 사이에 경쟁심은 없다. 상대방의 입장을 존중하고 배려하며 경청한다. 문제가 있으면 가족 모두 자유롭게 의견을 말하고, 그 의견을 토대로 문제를 해결한다. 가족 저마다의 감정과 생각을 존중한다. 권력을 공유하는 가정의 자녀는 한 개인으로서 존중받기 때문에 반항할 일이 거의 없다. 합의를 도출하지 못하면 자기 입장에서 한 발 물러나 타협한다. 각자 영향력에서 별다른 차이가 없다. 어느 한 배우자가 일방적으로 지배하거나 복종하는 위치에 있지 않다.[6]

원만한 의사소통을 하는 것은 건강한 가정이라는 표시다. 서로의 생각과 감정과 꿈을 나누고 싶다는 순수한 소망이 있다. 이렇게 열린 의사소통은 각자의 위치나 역할이 아니라 인간으로서 존엄성을 중시한다. 모슬리는 "사랑, 희락, 화평을 아는 사람들 간에 이렇게 열린 의사소통을 경험하면, 감정과 꿈이 있는 인격체로서 사람 자체는 거부하지 않고 그 사람의 제안만 거절할 수 있는 능력이 생긴다"[7]라고 말한다. 의사소통이 활발하면 정서적 안정감이 생기고, 사랑과 분노를 자유롭게 표현할 여지가 생긴다. 부부는 희망을 피력할 수도 있고, 두려움을 표현할 수도 있으며, 신뢰나 질투심을 표현할 수도 있다.[8] 루이스(Lewis)는 "인간관계에서 공감 능력이 매우 중요한 이유는 상대방에게 깊이 이해받는다는 안도감을 주고, 심리적 친근함을 느끼도록 격려하며, 자신의 깊은 속내도 편하게 드러낼 수 있기 때문이다"[9]라고 말했다.

친밀한 상호 관계

건강한 결혼 생활을 위해서는 친밀감을 누릴 능력과 수준 높은 친밀감을 공유하는 것이 필수며, '사랑에 빠졌다'는 느낌이 필요하다. 남편과 아내는 서로를 깊이 배려해야 한다. 또한 강한 '책임감'이 있어야 한다.[10] 결혼 생활을 하는 부부는 친밀감을 가꾸려고 노력해야 하는데, 자기 자신을 개방하는 위험을 무릅쓸 때 이 친밀감은 깊어진다. 그럴 때 자신의 결점을 더 분명히 인식하게 되고, 갈등 상황에서 상대방을 탓하지 않게 된다. 자신의 마음을 열수록 관계의 친밀감도 깊어진다. 다시 말해 자기 자신을 포장하지 않고 있는 그대로 드러내야 한다. 클라인벨(Clinebells) 부부는 "그러므로 친밀감을 위해서는 상호 개방적인 태도와 두 사람 모두에게 중요한 부분에서 순수하게 대면하는 위험을 기꺼이 무릅쓰겠다는 태도가 필요하다"[11] 라고 말한다. 부부가 정서적으로 가까워야 친밀해지는데, 때로는 배우자에게 모든 관심을 쏟아야 친밀감이 생긴다. 부부가 서로를 배려하는 마음이 깊어질수록 친밀감이 깊어진다.

친밀한 관계의 필수 요소는 상대방의 안전과 행복과 개인적 성장에 대한 애정 어린 관심이다. 부부 관계와 상대방의 필요를 채워주는 일에 지속적으로 투자할 정도로 충분한 배려가 있어야 친밀감이 생긴다. 서로에 대한 정절을 지키고 관계를 지켜나가겠다는 헌신을 기초로 하여 신뢰하는 분위기가 조성될 때 친밀감은 자란다. 진정한 친밀감이 있는지를 알려면, 때로 혼자만의 시간을 가져야 할 배우자의 필요를 존중하는지를 보면 된다. 지나치게 '함께함'을 고집하면 친밀감에 대한 환멸이 생길 수 있다. 클라인벨 부부는 "자기가치와 정체성을 지나치게 상대방에게 의존해 확인하는 부부라면 함께 있어야 한다는 강박증이 있을지 모른다. 이것은 진정한 친밀감이 아니다"[12] 라고 지적한다. 사람은 대부분 친밀감도 필요하고 자율성도 필요하다. 모든 인간은 친밀감과 독립성의 욕구를 가지고 있다. 친밀감의 욕구가 의존, 사랑, 보호받음의 욕구라면, 독립성의 욕구는 자율성, 자아 성취, 홀로 서는 것의 욕구다.

친밀감, 특히 결혼 관계의 친밀감을 성관계와 동일시할 때가 있다. 친밀감은 단순히 육체적인 것만이 아니다. 비언어적, 비신체적, 정서적, 심리적 심지어 영적 경험일 수 있다. 그린필드는 "두 사람의 영이 서로 교감을 나눌 때 진정한 친밀감을 누린다"[13] 라고 지적한다. 배우자와 더 쉽게 친밀감을 누려야 하겠지만 배우자가 아닌 사람과 친밀감을 누리는 경우도 있다. 그린필드(Greenfield)는 친밀감이 주는 일체감을 이렇게 표현한다.

> 친밀감은 가장 깊은 내면의 경험과 감정을 공유하는 것이다. 서로에게 투명해야 친밀감이 생긴다. 사랑으로 서로에게 온전히 솔직해야 한다. 친밀감은 상대방이 나를 위해 최선을 다한다는 믿음과 그 믿음을 배신하지 않으리라고 확신하는 가능한 최고의 신뢰를 바탕으로 한다. 친밀감은 상대방에 대한 깊은 이타적 관심으로 표현된다. 관계를 유지하는 내내 공감하는 태도를 잃지 않는다. 이런 수준에서 신체적 접촉은 말하는 것처럼 자연스럽다…이 정도의 친밀감이 있다면 말 한마디 하지 않아도 서로를 만지거나 눈을 바라보며 의사소통을 할 수 있다.
>
> 친밀감이 주는 일체감은 단순히 지적으로 동의하거나 관계적으로 하나 되는 데서 끝나지 않는다. 특정 의견이나 신념 혹은 사안에 대해서 상대방에게 동의하지 않더라도 친밀감을 누릴 수 있다. 두 사람은 각기 독립적이고 고유한 인격체지만 한마음이 될 수 있다. 이런 하나 됨은 상대방을 바꾸겠다는 교묘한 계획을 하거나 판단하며 유보하지 않고, 전적으로 상대방을 수용함으로써 드러난다.[14]

결혼 생활에는 여러 차원의 친밀감이 존재한다. 부부가 친밀감을 경험할 기회는 많다. 클라인벨 부부는 친밀감의 여러 차원을 확인해 준다. 그들은 이런 다양한 차원의 친밀감을 여러 현이 달린 악기 연주에 비유한다. 결혼 생활에서 친밀감의 방식은 시기마다 다르다. 부부들은 가장 만족스럽다고 생각하는 특별한 일체감과 친밀감의 멜로디를 찾아낸다. 친밀감이란 정적이지 않고 동적이다. 불화나 심지어 침묵으로 친밀감이 중단될 때도 있다.[15]

친밀감의 각 차원은 두 사람을 더욱 가깝게 만들어줄 가능성을 지닌다. 이런 다른 차원의 친밀감을 살펴보면, 두 사람이 점점 더 많은 영역에서 서로에게 의미 있는 관계를 누릴 기회가 생긴다. 결혼 생활에서 친밀감은 두 가지 특별한 의미가 있다. 친밀한 순간 혹은 밀도 높은 공유의 시간을 가리킬 수도 있고, 관계의 적극적인 질을 가리킬 수도 있다. 서로 떨어져 있거나 의견이 충돌할 때조차 이런 친밀감은 가능하다. 좋은 결혼 관계의 '하나 됨'이 바로 이런 것이다. 밀도 높은 친밀감을 누리는 순간과 시간이 많아질수록 이런 변치 않는 일체감이 자리를 잡는다.[16]

건강한 가정에서는 배우자가 계속 성장하도록 서로 격려한다. 그런 가정의 남편과 아내는 더 깊은 친밀감 형성에 필요한 정서적 친밀함을 소중히 여긴다.

■

사역에 대한 상호 이해

교육 사역자는 하나님께 부르심을 받았다. 교회 역시 그들을 청빙했다. 그러나 그의 배우자는 동일한 부르심을 받았다고 느끼지 못했을 수도 있다. 그러므로 교육 사역자가 받은 부르심의 의미를 그의 배우자와 가족이 이해하는 것이 중요하다.

교육 사역은 그냥 편안히 하루 8시간만 일하면 끝나는 게 아니다. 주일과 수요일에는 특별히 긴 시간 동안 섬겨야 한다. 하지만 시간을 재량껏 사용할 수는 있다. 잠깐 시간을 내어 머리를 자르러 갈 수도 있고, 사역에 필요한 물건을 사러 갈 수도 있다. 어떤 사역자는 밤에 주로 모임이 있어서 다음 날 아침에 늦게 출근하기도 한다.

이렇게 시간을 재량껏 사용할 수 있는 반면, 사역 특성상 가족과 시간을 보내고 있을 때 급히 처리해야 할 일이 생길 수도 있다. 교육 사역자가 지혜롭게 시간을 사용하지 않으면 가족, 특히 배우자는 뒷전에 두고 교회를 우선할 위험이 있다. 이때 배우자가 느끼는 소외감을 분명히 알아야 한다.

부모 역할

사역자의 우선순위에서 부모 역할은 세 번째로 중요하다. 그는 먼저 진정한 신앙인이 되어야 하고, 그다음 충실한 배우자가 되어야 하며, 세 번째로 부모 역할에 충실해야 한다. 모슬리는 이렇게 설명한다.

> 이렇게 우선순위를 정한 첫 번째 이유는, 하나님이 우리를 먼저 그분과 교제하는 존재로 만드셨기 때문이다. 하나님과 친밀한 관계가 있어야 개인적으로 성장할 수 있고, 풍성한 삶에 꼭 필요한

생산성을 발휘할 수 있다. 하나님과의 관계가 우선되어야 좋은 부모가 될 수 있다.

우선순위를 이렇게 정한 두 번째 이유는, 하나님이 우리를 결혼관계로 다른 사람과 교제하도록 만드셨기 때문이다. 우리는 친밀한 결혼 관계를 통해 한 인격체로서 존중과 인간관계의 기쁨을 누릴 수 있다…부모로서의 역할을 배우자와의 관계보다 더 소중히 여기면 심각한 문제가 생긴다. 튼튼한 결혼 관계라는 기초가 없다면 부모 역할은 수많은 어려움으로 압도당할 것이다.[17]

원만한 가정생활의 핵심 요소는 남편과 관련이 있다. 남편들은 일에 많은 시간을 할애한다. 그런 상황에서라도 아내와 자녀와 의미있는 관계를 누리고, 그들에게 언제라도 관심과 애정을 보이는 것이 중요하다. 우리 아이들이 스포츠 활동에 열심히 참여하던 어린 시절, 나는 아이들의 경기 일자를 달력에 적어놓았다. 누군가 내게 만나자고 하면, 나는 선약이 있다고 종종 거절하기도 했다. 야구나 축구를 하는 롭(Rob)이나 메이슨(Mason)을 보러 가거나, 앨리스(Alice)가 티볼(T-ball)을 하거나 치어리더로서 응원하는 모습을 보러 가기 위해서였다.

18

다른 교역자와의 관계

교회에서 교역자들이 서로 원만한 관계를 맺는 것은 매우 중요하다. 웨스팅은 교역자의 역할을 이렇게 설명한다. "목회자는 용납과 용서, 나눔과 지원, 격려와 공동의 목표 달성이 어떤 방법으로 이루어지는지 본을 보여주어야 한다. 그들은 축소된 교회로서 그리스도의 몸의 축소판이다."[1] 교육 사역자는 담임목사와 다른 동역자들과 원만하고 친밀한 관계를 맺는 환경에서 사역하는 게 좋다. 교역자들이 분열되어 있거나 힘을 합쳐 동역할 수 없는 교회는 발전할 수 없기 때문이다. 내가 아는 어느 목사님은 사역자들의 관계에 대해 이런 명언을 남겼다. "행복하라. 충실하라. 아니면 나가라." 극단적으로 들릴지 모르지만 적절한 말이다. 사람들이 행복하지 않으면 서로 관계를 맺는 방식에 영향을 받는다. 또한 사역의 질도 영향을 받는다. 사역자들의 관계가 원만하려면 충실함이 필수다. 담임목사와 다른 교역자들과 전체 교회 프로그램에 충실해야 한다. 서로 원만하지 않은 부분이나 문제들을 해결하고자 노력해야 한다.

교회 사역자는 어떤 사람으로 구성되는가? 교회 사역자는 전문 목회자와 보조 인력으로 구성된다. 전문 사역자는 전문적인 훈련을 받았고 특정 사역에 대한 사명감이 있다. 대부분 목사 안수를 받았거나 받을 자격이 있다. 교회는 또한 전문 사역자로서 교회 행정 관리자를 둘 수도 있다. 종종 교회 사역자 중 가장 많은 비중을 차지하는 사람은 지원 사역을 하는 이들이다. 이들은 세 범주 중 하나에 속한다. 영양사나 안내원과 같이 교인들을 대상으로 기능적 역할을 하는 사람들, 전문 사역자의 과업 달성을 돕는 비서, 교회 건물과 부지의 보수 및 유지를 담당하는 사람들이다.[2]

그러면 교회 사역 팀은 무엇인가? 브라운(Brown)은 교회 사역 팀을 이렇게 정의한다.

> 교회와 하나님의 부르심에 부응해 기꺼이 하나님과 지역 공동체와 서로와 언약을 맺고, 교회가 그 사명을 감당하도록 책임과 권위를 나누며, 부르심 받은 사명을 실천하려는 일단의 그리스도인들.[3]

주디(Judy)는 그것을 이렇게 설명한다.

> 교회 사역 팀은 각 영역에 유능하리라 생각되는 전문가 그룹으로 구성되며, 각각의 직무를 잘 연결하여 회중을 위한 전체 사역을 이행하는 사람들이다. 따라서 함께 동역하는 전체 사역자들이 예배와 양육과 직분에 대한 책임을 감당하도록 각 성도를 돕기 위해 교회 사역자의 기능적 역할이 명확히 규명되어야 한다.[4]

웨스팅은 교회 사역 팀을 이렇게 설명한다.

> 하나님이 주신 은사를 최대한 활용하며 서로 아름다운 교제로 하나 되어 사역하는 하나님 백성의 그룹이다.[5]

교회 사역자들이 저절로 원만한 관계에 이를 수는 없다. 사역자들과 그들이 섬기는 교회가 적극적으로 도울 때 이런 결과가 생긴다. 교회는 사역자가 좋은 관계를 유지하는 데 중요한 역할을 한다. 교회의 협조가 있으면, 교인들은 사역자를 부르심 받은 유능한 사람으로 인식하고, 사역자들이 서로 반목하도록 일부러 조장하지도 않는다.

존중: 핵심 태도

사역자 사이의 원만한 관계는 전문 사역자로서 그리고 한 인간으로서 서로 존중할 때 형성된다. 교육 사역자, 담임목사, 그 외 여러 사역자가 서로를 전문가로서 역량이 있다고 존중해줄 때 교회에 맡겨진 사역을 제대로 감당할 수 있다. 그럴 때 역량을 제대로 발휘하는 전문적 사역이 이루어진다. 이것은 모든 사역자에게 꼭 필요한 태도지만, 먼저 담임목사와 교육 사역자와 관련한 부분을 살펴볼 것이다.

담임목사는 교회를 위한 목회 리더십을 발휘할 역량이 있다. 교회의 사명을 이룰 수 있도록 교인들을 지도한다. 그러기 위해서는 교회의 목적과 목표를 파악하고, 제대로 된 비전을 세워야 한다. 담임목사는 다양한 교회 활동과 사업 계획에 필요한 리더십과 에너지를 제공함으로써 사역자들과 교인들을 격려해야 한다. 모든 사역자 가운데 특히 담임목사는 교회의 존재 목적과 사명을 이루기 위한 구체적인 방안을 완벽히 파악하고 있어야 한다. 담임목사는 리더 중의 리더다. 가장 중요한 행정 관리자로서 담임목사가 리더의 책임을 방임할 때 교회는 어려움에 빠진다. 누구도 리더십의 책임을 떠맡지 않으려는 교회는 흔들리고 사역이 약화될 수밖에 없다.

목회 사역은 강단 사역으로 신자들과 비신자들에게 복음을 선포할 책임이 있다. 선포란 가르침, 제자 훈련, 선교 교육, 교회의 심방 활동과 봉사 활동으로 복음을 전하는 것이다. 목회자는 강단에서 그리고 가르치는 여러 상황에서 복음을 선포할 기회가 있다. 교육 사역자는 자신과 회중을 위한 영적 자양분과 영감을 담임목사에게서 제공받는다. 담임목사는 교회의 전도 프로그램에 참여하고, 교육 사역자가 지도하는 주일학교와 공동으로 프로그램을 진행하기도 하며, 광고 시간이나 교회 출판물에 프로그램을 홍보하고 참여를 독려할 수 있다. 또 교육 사역자를 대상으로 복음 전도 훈련의 실제적인 부분인 일대일 훈련이나 복음 전도 기법을 지도할 수도 있다. 담임목사기 때문에 교회 프로그램과 복음 선포 활동을 주도할 수 있는 것이다. 담임목사가 이렇게 지원할 때 교육 목사나 사역자에게 큰 힘이 된다.

목회 사역에는 교인들과 지역 공동체를 돌보는 사역도 포함된다. 교육 사역자를 둘 정도로 규모가 큰 교회는 한 사람의 목회자가 모든 목회적 돌봄의 필요를 충족해줄 수 없다. 대부분 목회자는 이 책임을 다른 사역자들과 나눈다. 과거에 교육 사역자로 섬기던 시절, 나는 교회 교육 프로그램의 리더들이나 구성원들을 목회적으로 돌볼 책임이 있었다. 나는 그 필요를 충족해주고자 구체적으로 실천한 일들을 담임목사에게 보고했다. 그렇다고 담임목사와 다른 사역자들이 이들을 목양할 책임에서 완전히 벗어난 것은 아니다. 하지만 주로 그 일을 떠맡은 사람은 나였다. 한번은 유년부에서 교사로 섬기는 청년과 일한 적이 있다. 그가 희귀병에 걸려 병원에 입원하게 되었다. 담임목사와 나는 그 청년과 그의 가족을 어떻게 가장 잘 돌볼 수 있을지 의논했다. 우리는 이미 그들과 친밀한 관계를 맺고 있는 내가 그 가족을 목양하는 게 좋다는 결론을 내렸다. 담임목사와 다른 사역자들이 그를 병문안했지만, 그를 목양할 일차 책임은 내게 있었다. 그가 병원에 입원해 있는 동안 나는 정기적으로 심방했다. 퇴원한 후에도 그와 그의 가족과 관계를 계속 이어나갔다. 이 개인적인 목회는 2년 넘게 지속되었다. 때로 담임목사님께 심방을 부탁하기도 했다.

교육 사역자는 병원이나 가정을 심방함으로 목회적 돌봄을 제공하고, 필요한 경우 교육 리더들과 그 가족과 교육 프로그램의 구성원들을 위한 상담도 한다. 음악 사역자나 청소년 사역자, 다른 연령별 집단 사역자도 마찬가지다. 그들은 소속 리더들과 구성원들에게 일차적인 목양을 책임진다. 이렇게 해서 교역자들은 해당 프로그램의 구성원뿐 아니라 전체 교인의 삶에 관여한다. 목회자가 신자나 신자 가정의 목양을 일차적으로 감당해야 할 때가 있다. 목회자가 모든 교인의 필요를 일일이 다 돌봐줄 수 없듯이, 교육 사역자나 다른 사역자 역시 혼자서 그 모든 일을 할 수 없다. 목회자와 사역자는 팀을 이루어 효율적으로 협력하는 법을 배워야 한다. 목회자가 교역자들과 협력하는 것이 처음이라면, 혹은 이 부분에서 교역자의 경험이 없다면 어려움이 생길 수도 있다.

팀 사역을 하는 교회 목회자 가운데 교육 사역자를 따로 두고 사역을 시작하는 사람은 거의 없다. 대부분 사역 초창기에는 그들이 교육 사역자의 역할을 감당해야 한다. 교육 사역자들과 일하는 목회자는 교회의 교육 사역이 무엇인지 알아야 한다. 이런 지식 없이는 제대로 된 리더십을 발휘하기 어렵다. 목회자는 교육 프로그램과 조직과 과제 그리고 목적과 목표를 잘 알아야 한다. 이런 지식은 신학 훈련, 개인 독서, 모임과 워크숍 참석, 교육 사역자와 긴밀하고 실질적인 유대 관계로 얻을 수 있다. 더 중요한 것은 목회자가 교회 조직과 자원봉사자 리더, 교육 사역자의 수고를 인정하고 감사를 표현하는 것이다.

목회자에게 목회 리더십 역량이 필요한 반면, 교육 사역자에게는 교육적 역량이 필요하다. 목회자는 다른 사역자들에게 지원을 받으며 목회를 하지만, 교육 사역자는 전체 교육 프로그램에서 리더십을 발휘해야 한다. 어떤 교회는 교육 사역자와 직접 동역하는 연령별 전문가를 둔다.

서로를 한 인격체로서 존중하는 것은 유능한 전문가로서 존중하는 것 못지않게 중요하다. 서로 존중할 때 견고한 신뢰가 생긴다. 삶으로 기독교 복음의 정수를 드러내고, 그리스도인으로서 고결한 인품을 드러낼 때 존중과 존경을 받을 수 있다.

목회자와의 관계

교육 사역자와 목회자의 관계는 중요하다. 신학과 교회의 본질에 대한 시각이 서로 맞아야 한다. 교육 사역자는 청빙을 수락하기 전에 이런 문제를 꼼꼼히 따져보아야 한다. 이런 정보들은 목회자와 면담함으로 대부분 얻을 수 있다. 교회를 선택할 때 교육 사역자는 교회

뿐 아니라 시무 목사에 대해서도 정확히 파악하기를 원한다. 목회자와 신뢰하는 관계가 형성되기까지 시간과 양측의 노력이 필요하다.

다른 교역자와의 관계

모든 교역자는 목회자의 감독이나 모두를 동등하게 대함으로 사기를 북돋우는 사역 관리자의 감독을 받는다. 공통된 사역의 목표와 꿈을 토대로 교역자들은 원만한 관계를 맺을 수 있다.

교역자 사이의 관계는 모두 중요하다. 다른 사역자들과 동료 관계에 있는 교육 사역자는 공동의 사역을 기초로 관계를 형성한다. 사역자들이 건강한 관계를 형성하는 데 권위와 책임 소재는 우선적인 조건도 아니고 가장 중요한 조건도 아니다.

사역 보조자와의 관계

사역을 보조하는 이들이 있는 교회에서, 교육 사역자는 그들의 의향을 존중해 그들을 감독하는 의무를 받아들인다. 교육 사역자는 담임목사가 자신을 대해주기 바라는 그들을 대해야 한다. 사역 보조자는 특정 사역에 대한 소명감이 확고하기 때문에 이 일은 매우 조심스러운 영역일 수 있다.

개인적이고 영적인 힘이 진정으로 결합되려면 맞닥뜨린 문제와 회중의 필요를 두고 합심하여 기도해야 한다. 교육 사역자는 사역

보조자가 교회에 공헌한 점과 탁월한 사역을 한 것에 대해 제대로 인정받을 수 있도록 배려해야 한다.

지원 사역자와의 관계

교육 사역자는 교회 비서나 사찰 등 지원 사역자들과 의미 있는 관계를 형성해야 한다. 이들이 없으면 교육 사역자는 자신의 사역을 원활하게 진행할 수 없다. 지원 사역자는 존중하고 존귀하게 대해야 할 동역자다.

수고에 감사하는 짧은 편지를 쓰는 것은 시간을 아까워해서는 안 되는 일이다. 어떤 교육 사역자들은 지원 부서의 수고를 인정하고 기념일이나 다른 중요한 수고들을 교회 주보에 알리거나 광고하는 식으로 감사를 표현한다.

지원 사역자의 태도를 보면 사역에 대한 교회의 접근 방식을 엿볼 수 있다. 그들 가운데는 하나님이 이 일을 하도록 부르셨다는 분명한 소명의식이 있는 사람이 있다. 그들에게 그 일은 직업이 아니라 하나님과 교회와 교인들을 위한 사역이다.

4부

교육 목사로서 첫발을 내딛는 방법

4부에서는 네 가지 관심사, 즉 사역할 교회를 물색하는 방법, 사역할 가능성이 있는 교회 방문, 새로 부임한 교회에서 사역을 시작하는 법, 교회를 사임할 때의 자세를 살펴봄으로써 교육 사역자를 위한 실제적 사역 제안을 소개한다.

4부는 특히 교육 사역자만을 위해 썼다. 내가 '당신'이라는 대명사를 사용한 이유는 교육 사역자와 대화하고 싶기 때문이다.

19장에서는 교육 사역자 후보생이 사역할 교회를 물색하는 방법을 제안한다. 교회와 윤리적으로 어떤 관계를 맺을지 검토한다.

20장에서는 사역할 후보 교회를 방문하는 문제를 다룬다. 교육 사역 지원자와 교회가 어떻게 하면 이 과정에서 서로 유익을 얻을 수 있는가? 또한 지원자가 교회에 대해 품을 법한 질문들을 확인한다.

21장에서는 새로 부임한 교회에서 사역을 시작하는 방법을 설명한다. 새로운 사역을 어떻게 시작하느냐에 따라 그 교회의 미래 사역이 영향을 받는다. 몇 가지 실제적 관심사도 다루고 있다.

22장에서는 교회 사임에 관한 문제를 다룬다. 교회를 사임하는 것이 유익할 때가 있고, 현명한 선택이 아닐 때가 있다.

19

사역할 교회 물색하기

이 장에서는 교육 사역에 투신한 지 오래된 교육 사역자와 이 사역에 갓 입문한 신입 교육 사역자와 직결된 문제를 다룬다. 신입이든 베테랑이든 숙고해야 할 특별한 어려움과 문제들이 있다. 이 장에서는 사역할 교회를 구하는 교육 사역자에게 도움이 될 기준과 지침을 소개할 것이다. 사역할 교회를 구하는 일은 매우 어려울 수 있다. 교단마다 교육 사역자를 초빙하는 나름의 방식이 있는데, 교단에서 정한 위계대로 사역자의 지위를 배정하는 교회라면, 구직 활동을 하는 교육 사역자는 이 직책에 맞는 교육적 자격 요건과 교회의 요건을 충족해야 한다. 주교나 교구 감독은 교회와 사역을 원하는 교육 사역자 양측이 모두 수용할 수 있는 결정을 내려야 한다. 일단 후보자가 교단이 정한 기준을 충족한다면 이 과정은 매우 쉽다. 후보자를 임의적으로 배정하는 경우라면, 교육 사역자 후보생을 위한 이 장의 단계별 제안은 해당되지 않는다.

나는 회중 정치 체제를 실행하는 교단 출신이다. 이런 교단에서는 교육 사역자가 원하는 교회에 청빙을 받기가 더 어렵다. 일부 교회에서 이력서를 보내달라고 사역자에게 요청하는 경우가 있지만, 교회에 지원서를 내는 것이 비윤리적이라는 생각은 지금까지 이어지고 있다. 사역할 교회를 찾는 일은 두 당사자 모두에게 불안과 좌절을 안겨주는 긴 과정일 수 있다. 교회를 찾는 방법을 논의하기 전에, 먼저 사역에 관한 몇 가지 윤리적 기준을 살펴볼 필요가 있다.

사역에 관한 윤리적 문제

교육 사역 후보자와 대상 교회가 모두 기독교 윤리에 벗어나지 않고 책임감 있게 행동한다고 가정하고, 후보자와 교회 관계에 적용되어야 할 몇 가지 윤리적 원리나 지침을 소개한다.

- **사역지를 구하는 교육 사역자는 그들의 인생을 향한 하나님의 뜻을 원한다** 그들은 하나님이 주실 사역지를 두고 성령의 인도하심을 구하며 기도하는 일에 많은 시간을 할애한다. 사역지를 구하는 교육 사역자는 하나님의 인도하심이 꼭 필요하다. 제대로 된 사역지 문제는 하나님이 원하시는 사역지를 결정하는 일이나 교회가 원하는 적임자를 찾는 것 이상의 문제다. 사역자나 교회가 하나님의 뜻을 구하고 그 뜻대로 행동하는 가운데 서로 하나 되는 하나님의 인도하심이 있어야 한다.
- **교육 사역자나 교회가 모두 한 번에 한 교회나 한 후보자만 보고 결정하지 않는다** 졸업을 앞둔 학생들은 종종 자신의 명단이 여러 교회에 배포되었다는 것을 알면 무엇을 해야 할지 혼란스러움을 느

낀다. 협상 중인 교회가 없으면, 사역 의사를 타진하는 어떤 교회와도 교섭할 수 있다. 교회나 후보자가 더 이상 상대방에게 관심이 없다고 결정하면, 그 결정을 알려주어야 어느 쪽도 불필요한 희망을 품거나 억측을 하지 않는다. 교섭을 진행 중인 교회가 있다면, 그 사역 후보생을 원하는 다른 교회에 그 사실을 통보한다. 첫 번째 교회의 청빙을 수락할지 확신이 서지 않는다면, 두 번째 교회에 시간적 말미를 달라고 요청할 수 있다.

- 교육 사역자가 청빙을 수락할 진지한 의사가 없다면, 교회는 청빙 의사를 접어야 한다 어떤 사역자는 진지하게 '구애를 받거나' '필요한 인재라는' 말을 듣고 싶어 한다. 그래서 교회를 옮길 의사가 전혀 없음에도 여러 교회에 후보자로 이름이 거론되는 것을 허용한다. 그러나 교회들이 윤리적이고 공정하게 행동하기를 원하는 사역자라면, 자신도 동일하게 처신해야 한다.
- 교육 사역자는 윤리적이고 적절하다면 가능한 모든 수단을 동원해 교회에 사역 의향서를 돌려야 한다 보통 친구들이나 같은 교육 사역자 동료들, 교육기관, 교단의 사역 알선기관에서 추천을 해준다.
- 교육 사역자는 교회를 옮기려 할 때 가족의 의견을 구해야 한다 가족 구조에 따라서 가족의 개입 정도가 달라진다. 결혼한 교육 사역자라면 배우자의 의견과 가족이 받을 영향을 고려해야 한다. 교육 사역자가 사역의 당사자이지만, 사역의 성공과 전체 교회 생활에 가족이 중요한 역할을 한다.
- 교회를 옮기는 것을 진지하게 고려할 때 담임목사에게 이 사실을 알리고 조언을 구해야 한다 교육 사역자는 교회를 옮긴다는 사실을 비밀로 해달라고 요청하며, 결정을 내리는 데 하나님의 뜻을 구

하기 위해 함께 기도해달라고 담임목사에게 말할 수 있다. 혹은 부임하려는 교회를 방문하는 문제로 조언해달라고 부탁할 수도 있다. 하지만 조사한 내용을 모두 담임목사에게 전할 필요는 없다. 그렇게 하다가 담임목사도 다른 교회로 옮기고 싶다는 마음이 들지 모른다. 다른 교회로 옮긴다는 명확한 인도하심이 있을 때만 담임목사와 상의해야 한다.

- 교육 사역자는 현재 섬기는 교회의 안녕과 회중, 교역자와의 관계, 교회가 자신에게 한 투자의 정도를 고려해야 한다 교회에서 당신에게 연구 안식년을 보내라고 지원해주고 대학원 학위 이수를 위해 재정 지원을 해주었거나, 주택을 구입할 때 보조해주었을지 모른다. 교육 사역자는 다음 영역에서 현재 교회의 상태를 면밀하고 진지하게 분석하고 평가해야 한다.

1. 담임목사, 교역자, 회중과의 관계는 어떠한가?
2. 교회가 성장하는 가운데 설정한 목표를 이루고 있는가?
3. 교회의 현재와 미래의 가능성은 어떠한가?

교육 사역자는 '지금 섬기는 교회를 떠난다면, 이 교회나 현재 진행 중인 프로그램이 어떤 영향을 받을 것인가?'라는 질문을 해봐야 한다. 교회를 옮기려고 고려하는 교육 사역자는 인내하고 깊이 숙고해야 하며 결코 서둘러서는 안 된다.

- 교육 사역자는 해당 위원회의 추천이 있어야 교회의 청빙을 받는다 청빙 결정이 담임목사와 한 위원회의 독단적인 결정이라면 수락해서는 안 된다. 전체 교인의 승낙을 거친 청빙이라야 정식 사

역자로 인정받을 수 있다. 청빙 과정에 누가 개입했고 어떤 이들과 상의를 거쳤는지 확인해야 한다. 교육기관의 프로그램 리더들과 상의해서 그들의 인정을 받은 것인가? 담임목사와 교역자들이 그 과정에 참여했는가? 제직회와 교회위원회 위원들이 그 과정에서 인사위원회의 결정을 지지했는가?

- 교육 사역자는 후임자를 추천하는 일을 피해야 한다 교회는 전임자의 간섭을 받지 않고, 적합한 위원회를 선택하여 후임자를 청빙할 자유가 필요하다. 나의 경우, 교회를 사임하려고 하면 많은 교육 사역자가 자신을 후임자로 추천해달라고 요청했다. 나는 한 번도 그 요청을 받아들이지 않았고, 해당 부서와 담당자들에게 직접 접촉하라고 조언했다. 후임자를 선택하는 것은 내 소관이 아니다. 교육 사역자 후보생을 알아볼 수 있는 인물과 기관을 교회에 소개하는 정도가 윤리적으로 바람직하다.
- 교육 사역자는 교회가 어려움에 빠졌을 때가 아니라 아무 문제없이 형통할 때 다른 교회로 옮겨야 한다 새로운 사역지로 옮기기 전에 프로그램 문제든, 사람들과의 문제든 그것을 해결하고 떠나는 것이 좋다. 이것이 가능하지 않은 상황일 때, 특히 교회에서 먼저 사임을 요구했을 경우에는 말없이 조용히 떠나야 한다. 사역을 할 때 교회를 굳건히 하고 세우고자 노력했을 것이다. 그러니 떠날 때도 교회가 분쟁에 휘말리거나 분열하지 않도록 교회에 유익한 방향으로 배려해야 한다.
- 담임목사가 사임한다고 해서 교육 사역자가 사임해서는 안 된다 교육 사역자를 청빙한 주체는 회중이며, 교회에 담임목사가 있든 없든 사역을 계속해야 한다. 그들은 담임목사가 아니라 교회의 요

청으로 사역한다. 개인적으로 나는 담임목사가 떠난 후 사역을 해본 적은 없지만 때로 새로 부임하는 담임목사가 자신이 원하는 사역자들로 팀을 꾸리기 원하는 것은 알고 있다. 새로 담임목사가 부임하면 나는 함께 동역할 수 있다는 생각이 들면, 최소한 6개월에서 1년까지 함께 사역하려고 애쓴다. 그 기간이 지나도 서로 동역하는 일이 쉽지 않다면, 나는 새 사역지를 알아볼 시간을 달라고 요청한다.

교육 사역자와 교회 연결하기

교육 사역자와 교회를 연결해주는 과정은 후보자가 현재 교육 사역자인지 아니면 신학교 졸업생인지에 따라 달라진다. 교육 사역자는 먼저 자격증과 교육 사역 이력서를 준비해야 한다. 표 7에는 이력서를 준비하는 데 도움이 될 항목이 나와 있다. 이력서는 간결해야 하며, 한 장 분량이면 좋을 것이다. 기독교 교육 사역자로서 교회가 원하는 직책에 대한 자격을 보유했음을 나타내는 정보만 담으면 된다. 호감이 가도록 작성해야 한다. 호감이 가도록 이력서를 작성하지 않아서 아예 면접조차 보지 못하는 교육 사역자가 많다. 후보자와 직접 만나지 않더라도 교회가 몇 가지 예비 조사를 할 수 있도록 추천인을 적으면 좋다.

교육 사역자로 첫 사역지를 구할 경우에는, 신학교의 동창회 구직 사무실의 도움을 받는 것이 좋다. 교육 사역자를 구하는 교회에 이름과 이력서를 돌려줄 것이다. 또한 영향력 있는 목사나 다른 교육 사역자들, 전국의 교단 리더들에게 이력서를 보내는 것도 좋은 방법이다. 이런 요직에 있는 사람들은 종종 사역자를 추천해달라는 부탁을 받는다. 많은 후보자에게 이력서를 받기 때문에 이력서에 포함되지 않았지만 자신을 알리는 데 도움이 될 만한 정보나 자료를 추가로 보내면 좋다. 왜 교육 사역자가 되고 싶은지 그 이유를 명확히 적어야 한다.

후보자가 사역자를 구하는 교회를 안다면, 후보자의 친구가 자신이 쓴 추천서를 동봉해 그 교회에 후보자의 이력서를 보낼 수도 있다. 나는 많은 학생과 친구를 위해 이런 식으로 추천서를 보낸 적이 있다.

교단에 소속된 많은 기관은 사역자를 소개하는 부서를 두고 있다. 이 소개 부서는 주로 두 가지 역할을 한다. 하나는 교회와 잠재적 사역자들을 연결해주는 것이고, 다른 하나는 사역자와 교회 간에 문제가 있을 때 돕는 것이다. 이 사역자 소개 부서는 교회와 사역 후보생들에 대한 유용한 정보를 갖고 있다.

사역지를 구하기 위해서는 윤리적인 모든 수단을 동원해야 한다. 일단 이력서를 교회에 보내면, 해당 후보자나 대리자는 기도하며 기다릴 수 있을 뿐이다. 후보자로서 지금 교회 사역자로 섬기고 있지 않다면, 출석 중인 교회에서 교육 사역과 관련된 일을 자원하여 섬기는 것도 좋다.

후보자와 교회를 연결하는 또 다른 방법은 후보자가 목회자 모임에 참석하는 것이다. 이런 모임은 지역 목회자 모임에서 지방 모임, 전국 모임에 이르기까지 다양하다.

| 표 7 | **견본용 이력서 양식**

이름:
주소:
전화번호:
출생지:
결혼 여부:
학력:

일반 직장 경험:

교회 사역 경험:

기독교 교육 경험:

신앙 경험:

가족 사항:

현재 출석 교회:
안수 여부:
추천인 4인:
건강 상태:
날짜_____

개인적 당부

그동안 내가 사역한 모든 사역지는 개인적인 접촉과 추천이 있었기 때문에 가능했다. 물론 후보자는 원하는 사역을 감당할 능력과 기술이 있어야 하고, 필요한 교육적 배경과 자격증을 갖추어야 한다. 그러나 그렇다고 해서 교회의 청빙이 보장되지는 않는다. 나는 대학 은사, 동료들, 친구들의 추천을 받았다. 때로 이런 분들과 먼저 접촉을 시도한 적도 있었고, 어떤 경우에는 나도 모르게 나를 추천해준 분도 있었다. 유망한 교회와 협상을 제안하는 문제는 다음 장에서 다룰 것이다.

20

사역할 가능성이 있는 교회 방문

교육 사역자나 유망한 교회 모두 성령의 인도하심을 받으며 일한다. 모두 교육 사역자의 부임 문제를 하나님의 뜻이 이루어지도록 진지하게 기도해야 할 문제라고 생각한다. 유망한 교회를 방문하기 전에 사역 후보자와 교회는 서로에 대한 자료를 모은다. 교육 사역자는 해당 교회의 역사와 성장 주기에 대해 가능한 많은 자료를 원한다. 목회자와 동역하는 문제가 매우 중요하기 때문에 교육 사역에 대한 목회자의 철학, 교역자 관계, 신학적 입장, 목회자의 교회 재임 기간, 앞으로 예상되는 사역 기간 등을 미리 알아보기 원하는 것이다.

해당 교회의 첫 방문은 협상 과정의 일부다. 어느 한쪽이라도 주저하는 기색이 있다면, 방문하지 않는 것이 좋다. 방문의 목적은 동역 가능성을 탐색하는 데 있기 때문이다. 거리와 비용 문제로 때로 청빙 결정이 끝난 후 방문하는 사역자도 있다. 그러나 양측 모두 서로를 더 잘 알기 원하므로 탐색 목적으로 한 번이라도 방문하는 게 낫다.

첫 면담을 하기 전

첫 면담을 하기 전에 여러 단계를 밟아야 한다. 먼저 교회는 교육 사역자의 이력서를 받고 평가한다. 이 과정은 추천인의 추천사, 교단에 대한 후보자의 태도와 충성도, 교리적 입장, 그 외 기타 관련 정보를 점검하는 작업이 포함된다. 경험이 많은 교육 사역자라면, 교회는 그동안의 이력, 교수나 교회 리더 혹은 사역 상황에서 그를 지켜본 사람들의 평가를 검토할 것이다.

교육 사역자는 해당 교회와 담임목사, 소속 사역자들에 대한 정보를 파악해야 하고, 더 나아가 문서화된 직무 설명서를 받아볼 수 있다면 매우 이상적이다. 교육 사역자와 그의 가족은 이 새 교회에 대해 알아야 한다. 특히 학군, 문화적이고 교육적인 환경, 해당 지역의 인구 현황에 대한 정보가 필요하다. 교육 사역자와 교회는 면담 일자와 시간 약속을 정해야 한다. 방문하기 전에 모임과 다른 일정을 미리 정해두면, 양측에게 도움이 될 것이다.

방문 전 점검 목록

첫 방문을 하기 전에 몇 가지 고려할 사항이 있다.

- 현재 사역 중인 교회와 개인 일정을 맞추고 사역하고 싶은 교회에 가능한 폐가 되지 않도록 방문 일정을 계획하라 현재 담임목사가 기도로 이 결정을 지지해준다고 해도 방문 계획은 비밀로 하는 게

좋다. 해당 교회의 담임목사가 출타하지 않고 시간이 넉넉할 때 방문해야 한다.

이전에 나는 교육 사역자가 될 목적으로 한 교회를 방문한 적이 있다. 우리는 방문 시기와 도착 일자를 정했다. 그런데 뜻밖에도 한 교인이 공항으로 마중 나와서 나를 호텔로 데려갔다. 호텔 객실에 머문 지 두 시간 후에 마침내 담임목사가 나를 태우러 와서 30분가량 함께 대화를 나누었다. 그런 다음 담임목사는 나를 교회에 두고 병원으로 심방을 갔다(비상 상황이 아니었다). 나는 음악 담당 사역자와 만나 교회와 담임목사에 대해 궁금한 점을 물어보았다. 교회에서 직무 설명서를 받지 않았는데, 내게 그것을 쓰라고 요청했다. 인사위원회는 일부 만났지만 평신도 교육 리더는 한 명도 만나지 못했다. 담임목사가 첫 면접을 보러온 내게 시간을 내지 못한다면, 사역자로 부임한 후에도 마찬가지일 것이라는 생각이 들었다.

- 시간을 충분히 두고 중요한 문제를 제대로 다루어야 한다 보통 이틀이면 충분하다. 주말을 이용하는 것이 좋다. 가능하다면 배우자와 함께 가도록 계획을 세우라. 면접할 때 함께 참여하고 목회자와 다른 사역자들의 가족과도 만나보라.
- 열린 마음으로 임하라 이 사역지가 적합하지 않다고 이미 결정했다면, 방문하지 마라. 그러나 아직 결정을 내리지 않았고 상황을 더 살펴보고 싶은 마음이 있다면, 방문하고 나서 그 교회를 섬길 능력이 되는지 확인하면 된다.
- 교회에서 '공개 설교'를 보고 싶어 한다면, 설교나 간단한 말씀을 준비하라

• **도착 시간과 이용할 교통편을 교회에 정확하게 알리라** 긴급한 상황을 대비해 서로 연락할 수 있도록 전화번호를 알아두라.

도착 후

해당 교회가 있는 장소에 도착하면, 면접을 보기 전에 몇 가지를 해보라.

• **그곳을 빠르게 한번 둘러보라** 그곳이 어떤 구조로 돼 있는지 살펴보고 학교, 쇼핑센터, 위락 시설과 같은 관심 있는 곳들을 확인하라. 시간이 오래 걸려서는 안 되지만, 그 지역을 제대로 파악할 정도로 충분히 살펴보아야 한다.
• **교회의 교정을 간단히 둘러보라** 교회 건물, 부지, 시설에 대한 관심을 보여주라. 간단히 둘러보기만 해도 교회와 교회 운영 실태를 파악하는 데 도움이 된다.
• **교회의 교육 사역 전반에 관한 기록을 살펴보라** 주일학교, 제자 훈련, 선교교육기관들의 기록부를 점검해보라. 교회의 실제 기록과 교회에 대한 이전의 분석 내용을 비교해보라.

만나야 할 대상은 누구인가?

첫 방문 때 가능한 한 많은 교회 리더를 만나라. 교육 사역 후보자를 면담한 사람이나 기관에서는 후보자가 충분한 시간을 두고 그 과정에서 서두르지 않았다는 것을 확인하고 싶어 한다. 교육 사역 후보자가 사람들과 기관을 대면하기 전에 주의해야 할 네 가지 사항이 있다.

1. 때에 맞는 옷차림을 하라. 지나치게 화려하거나 너무 간소한 복장을 하지 않도록 조심하라. 외모에서 부정적인 인상을 준다면, 긍정적 반응을 얻기 어려울 것이다.
2. 긍정적인 태도를 갖추라. 긍정적인 시각으로 보도록 노력하라. 교회나 교회 리더들이 내린 결정을 비판하지 마라. 교회를 비판하거나 사역 제안을 하는 것이 아니라, 교회와 교회의 현재 리더들과 안면을 트기 위해 방문한 것이다.
3. 마음을 편안하게 먹어라. 불행하게도, 그동안 면접을 보러 방문하는 것을 '시험'(trial)이라고 불렀다. 그게 아니라 서로 잘 맞는지 확인하기 위한 것임을 기억하라. 가능한 한 자신을 의식하지 말고 자연스럽게 행동하라. 긴장하는 것이 당연함을 알고 편안한 마음을 갖도록 노력하라. 긴장해서 위축된 방문객이 아니라 귀한 손님으로 자신을 인식하라.
4. 과도하게 자신의 능력을 부각하려는 시도는 바람직하지 않다. 교회는 이런 시도를 쉽게 간파할 것이다. 다행히 교회는 '슈퍼맨'을 찾는 것이 아니라, 장점과 단점을 모두 지닌 교육 사역자를 구하고 있다.

교육 사역자가 만날 사람이나 기관은 다음과 같다.

• 인사위원회 인사위원회와의 집중 면접이 중요하다. 인사위원회는 이력서 내용을 구체적으로 검증하고 추천인을 통해 얻은 정보를 확인한다. 또한 이런 긴장되는 상황에서 후보자가 어떻게 자신을 통제하는지 보고 싶어 할 수도 있다. 이 면접 시간은 인사위원회가 교육 사역자와 그 배우자를 개인적으로 알 수 있는 기회가 된다. 위원회와 함께 살펴볼 영역은 그리스도인이 된 계기, 사역의 부르심, 신앙의 역사, 개인적이고 가족적인 배경, 교회에 대한 시각, 특히 교육기관에 대한 생각이다. 위원회는 교육 사역자에게 강점과 약점이 무엇인지 물어볼 수도 있다. 기혼자라면 배우자도 이 면접에 함께하며 대화할 기회를 얻는다. 편안한 분위기에서 면접이 이루어져야 하고, 시간 제한이 있어 서둘러 면접을 진행해서는 안 된다. 양측 모두 편안히 질문하고 솔직하게 대답하는 분위기가 조성되어야 한다.

• 담임목사 담임목사와의 면담은 인사위원회나 교회의 다른 어떤 그룹과의 면담보다 중요하다. 모두 사역과 교회에 대한 서로의 철학을 확인하기를 원할 것이다. 서로 생각과 철학이 완벽하게 일치할 필요는 없지만, 양립할 수 있어야 의미 있는 사역 팀을 구성할 수 있다. 담임목사가 한 개인이자 전문 사역자로서 교육 사역자에게 거는 기대가 무엇인지 알아야 한다. 이 면접 시간은 담임목사가 당신에게 이루기 원하는 목표나 그 목표를 달성하기를 바라는 기한에 대해 이야기할 기회가 된다. 내가 그린빌에 있는 교회에 교육 사역자로 갔을 때 담임목사는 내게 두 가지를 원했다. 하나는 교회가 다른 곳으로 이전하도록 돕는 것이었다. 다른 하나는 약화된 주일학교를 활성화하는 것이었다. 교회 이

전은 시급한 일이었지만, 주일학교는 언제까지 부흥하기 원하는지 아무 말도 해주지 않았다.

일단 이런 초기 목적을 달성하면, 조건을 재협상할 수 있는지 물어볼 수 있다. 담임목사와 교육 사역자는 열린 마음으로 서로를 대해야 한다. 담임목사의 재임 기간과, 이 교회에서 계속 사역할 계획이 있는지는 교육 사역자가 이 교회에서 성공적으로 사역하는 데 직접적인 영향을 주므로 중요한 문제다. 담임목사와의 면접 시간이 교회를 둘러보는 시간보다 더 중요할 수 있다. 서로 잘 알 수 있도록 넉넉한 시간을 할애해야 한다. 아마 한 번 이상 면접을 해야 할 것이다.

- 다른 사역자들 사역자 전원과 만날 수 있다면, 담임목사와 사역자들이 어떻게 동역하는지를 확인하는 데 도움이 된다. 여러 사역자와 개별적인 만남은 그들이 사역을 어떻게 인식하는지를 들을 수 있는 좋은 기회다. 사역에 대한 사역자들의 인식과 교회에 대한 그들의 전반적 태도를 유의해 살펴보라. 개별적인 만남에서 사역자는 담임목사와 교인들에 대한 생각을 더 솔직하게 털어놓을 것이다.
- 교육기관의 리더 주일학교와 제자 훈련, 선교교육기관의 책임자들과 만나고 싶을 것이다. 이런 리더들과의 만남은 전반적으로 유익하다. 이 기관들이 서로 얼마나 잘 협력하는지, 교회의 목표와 목적을 실현하는 데 얼마나 적극적인지 살펴볼 수 있다. 이 만남에서 프로그램 리더들은 자기 기관을 발전시킬 방안과 교회가 그 목적을 이루도록 도울 방법에 대해 당신의 의견과 느낌을 살필 것이다. 교육 사역자는 리더들의 질문에 대답해주고,

평신도 리더들과 사역할 방법에 대한 의견을 피력할 것이다. 이 만남을 통해 교육 사역자에 거는 그들의 기대를 확인하고, 후보자가 가진 기대감을 전달하며, 교회의 목적과 목표에 대해 대화를 나누고 미래에 대한 그들의 전망을 알아볼 수 있다. 교육 사역자 후보생으로서 당신은 그들의 계획이 어느 정도 진척되었는지, 그들과 그 계획을 이루고자 동역할 때 성공 가능성이 어느 정도인지 확인하기를 원할 수도 있다. 현재 진행 중인 프로그램의 장단점에 대한 리더들의 인식은 교육 프로그램에 대한 당신의 생각이 유효한지를 확인하는 데 도움이 된다. 한꺼번에 많은 사람을 만나면 많은 도움을 얻을 수 있다. 하지만 개별적으로 만나는 것도 장점이 있다. 개별적으로 만나면 그룹으로 만날 때보다 자기 생각을 더 확실하게 표현할 수 있다. 깊은 식견이 있지만, 그룹으로 만날 때는 자기 생각을 표현하기 어려워하는 사람들이 있기 마련이다.

- 교회의 다른 리더들 교육 사역자는 주로 교육 프로그램 관련된 일을 하겠지만, 사역 범위가 교육 사역에만 한정되지 않는다. 아마 집사들이나 위원회의 장과 간사 같은 교회의 다른 리더들과 만날 것이다. 이런 만남의 목적은 교회 리더들과 더 친숙해지고 교회에 대한 그들의 생각을 확인하는 것이다. 이런 만남은 정보와 자료를 자유롭게 상호 교환하는 시간이 되어야 한다. 교회 리더들과 교육 사역자가 서로 궁금한 점을 질문할 수 있다.
- 교육 프로그램 직분자들 또한 함께 동역하거나 섬길 사람들(즉 교인들)과 만나고 싶을 것이다. 심층 면접이 아니고 가능한 많은 사람을 만나는 데 목적이 있으므로 다과회 형식이 좋다. 궁금증

이 많은 사람이 있다면, 따로 시간을 내어 만날 약속을 하는 게 좋다.

- 평신도 직원 교회에 대한 정보를 가장 잘 알고 있는 사람은 교회 비서다. 특히 장기간 교회에서 일한 비서가 그렇다. 또한 사찰 집사를 비롯한 지원 사역자들을 만나야 할 경우도 있다.

면접 이후

면접 과정이 원활하게 진행되고, 각자 상대방에게 긍정적인 감정이 있을 경우에 다음 단계는 무엇인가? 양측이 관계를 지속하기로 인정할 경우, 보통 어느 정도 시간이 지난 후 다음 만남을 가진다. 교회가 공식적으로 청빙을 하기 전에 필요한 절차를 밟기 위해서는 시간이 걸린다. 그러므로 후보자는 현재 섬기는 교회로 다시 복귀해야 한다. 다음 제안이 도움이 될 것이다.

- 현재 사역 중인 교회의 담임목사에게 진척된 상황을 보고하라 현재 섬기는 교회의 담임목사는 교육 사역자가 새 사역지를 물색 중인 사실을 알고 있으므로, 교육 사역자는 면접을 본 교회에 대한 솔직한 감상을 나눠야 한다. 그러나 아직 공식적으로 청빙을 받지 않았으므로 사직서를 낼 필요는 없다.
- 불필요한 억측을 삼가라 면접을 본 교회와 사역 후보자는 미래의 관계에 대한 억측을 삼가야 한다. 그 교회가 당연히 청빙을 할 것이라고 생각하지 마라. 교회 역시 후보자가 당연히 청빙에 응

할 것이라고 생각하지 말아야 한다. 양측 모두 시간을 갖고 이 일에 대한 하나님의 뜻을 구하며 기도해야 한다.

- 충분한 시간을 가지라 사역자도 교회도 감정적으로 결정해서는 안 된다. 양측 다 방문 전, 방문 동안, 방문 후의 과정을 되짚어 보며 기도하는 시간을 보내야 한다. 하나님의 뜻을 확신할 충분한 시간이 필요하다.
- 가족과 지인들에게 사실대로 이야기하라 가족 역시 사역지를 옮기는 문제에 관해 기도하고 생각하고 토론해야 한다. 특히 배우자와 사역을 공유한다는 느낌이 있어야 하며 다른 가족도 마찬가지다. 사역지를 옮김으로 인해 현재와 미래에 가족이 받을 영향을 고려해야 한다. 자기 생각이 있는 나이 어린 자녀도 의사 결정 과정에 참여해야 한다. 힘들거나 괴로운 문제에서 도피하는 수단이 아니라 긍정적인 면에서 이 일을 해석해야 한다. 하나님이 부르신다고 믿기 때문에 사역지를 옮기는 것으로 생각해야 한다. 그러나 최종적으로는 가족이 함께 결정을 내려야 한다. 하나님이 온 가족에게 말씀하시게 하라.
- 최종 결정까지 합리적인 기한을 정하라 결정을 내리기까지 적절한 시간이 필요하지만 불필요하게 질질 끌어서는 안 된다. 다시 방문을 해야 결정을 내릴 수 있다면, 현재 교회 사역에 누가 되지 않는 선에서 방문해야 한다. 결정을 내리는 데 도움이 되는 한 가지 방법을 소개한다면, 먼저 종이 한 장을 준비해 가운데 직선을 긋는다. 종이 왼쪽에는 '긍정적인 면'이라 쓰고, 오른쪽에는 '부정적인 면'이라 쓰라. 먼저 왼쪽에 '긍정적인 면'을 모두 적어보고, 다음으로 오른쪽에 '부정적인 면'을 모두 적어보라.

양쪽을 다 적었다면 긍정적인 면과 부정적인 면을 꼼꼼히 따져보라. 어느 쪽이 더 우위에 있는지 살펴보라.

몇 년 전에 나는 다른 교회를 섬기고 있는데, 교육 사역자로 와 달라는 청빙을 받은 적이 있다. 나는 그 교회와 담임목사에 대해 호의적인 감정이 있었다. 그런데 막상 청빙을 수락하려고 하니 확신이 서지 않았다. 나는 시간을 더 달라고 요청하고 다시 사람들에게 조언을 구하며 궁금한 사실들을 확인했다. 앞에서 언급한 방법도 사용해보았다. 이런 식으로 결정을 내리기 위해 애썼지만 4주가 흘렀고, 여전히 하나님이 원하시는 뜻이 무엇인지 확신이 서지 않았다. 그래서 나는 그 목사님에게 '안 되겠다'는 대답을 드렸다. 더 이상 결정을 미루는 것은, 그 교회나 내게 옳지 못한 것이었다.

예상되는 질문

첫 면접 때 교회와 사역 후보자는 궁금한 점을 질문하게 된다. 예를 들어, 사역에 영향을 미칠 재량권이 무엇인지 확인해야 한다.[1] 예상 질문을 몇 가지 소개함으로 양측이 첫 면담을 더 잘 준비할 수 있도록 돕고 싶다. 심도 있는 질문이 아니라 관심이 갈 만한 문제들을 위주로 제시했다. 바라건대, 교회와 사역 지원자가 특정 관심사에 대해 구체적인 질문을 생각할 수 있는 기초로 사용하기를 바란다.

교회가 후보자에게 할 수 있는 질문[2]

1. 교회 운영이나 사업을 한 경험이 있다면 구체적으로 알려주겠습니까?
2. 출생지와 성장한 곳은 어디입니까?
3. 목사 안수를 받았습니까? 자신을 목회자라 생각합니까? 평신도라 생각합니까?
4. 교육 사역자에게 가장 중요한 사역은 무엇이라고 생각합니까? 만약 이 교회의 교육 사역자로 부임한다면, 구체적으로 바라는 점은 무엇입니까?
5. 심방에서 교육 사역자가 할 일은 무엇입니까? 심방 시간은 어느 정도가 적절하며, 어떤 식의 심방이 좋다고 생각합니까?
6. 교육 사역자가 상담자 역할을 해야 합니까? 어느 정도의 상담이 필요하며, 감당할 수 있는 상담의 종류는 무엇입니까?
7. 교육 사역자는 규칙적으로 근무 시간을 유지해야 합니까? 몇 시간의 근무 시간이 적당하다고 생각합니까?
8. 교회에 다니지 않거나 주님을 믿지 않는 영혼들에게 개인적으로 복음을 전하고 있습니까?
9. 장년반을 연령별로 나누어야 한다는 주장에 대해 어떻게 생각합니까? 교회 정책은 얼마나 엄격하게 시행해야 합니까? 연령별로 반을 배정해야 하는 이유는 무엇입니까? 학년 진급은 언제 하는 것이 좋다고 생각합니까?
10. 교육 사역자가 새신자나 교사 지원자, 연구 혹은 다른 수업 시간에 가르치는 일에 어느 정도 시간을 할애해야 한다고 생각

합니까?

11. 교육 사역자는 어떻게 교회의 상임위원회와 특별위원회와 동역하며 발전을 모색할 수 있습니까?
12. 교단에서 제공하는 교육기관의 커리큘럼을 어떻게 생각합니까?
13. 교육 사역자가 전체 교육 프로그램의 책임자가 될 수 있는 방법은 무엇입니까?
14. 교회 부속 유치원에 대해 어떻게 생각합니까? 또 주중 사역에 대해 어떻게 생각합니까? 교회 부속 학교, 즉 유치원부터 고등학교까지 부속 학교가 있다면 어떨 것 같습니까?
15. 교회가 주일학교 리더들을 위한 주간 모임을 열어야 한다고 생각합니까? 그렇다면 그 이유는 무엇입니까? 아니라면 그 이유는 무엇입니까?
16. 모든 교육 프로그램에서 정기 월례회를 해야 한다고 생각합니까? 그렇다면 그 이유는 무엇입니까? 아니라면 그 이유는 무엇입니까?
17. 교육 사역자가 교육기관에서 섬길 직분자들을 모집해야 합니까?
18. 주일학교와 제자 훈련을 위한 새 반과 부서를 신설하는 문제를 어떻게 생각합니까?
19. 교육 사역자가 교회의 제직회에 참여해야 한다고 생각합니까? 그렇다면 어떤 방법으로 참여할 수 있습니까?
20. 교육 사역자는 담임목사, 다른 사역자들, 교육기관 리더들, 음악 사역자, 교회위원회, 청소년과 그 리더들, 여름 성경학교 교사, 전체 교인과 어떤 관계를 맺는 것이 좋습니까?
21. 교육 사역자가 가정생활 교육과 그리스도인 가정 주간에 어떤

식으로 관여하는 것이 좋습니까?

22. 교회와 교단의 평신도 청지기 프로그램에 대해 어떻게 생각합니까? 선교 프로그램은 어떻게 생각합니까?
23. 교육 사역자로서 개인적인 재교육을 받는데, 1년 중 투자해야 할 적정 시간은 어느 정도라고 생각합니까?
24. 교육 사역자가 지역이나 전국 단위의 훈련 모임에 참여해야 한다고 생각합니까?
25. 그리스도인이 사회 문제나 도덕적인 문제에 참여해야 한다고 생각합니까? 이런 문제들에 대해 교회는 어떤 태도를 취해야 한다고 생각합니까?
26. 꾸준하게 읽는 종교교육 계간지나 월간지가 있습니까?
27. 교회 리더들과 직분자들을 훈련할 때 어떤 종류의 교재를 사용할 것입니까?
28. 전 교인 심방 프로그램에 대한 의견이 있다면 무엇입니까? 교회 교육 프로그램과 심방 프로그램을 어떤 방법으로 연계하겠습니까?
29. 당신이 교육 사역자가 되는 것을 가족은 어떻게 생각합니까? 교회에서 즐겨 참여하는 활동은 무엇입니까? 지역 공동체에서 즐겨 참여하는 활동이 있습니까?
30. 당신의 가족은 집에서 손님 접대하기를 좋아합니까?
31. 우리 교단에 대해 어떻게 생각합니까?
32. 교회 예배 때 교육 사역자는 어떤 역할을 해야 합니까?
33. 부흥회, 전도 집회, 교제 모임, 전 교회 차원의 활동에서 교육 사역자는 어떤 역할을 해야 합니까?

34. 교육 사역자는 교회의 기록 보존 과정에 어떤 방법으로 참여해야 합니까?
35. 사람들과 동역하는 문제를 어떻게 생각합니까?
36. 새 교육 시설을 기획하고 건축할 때 도운 적이 있습니까?
37. 성경을 어떻게 생각합니까? 당신의 일상에서 성경이 주는 의미는 무엇입니까?
38. 교회 미디어 도서관이 어떻게 활용되어야 한다고 생각합니까?
39. 가장 중시해야 할 교회기관은 무엇입니까?
40. 어느 교회위원회와 일하는 것이 가장 즐겁습니까?
41. 기독교 교육의 일차적인 목적은 무엇이라고 생각합니까?
42. 교회의 기본적인 존재 목적은 무엇이라고 생각합니까?
43. 교육 사역자가 된다면 예상하는 사례비는 어느 정도입니까?
44. 청빙을 받는다면 언제 부임할 수 있습니까?

후보자가 교회에 할 수 있는 질문[3]

1. 행정 관리자, 조정자, 감독자, 교육자, 각종 교회 출판물 발행인 중에서 당 교회는 교육 사역자를 무엇이라 생각합니까?
2. 교육 사역자에게 거는 기대는 무엇입니까?
3. 교회 리더들은 교육 사역을 얼마나 잘 지원하고 있습니까?
4. 교육과 조직상의 기술을 향상시킬 필요가 있습니까? 그렇게 할 의향이 있습니까?
5. 교회는 교회 건물을 확장할 계획이 있습니까? 기존 프로그램이

나 아웃리치를 확대할 계획이 있습니까?

6. 리더 훈련과 교인 심방과 전도 심방을 위해 현재 운영하는 프로그램은 무엇입니까?
7. 교육 사역자는 교회의 홍보 사역에 어떤 식으로 관여합니까?
8. 이전 교육 사역자들은 어떤 분들이었습니까? 각 사역자가 이 교회에서 사역한 기간은 어느 정도입니까?
9. 담임목사는 이 교회에서 목회한 지 얼마나 되었습니까? 앞으로 어떤 계획을 갖고 계십니까?
10. 담임목사는 교회와 교인들을 어떻게 생각합니까? 교인들은 담임목사에 대해 어떻게 생각합니까?
11. 교역자를 충원할 필요가 있습니까?
12. 교회는 어떤 비서직 직원을 두고 있습니까? 교육 사역자의 비서 업무는 누가 처리합니까? 비서직 직원의 감독은 누가 합니까? 교역자를 위한 비서 업무가 제대로 지원되고 있습니까?
13. 교육 사역자는 담임목사를 만족시켜야 합니까? 교회를 만족시켜야 합니까? 담임목사가 사임하면 함께 사임해야 합니까?
14. 교육 사역자가 주일학교와 제자 훈련 프로그램의 책임자로 섬기고 있습니까?
15. 교회에서 교육 사역자를 위한 사택을 제공해줍니까?
16. 제가 교육 사역자로서 사역을 잘 해낼 수 있다고 말하면, 어떤 생각이 듭니까?
17. 교역자의 이사 문제는 누가 관리합니까? 교회는 이사 비용을 지원해줍니까? 이사 이후의 비용, 즉 새집으로 이사하는 것과 관련된 제반 비용을 교회에서 내줍니까?

21

새 사역지에서 새 출발하기

새 사역지에서 새 출발을 하면 수많은 감정이 밀려온다. 흥분이 되고 설레기도 하겠지만, 친구를 새로 사귀고, 신뢰를 쌓으며, 낯선 사람들과 친숙해지는 일은 쉽지 않다. 이런 일은 교육 사역자나 함께 동역할 사람에게 모두 인내가 필요하다. 대체로 교회와 교인들, 교육 리더 그리고 교육 프로그램에 익숙해지는 데 몇 주일이나 몇 개월이 걸린다. 교회 면접에서 얻은 여러 분석 결과가 사역의 방향을 결정하는 데 도움이 되고, 사역 전략은 교회의 현재 상황에 따라 달라진다. 교회 상황이 대체로 안정적이라면, 최소한 처음에는 이미 시행 중인 사역을 그대로 진행하면 된다. 교회가 교육 사역을 하는 데 어려움을 겪고 있거나 성장하지 않고 있다면, 전략을 바꾸는 일에 미온적이거나 망설이면 안 된다.

전에 섬겼던 한 교회는 내가 교육 사역자로 부임하기 전 10년 동안은 놀랍게 성장하다가 그 이후로 조금씩 쇠퇴하고 있었다. 내가 그곳에 도착한 해에 교단은 전체 연령별 반 배정 기준과 학습 절차를 크게 두 부분으로 바꾸었고, 주일학교 커리큘럼을 전면 수정했다. 이 교회가 이런 변화에 대비하여 준비한 대응책은 새 커리큘럼 교재를 주문하는 것이 유일했다. 나는 망설일 여유가 없었다. 200명이 넘는 주일학교 교사들이 새 교재를 사용하도록 준비시켜야 했고, 새로운 반 배정 계획을 세워야 했다. 종종 나는 교사들과 함께 새 교재를 활용할 준비를 하고, 프로그램을 조직하도록 시간적 여유가 더 있었으면 하고 아쉬움을 표현했다. 만일 교회가 성장하고 있다면, 다시 말해 조직적으로 교회가 잘 운영되고 교육 사역자들이 제 역할을 하고 있다면, 교회와 리더들, 교사들, 교회 사역자들을 파악하는 데 시간을 들여야 한다. 이런 경우에는 소소한 부분에 조정이 필요할 수도 있지만, 전임자의 사역을 토대로 사역할 수 있다는 이점이 있다.

새로운 부임한 교육 사역자는 눈을 크게 뜨고 사람들과 프로그램을 잘 관찰해야 한다. 귀를 활짝 열고 자주 경청하며, 말은 적게 하고, 마음을 열고 사람들과 동질감을 느끼고자 노력하며, 순수한 관심을 가지고 동료애가 쌓이도록 노력해야 한다. 판단을 하거나 결정을 내리기에 앞서 사람들과 프로그램에 대한 충분한 자료를 확보하려면 인내심이 필요하다.

이 장은 새로 부임한 사역지에서 당신이 원만하게 적응하고, 안정적 관계를 구축하며, 알찬 사역을 시작하도록 도움을 주는 데 주안점을 두었다.[1]

자신을 준비하기

새 교회 공동체로 옮기기 전에, 이동에 대비해 자신을 준비하라. 다음 제안은 정신적으로 그리고 영적으로 사역지 이동을 인정하고 준비하는 데 도움이 될 것이다.

- 지금까지 섬긴 교회에서 사역한 결과를 평가하라 하루 이상을 투자해서 지금까지 교회에서 사역한 내용을 분석해보라. 장점과 단점을 비판적으로 분석하고 가능한 한 정직하라. 성취한 업적이 있다면 자부심을 가지라. 담임목사, 교역자, 교사들이 이런 업적에 기여한 공로를 인정하라. 이 기회를 자기 평가의 시간으로 삼으라.
- 새로 부임할 교회에 평생 뼈를 묻을 결단을 하라 교회는 사역 기간을 정하지 않고 청빙했다. 그러므로 가능한 오랫동안 이 교회를 위해 열매 맺는 사역을 하겠다는 결심을 하라. 옮기려는 교회를 더 큰 교회나 더 중요한 위치로 가기 위한 디딤돌로 삼아서는 안 된다. 보통 한곳에서 장기 사역을 할 때 사역자나 교회가 모두 성장을 경험한다.
- 긍정적인 태도로 새 사역지에 부임하라 하나님과 이 교회에서 당신에게 사역하고 섬길 기회를 주셨다. 그러므로 항상 겸손해야 한다. 우리는 하나님과 성령님과 다른 사람들에게 배울 수 있다. 분명한 믿음이 있으면, 이 사역이 하나님의 사역이라는 확신이 생긴다. 하나님의 도우심과 인도하심으로 모든 것이 가능하다고 믿을 수 있다. 맹목적인 낙관론을 펼치며 안 하려는 이유를 찾기보다는 할 수 있는 방법을 찾으려고 적극적으로 노력해야 한다.
- 자신의 장점과 단점을 인정하라 모든 사람에게는 잘하는 부분도

있고 잘하지 못하는 부분도 분명 있다. 단점을 장점으로 바꿀 수 있음을 확신하고, 장점을 위주로 사역을 개발하고 구축하라.

- 가족을 우선순위로 두라 새 교회에서 사역하는 일은 가족을 가장 중요한 우선순위로 설정하거나 재설정할 기회가 된다. 사역자들은 관계와 우선순위에서 가족을 이차적으로 생각하는 경향이 있다. 건강하고 튼튼하며 행복한 가정이라는 기지가 없으면 효과적인 사역을 할 수 없다.

가족과 함께 새 사역지로 옮기는 일

아마 가족이 당사자인 교육 사역자보다 더 낯설고 힘들어할 것이다. 보통 교육 사역자는 이사할 이유가 타당하고 사역에 대한 도전을 받으며 분위기에 몰입하기 때문에 적응을 금방 하는 편이다. 그러나 가족은 새로운 관계를 맺고 다시 친구들을 사귀어야 한다. 희망 사항일수도 있지만, 교회는 새로운 곳으로 이사 온 가족이 새 공동체에 정착하는 것을 돕고자 충분한 시간을 줄 것이다. 새 주택이나 아파트로 이사를 하면, 커튼을 달고 가전제품을 설치하며 박스를 풀고 찬장을 청소하며 채우고 가구를 정리하는 등, 할 일이 산더미처럼 많아진다. 교인들과 그 가족들은 사역자와 그의 가족에게 친구들, 학교, 쇼핑센터, 은행, 병원을 소개하는 식으로 원활하게 적응하도록 도울 수 있다. 새로운 사역지에 적응하는 데 다른 사람들의 도움을 받듯이, 가족이 새로운 환경에 빨리 적응하도록 신경 써야 한다.

교회 생활의 시작

가족이 무사히 정착하면 사역자가 교회에서 사역을 시작할 준비가 되었다. 먼저 새 사무실 서고에 책을 꽂고 직무를 보기에 편하도록 책상을 정리하라. 교회가 어떻게 운영되는지 알고 잘 적응하도록 도와줄 다른 교역자를 찾아보라. 사무실 비품을 조달하는 법, 필요한 물품 구매 방식, 병가에 관한 세부 방침 등도 알아야 한다. 사역자 매뉴얼이 있으면 여유가 생길 때 읽을 수 있고, 궁금증이 생기면 찾아서 답변을 확인할 수 있다. 일단 교회 체계에 익숙해지면, 담임목사와 사역자들과 친밀한 관계를 형성하도록 노력하라.

▪

담임목사와 사역자들과의 관계 구축

담임목사와 밀도 높은 시간을 보내라. 목회자가 먼저 오리엔테이션 면담을 주선해서 교회의 다양한 정책과 그 정책들이 미치는 영향을 파악할 수 있게 해야 한다. 이 시간이 사역자 매뉴얼에 있는 내용을 복습하는 시간이 될 수도 있다. 이 만남이 담임목사와 탄탄한 실무 관계를 쌓는 데 도움이 될 수 있고, 솔직하고 개방적이며 신뢰하는 관계를 형성하는 데 도움이 될 수 있다. 좋은 관계는 전문 사역자이자 고결한 인격체로서 서로 존중하는 태도가 기반이 되어야 한다.

다른 사역자들과 친숙해지는 일은 매우 중요하다. 그들과 친숙해지기 위해 노력하라. 그들이 개인적으로나 업무적으로 속마음을 털어놓을 수 있는 분위기를 조성하라. 구체적으로 어떻게 사역하는지 물어보고, 그 사역으로 교회에 어떤 유익을 끼치는지 이야기해달라고 요청하라. 사역자들이 교육 사역자의 역할과 교회에 대한 기여를 어떻게 평가하는지 살펴보라.

경험이 풍부하고 연장자인 사역자가 있다면, 그에게 조언과 충고를 구하라. 그는 교인들이 어떤 생각을 하며, 어떻게 해야 반응을 이끌어낼 수 있는지 오랜 경험으로 잘 알고 있다. 그 경험은 교육 사역을 시작하는 사역자에게 소중한 징검다리가 될 것이다.

교육 사역자는 담임목사와 교회 사역자들과 관계를 형성하기 위해 자신이 팀의 일원임을 그들에게 보여주어야 한다. 경쟁심을 유발할 어떤 암시나 느낌도 주면 안 된다. 그 대신 도움이 필요함을 전하고 성실한 자세로 그들을 대하라. 사역 팀의 각 사람은 사랑과 신뢰와 도움을 받을 가치가 있다.

또한 평신도 직원들과의 원만한 관계도 사역 성공에 큰 영향을 미친다. 이들과 친해지도록 노력하라. 여기에는 비서, 사찰, 교회 안내원, 그 외 18장에서 소개한 교회 직원들이 포함된다. 이들은 사역을 지원하는 역할을 하지만, 교회 사역의 성공과 실패에 중요한 역할을 한다. 이들에게는 교회 사역에서 소중하고 중요한 역할을 한다는 자부심이 필요하다.

교육 리더십 팀

교육 사역은 대부분 평신도 리더들이 담당한다. 교사들과 친숙해지도록 충분한 시간을 투자하고, 각자의 장단점을 파악하는 데 시간을 들이라. 그들의 집을 방문하거나 차나 커피를 마시며 환담을 나누거나 그들을 당신의 집으로 초대해 식사 교제를 하는 비공식적인 방법이 가장 좋다. 교육 사역자가 지녀야 할 철학과 접근 방식은 교육 사역자 혼자만 열심히 하려는 게 아니라 교육 리더들을 키워 '역량을 갖추게 하고 그들을 준비시키는 데'(엡 4:11-12) 있어야 한다. 그들은 사역에 대한 교육 사역자의 이런 철학이 어떤지를 분명히 봐야 한다. 즉 교육 사역자는 자신도 팀의 일원이며, 각 리더가 효과적으로 사역하도록 돕는 데 매진할 것이라는 확신을 심어주어야 한다.

리더를 개별적으로 알고 그들의 가족과도 친해져야 한다. 그러면 어려울 때 목양할 수 있다. 그들 가족의 이름을 알고 각자의 고민을 알아주는 것보다 사람들에 대한 순수한 관심을 표현하는 좋은 방법은 없다.

교인들과의 관계 구축

전체 교인을 대상으로 이 교회에서 섬기게 된 기쁨을 전하는 편지를 써서 교회 주보에 실으라. 청빙해준 것과 리더십에 대한 신뢰를 보여준 것에 대해 감사를 표현하라.

담임목사나 사역자들에게 교인들과 친해질 방법에 대한 조언을 구하라. 그들은 교회 예배에 참석하거나 예배 후에 교인들과 인사를 나누거나 부서 리더들에게 부서 모임에 참석해달라고 부탁하라는 조언을 해줄 것이다. 처음 몇 주간은 모임에 참여하는 것 외에 다른 방법이 없다는 생각이 들지 모른다. 그리고 그것이 사실일 수도 있다. 그러나 이런 소그룹 모임들이 교인들과 친해질 수 있는 가장 좋은 기회이기도 하다. 이런 모임에서는 말하기보다는 듣는 데 치중하고, 교회 사역의 성공에 도움이 되고 싶다는 마음을 피력하는 게 좋다.

새로 부임한 교회에서 교인들의 이름을 외우기란 쉬운 일이 아니다. 만날 때마다 이름을 알려달라고 교인들에게 부탁하라. 자주 접촉하고 교제하면 이름을 쉽게 외울 수 있다. 상대방에 대한 관심이 진심이라는 생각이 들면, 교인들은 기꺼이 자신의 마음을 털어놓을 것이다.

핵심 인물들에 대한 확인[2]

교회에서 리더로 섬기는 사람이 누구인지 알아야 한다. 다음 질문들에 대답할 필요가 있다. 어떤 질문의 대답은 교회 요람에서 확인할 수 있고, 어떤 질문의 대답은 사역자들에게 들을 수 있다. 꼼꼼히 관찰해야 알 수 있는 답도 있다.

- 핵심 리더들은 누구인가?
- 프로그램에 대한 승인과 취소 권한은 누구에게 있는가?
- 교회의 실질적인 권력은 누구에게 있는가?
- 지금과 다른 새로운 프로그램을 시도할 때, 기꺼이 나를 지지해 줄 사람은 누구인가?
- 새로운 제안이나 프로그램에 거부감을 보일 것 같은 사람은 누구인가?

정식으로 선출된 리더가 아닌 사람이 이 답변의 주인공일 수도 있음을 기억하라. 그럴 경우, 그들이 교육 사역자의 권한을 좌지우지하도록 방치하면 안 된다. 대화와 토론과 교회 사역에 적극적으로 개입하고 싶다는 솔직한 마음을 전달함으로써 잠재적 반대자를 설득해야 한다. 이 교회에서 사역 리더십을 성공적으로 발휘하고 싶다면, 든든한 지원군이 되어줄 사람이 누구인지 파악해야 한다.

서로 신뢰하는 유대감의 형성

교육 사역자가 교육 리더들과 교인들과 신뢰하며 유대감을 형성하려면 시간이 걸린다. 해리스는 몇 가지 실제적인 실천 사항을 제안한다.

> 고용된 목적에 충실히 부응하는 것이, 교육 사역자가 신뢰 관계 형성에 기여할 수 있는 중요한 방법이다. 사람들의 말을 경청하고 삶과 어려운 일을 공유하는 태도는 사람들의 눈에 쉽게 드러난다. 깊은 관심을 보이며 교인들의 삶에 동참할 때 최선의 방법으로 유대 관계를 형성할 수 있다.[3]

원만한 출발을 위한 조언[4]

원만한 출발의 중요성은 분명히 잘 알고 있을 것이다. 원만할 출발에 도움이 될 몇 가지 조언을 소개한다.

- **처음 몇 주간은 필기할 수첩을 계속 지참하라** 새로 사역을 시작하면, 기억해야 할 정보가 홍수처럼 쏟아진다. 단순히 기억에 의

존하다가는 낭패를 볼지 모른다. 기억해야 할 내용이 있다면 기록하고, 궁금한 질문이 생기면 적어두라. 만나는 사람들의 이름을 적고 모임의 배경과 그들에 대해 알게 된 개인적인 인척 사항들을 다 적으라.

- 속도를 조절하라 보통 새 사역지에서 처음 며칠이나 몇 주간은 스트레스가 심하다. 새로운 사역을 시작하고, 이사를 하며, 가족과 함께 개인 가정으로 수많은 초청을 받는다. 에너지를 비축하며 충분한 휴식을 취해야 한다.

  활기찬 모습을 보여주어야 하지만 무리해서는 안 된다. 많은 사람이 새로운 일이나 직장에 출근할 때 지속하기 불가능한 수준의 왕성한 에너지와 열정을 보인다. 처음에는 의욕이 앞서 나갈지 모른다. 하지만 꾸준한 발전이 가장 좋은 것이다.

- 적절한 질문을 하라 어떤 사람들은 수준이 드러날까 봐 두려워서 질문을 꺼린다. 이해가 되지 않는 것이 있다면, 이해가 될 때까지 질문을 하라. 엘우드 채프먼(Elwood Chapman)은 이렇게 조언한다.

> 적절한 질문이란 실제적 효과를 내기 위해 물어봐야 하는 질문을 말한다. 부적절한 질문이란 설명 중인 직무와 실제적인 연관성이 없는 질문이다. 질문을 하고 나면, 귀뿐 아니라 눈으로도 대답을 들어야 한다는 점을 명심하라…귀뿐 아니라 눈으로도 듣는 습관을 들이면 사람들에게 더 좋은 인상을 남길 수 있다.[5]

- 정상 노동 시간을 유지하라 새 일을 시작하다 보면, 사람들은 시간

이나 날을 초과해서 일하기 쉽다. 이런 식으로 교회에 자신의 가치를 증명하려고 하지 마라. 이 교회에서 남은 사역 인생을 보낼 작정이라는 것을 교회가 알고 있다면 시간은 충분하다. 채프먼은 "근무 시간을 초과해 일하겠다는 열의로 사람들에게 인정받으려 하기보다 정해진 근무 시간에 최선을 다하는 것이 더 낫다"[6]라고 말한다.

- 학력이나 이전의 경험을 떠벌리며 자랑하지 마라 학력은 면담 시간과 청빙 과정에서 교인들과 사역자들에게 다 전달되었다. 사역 수행 능력만큼 학벌이 중요하지는 않다. 이전에 사역했던 교회에 대해서도 가급적 말하지 말고, 이 교회와 이전 교회를 비교하지 마라. 이 교회만의 사역 방식이 있을 수 있다. 당신의 사역 방식이 더 나을 경우도 있겠지만, 채프먼은 이렇게 경고한다.

> 그러나 확신이 설 때까지 새 사역지의 사역자들이 사역하는 방식을 그대로 유지하라. 동역자들에게 현재 사역 방식을 설명할 기회를 주어 자부심을 느끼게 하라. 개선을 위해 변화를 시도할 시간은 충분히 있다.[7]

- 친구들을 사귀되, 너무 조급하게 친밀한 사이가 되려고 애쓰지 마라 한두 사람과 특별하고 끈끈한 우정을 쌓을 수도 있다. 하지만 새 교회에 부임했을 때 친근감을 보이는 이들을 고맙게 받아들이더라도, 특정한 한두 사람이 아니라 전체 교인과 사역자와 관계를 형성하는 데 집중해야 한다.
- 사역자 매뉴얼을 숙지하라 사역자 매뉴얼을 숙지하면, 교회의 여

러 정책과 절차를 이해하기 쉽다.

- **언어적으로나 비언어적으로 긍정적인 신호를 보내라** 여러 언어적 신호로 좋은 첫인상을 줄 수 있다. 예의 바른 태도로 사람들에게 인사하라. 미소는 비언어적인 친근한 신호다. 채프먼은 이렇게 조언한다.

> 친근한 신호를 보내며 신뢰감을 주는 사람은 좋은 첫인상을 남긴다. 금방 영향력을 발휘할 영역이 생기고 지속적이고 실제적인 인간관계를 두루 맺을 수 있다. 자기 자신을 좀 더 믿고 그런 신호를 보낼 수 있다는 자신감을 가지라. 주도적이 되라. 자신만의 독특한 몸짓이나 신호를 보내고 만나기에 편한 사람이라는 인상을 주라.[8]

22

지혜롭게 사역 마무리하기

유능한 교육 사역자는 청빙을 받을 기회가 많다. 하지만 자연스럽게 거절할 수밖에 없는 경우가 있다. 이를테면 부임한 지 얼마 안 된 상황에서 제안을 받을 경우, 사임하면 현재 교회가 타격을 받을 경우, 새 프로그램이 막 시작되었고 당신의 리더십이 그 프로그램의 지속적 성공 여부에 결정적인 영향을 미칠 경우 혹은 가족의 상황이 이사하기에는 적절하지 않은 경우다. 또한 하나님의 뜻을 구하며 깊은 숙고가 필요한 제안도 있다. 나는 타당한 이유가 보이지 않아서 청빙을 거절한 경우가 여러 번 있었다. 단순히 그렇게 하는 것이 맞다는 생각이 들었다.

사역자들은 한 교회를 떠나 다른 교회로 옮겨야 할 시기를 확신하는 데 어려움을 느낀다. 누군가 다른 사람, 예를 들면 담임목사, 교회 인사위원회 혹은 다른 교회기관에서 사임 결정을 내리는 경우가 있다. 그러나 이 마지막 장에서는 본인이 자의적 결정으로 선택해야 할 경우를 다룬다. 다른 교회로 옮겨야 할 원인이 되는 요인을 분석하고, 이동하는 것이 현명하지 못한 경우도 다룰 것이다.

교회를 옮기는 것이 쉬운 일은 아니다. 특히 좋은 추억이 많은 교회를 떠나야 할 경우는 더욱 그렇다. 한 몸이었던 교회나 함께 동역했던 사역자들을 떠날 때는 상실감과 깊은 아픔을 경험한다. 한 공동체에서 다른 공동체로 옮기면 그동안 누린 우정과 안정감을 포기해야 한다. 그동안 고향처럼 느끼던 곳이 아니던가.

교회을 옮기는 것은 매우 두려운 일이다. 모든 것을 다시 시작해야 한다. 이전 교회에서 존경을 받고 신뢰를 얻기 위해 많은 수고를 했더라도 이제 그 과정을 되풀이해야 한다. 교육 사역자로서 오랜 세월을 지냈지만, 새 교회와 교인들은 당신을 전혀 모른다.

교회를 옮길 때는 교육 사역자 본인만이 아니라 가족도 함께 이동을 한다. 어떻게 하면 가족이 이 새 교회를 좋아할 수 있을까? 새 공동체에 제대로 적응할 수 있을까? 아이들이 새 학교를 마음에 들어할 것인가? 배우자가 새 교회와 공동체에서 사역할 부분이 있는가? 새로 이사할 집은 얼마나 마음에 들어할까? 새집이 아파트인가? 주택이나 공동 주택인가? 낯선 곳으로 옮기면 누구나 불안하고 긴장하게 된다.

옮길 것인가? 옮기지 않을 것인가?

매우 어려운 이 문제를 두고 하나님의 뜻을 알기 위해서는 기도가 필요하다.

교회 이동을 고려해야 할 시기

다른 교회에서 청빙 요청을 받으면 교회를 옮겨야 할지 진지하게 고민하게 된다. 다음 항목 중 하나 이상에 해당하면 하나님이 당신을 새 사역지로 부르고 계신 것일 가능성이 크다.

- 사역이 마무리되었다는 생각이 들 때 사역이 마무리되었다는 생각이 든다고 해서 할 수 있는 일을 모두 했다는 뜻은 아니다. 하나님의 인도하심을 받는 교회는 구체적인 목표를 이루기 위해 다양한 사람이 필요하다. 다시 말해서 당신이 이 교회에서 정해진 사역을 하는 것 외에 더는 할 일이 남아 있지 않다는 뜻이다. 교회가 할 수 있는 일은 다 완성되지 않았지만 당신이 할 일은 다 마무리되었다.[1] 그린빌의 제일침례교회를 떠나야 한다는 생각이 들었을 때 내 마음이 그랬다. 담임목사가 내게 제시한 두 가지 목표를 다 달성했다고 생각했다.

  듀크 맥콜(Duke McCall)은 『그 관계』(*The Tie*)[2]에서 한 사역자가 한 교회에 5년에서 10년 동안 있게 되면, 교회 리더들과 서약을 새로 조정해야 한다고 지적했다. 사역 기간이 그 정도 흐르면, 처음 부임할 때 세운 목표들이 대체로 실현되었을 가능성이 크므로 새 목표를 정해야 한다. 나는 이것을 사역자나 교회가 모두 귀담아 듣고 실천해도 좋은 충고라고 생각한다. 나도 재조정을 시도해보았지만 성공하지는 못했다. 그런데 그런 상황에서는 계속 해오던 일은 지속할 수 있어도 사역에 대한 도전은 별로 받지 못한다. 다른 교육상의 과제와 할 일이 있었지만, 내게 허락된 임무를 다 완수했다는 생각을 떨칠 수 없었다.

- 감당하기 힘들 정도의 반대가 있을 때 어느 정도는 반대와 마찰이 있으리라 예상하지만 반대가 너무 거세서 사역을 지속하는 것이 현명하지 않을 때가 있다. 또 주어진 권한 내에서 그 반대를 생산적으로 해결하기 위해 최선을 다하지만 해결이 안 될 때가 있다. 사임한다고 해서 반드시 반대에 굴복하는 것은 아니다. 계속된 반대를 견디는 일은 결국 해롭다는 것을 알게 된다.
- 청빙 기회가 도전이라는 생각이 들 때 현재 섬기는 교회에서 여전히 생산적이고 유익한 사역을 할 여력이 있다고 생각하지만 또 다른 사역 기회가 큰 도전으로 다가올 수도 있다. 내가 아는 사역자는 대부분 교회가 잘 운영되고 있을 때 옮기는 것이 가장 좋다고 말한다. 지금 교회보다 새 교회에서 교육 사역자의 은사와 능력이 더 필요할지 모르며, 그에게 새로운 도전이 필요할지 모른다.
- 이동하는 것이 옳다는 확신이 들 때 이것이 자기 인생에 허락된 하나님의 뜻이라는 생각이 든다.[3] 부인할 수 없는 확실한 하나님의 인도하심을 체험할 때가 있다.
- 교회에서 리더로서 영향력을 잃었을 때 교회에서 리더십을 상실하는 많은 이유가 있다. 실수로 리더십 능력에 대한 교인들의 신뢰가 무너졌을 수도 있다. 교회의 어떤 결정에 주도적 역할을 함으로써 다른 한편에서 지원을 철회하는 경우도 있고, 교회의 신임을 잃고 더는 생산적인 사역을 할 수 없는 경우도 있다. 그러나 교회를 옮기더라도 왜 리더의 영향력을 잃었는지 그 이유를 정확하게 확인하는 작업이 선행되어야 한다. 그런 고통스러운 경험에서도 많은 교훈을 얻어야 한다. 그리고 그런 실수를

반복하지 마라.

- **마음이 불안하고 힘들 때** 여기서 말하는 불안감은 빈번하게 사역지를 옮기는 일부 사역자가 보이는 불안감과는 다르다. 그런 사역자는 문제가 생길 만큼 한 교회에 오래 머무르지 않기 때문에 사람들이나 교회와 문제가 생기지 않는다. 그들은 2-3년마다 교회를 이동한다. 여기서 말하는 불안감이란, 좀처럼 불안감에 시달리지 않는 평온한 사람에게 갑자기 찾아오는 불안감을 말한다. 하나님이 새로운 사역과 도전에 앞서 당신을 준비시키신다는 생각이 들 때 불안감과 기대감이 교차한다. 이런 내적 불안감은 교회를 옮기는 것을 고려할 때라는 신호일 수 있다.[4]

교회를 옮기지 말아야 할 때

잘못된 이유로 교회를 옮길 때 사역자는 심각한 실수를 한다. 특정 시기에 교회를 옮기는 것이 현명한 결정이 아니라는 몇 가지 징표가 있다.

- **교회가 어려움에 처해 있을 때** 교역자 간의 갈등도 여기에 포함된다. 당신과 담임목사 사이에 문제가 있는 경우도 그렇다. 한 교회에서 어느 정도 사역하다 보면, 영적 지도자로서의 성공과는 전혀 무관한 시련의 때를 만나게 된다. 이런 시련은 머물러야 한다는 징표일지도 모른다. 교인 중에 문제가 있는 경우도 있다. 때로 그런 교인은 교회의 문제들을 제대로 해결하기도 전에 사역자를 내보내고 싶어 한다. 로리(Lowrie)는 "그런 사람을 두려

워해서 회피하지 말고, 사랑으로 경고하는 것이 필요하다"[5]라고 말한다. 교회마다 문제를 일으키는 사람이 꼭 있는 것 같다. 이런 문제가 생겼다고 교회를 옮긴다면, 아마 문제의 이름만 바뀔 것이다. 어떤 문제든, 그 문제를 일으키는 사람이 누구든, 문제가 교회를 옮겨야 하는 징표인 경우는 거의 없다.[6]

- **영적 메마름은 교회를 옮겨야 하는 확실한 징표가 아니다** 누군가는 이런 영적 메마름을 '탈진'이라 부를지 모른다. 이전처럼 사역에 대한 열정이 느껴지지 않는다. 어쩌면 교회가 어려움에 처해 있거나, 당신의 가족이 스트레스에 시달리고 있을지도 모른다. 여전히 열심히 사역하고 기도하지만, 개인적으로든 사역에서든 진전이 거의 없고 '남의 떡이 더 커 보일' 수 있다. 이럴 때는 당연히 변화를 꾀하려고 시도한다. 하지만 사역자와 그의 가족처럼 사역도 여러 주기를 겪는다는 점을 인정하라.

  지금 이런 인생의 계절을 지나고 있다면, 새로운 사역지를 찾아볼 것이 아니라 그 메마름의 원인을 확인하는 작업을 해야 한다. 단순히 휴식이 필요할 수도 있다. 그러면 휴가를 가거나 며칠 휴식 시간을 보내면 된다. 예전에 이런 영적 메마름을 교회를 옮겨야 할 분명한 징표라고 오해한 적이 있다. 심지어 나는 옮길 다른 교회를 방문할 정도로 적극적으로 행동했다. 그런데 집으로 돌아온 후, 그 모든 상황이 너무 불편하게 느껴졌다. 그래서 친구 목사를 찾아갔고, 그는 내가 상황을 객관적으로 바라볼 수 있도록 도와주었다. 그는 도널드 스미스(Donald Smith)의 『십자 포화를 맞는 사역자』(*Clergy in the Crossfire*)[7]를 읽어보라고 권면했다. 나는 그 책을 읽고 사역의 방향을 바꾸었고, 다른 교회로 옮기는 실수를 하지 않을 수 있었다.

- **'열린 문'이 교회를 옮겨야 하는 확실한 징표는 아니다** 사역자로 청빙하려고 적극적으로 시도하는 교회가 있으면 기분이 우쭐해질 것이다. 능력 있는 사역자라는 소문이 나면, 여러 교회에서 문의를 하거나 청빙을 받을 수 있다. 솔직히 대형 교회에서 이런 요청을 받으면 마음이 흔들리기 쉽다. 하지만 이것을 교회를 옮기라는 하나님의 뜻으로 해석해서는 안 된다. 열린 문이 교회를 옮기는 이유가 되지는 않는다.[8]
- **교육 사역자의 섬김이 시급해 보여도 그것이 그 교회로 옮겨야 한다는 징표는 아니다** 로리는 다음과 같이 유익한 충고를 한다. "섬김이 절박하게 필요하고 큰 기회가 될 교회에서 청빙을 받을 경우가 있다. 그런 필요를 만날 때마다 교회를 옮긴다면, 교회 제직회 집사들보다 이사 업체 직원들과 더 친해질지도 모른다. 당신이 교회를 옮길 때는 타당한 이유가 있어야 한다."[9]

출발 준비

관계를 끝내는 것은 절대 쉬운 일이 아니다. 한 교회를 떠나 다른 교회로 옮기게 되면 여러 감정이 뒤섞여 심경이 복잡해진다. 정든 사람들과 이별한다는 생각에 슬프기도 하고, 새 사역지를 생각하면 흥분과 기대감으로 설렌다. 교회를 사임할 때 교회와 교인들이 준비하도록 어떻게 배려할 수 있을까? 다음 제안이 도움이 될 것이다.

- **담임목사와 사역자들에게 알리라** 담임목사는 당신이 다른 교회와 면접을 본 사실을 이미 보고받았을 것이다. 일단 교회를 옮길 결심이 섰다면, 무엇보다 먼저 담임목사에게 알려야 한다. 그런 다음 사역자들, 비서, 그 밖의 교회 직원들에게 알려야 한다. 다른 누군가에게 간접적으로 듣게 하지 말고, 당신이 직접 그 사실을 이야기하라.
- **교육 리더들에게 당신의 결정을 알리라** 여기에는 함께 동역했던 프로그램 책임자들과 리더들이 포함된다. 나는 교회를 사임하기로 결정하면, 프로그램 리더들을 만나 내가 왜 교회를 떠나며 앞으로의 계획이 무엇인지 개별적으로 알렸다. 사임하는 것이 내 인생에 대한 하나님의 뜻이라는 것을 그들이 이해할 수 있도록 설명했다. 하지만 공식적으로 사임 발표를 하기 전에, 교사들에게 이 사실을 알리면 안 된다. 교회를 사임할 때 개인적으로 가장 괴로웠던 일은 교사들에게 내가 떠난다는 이야기를 하는 것이었다. 그들은 함께 프로그램을 기획하고 실행하며 동고동락하면서 우정과 신앙적 교제를 나누고 강한 유대감을 형성한 사람들이었다.
- **사임서 제출하라** 당신이 섬기는 교회가 회중교회 정책을 수용한 교회라면 담임목사와 인사위원회에 사임서를 제출해야 한다. 사임서에는 이 교회를 섬길 특권을 준 것에 대한 감사가 담겨 있어야 한다. 담임목사, 다른 사역자들, 교사들과 동역한 기쁨을 전하라. 그리고 당신이 새로운 교회에서 맡을 직위와 그 일이 왜 하나님의 뜻이라고 생각하는지를 이야기하라. 사용하지 않은 휴가일을 포함해 사역을 마칠 날짜를 적으라. 이때 교회의

문제점들을 지적하거나 고치려 해서는 안 된다. 뛰어난 야구 투수인 사첼 페이지(Satchel Paige)는 훌륭한 철학이 있는 선수였다. "뒤돌아보지 마라. 지난 일에 얽매이지 마라." 앞만 바라보라. 낙관적이 되라. 그리고 이 새로운 출발이 몸담았던 교회를 튼튼하게 하는 기회가 되도록 격려하라.

- **사임을 앞두었다 해도 막 시작한 것처럼 열심히 일하고, 세세한 일에 관심을 가지며 마무리를 잘하라** 교육 사역자가 떠나면 대부분 교회는 후임자를 부르지 않고 몇 개월 동안 그 자리를 공석으로 둔다. 이것은 누군가 당신이 하던 일이나 미처 마치지 못한 일을 맡아 하게 된다는 뜻이다. 성도들을 잘 준비시키고 구비시킨 사역자라면 다른 교육 사역자가 올 때까지 교인들이 그 빈자리를 채울 수 있을 것이다. 대충 하고 떠나고 싶은 마음이 들 수도 있다. 작별 인사를 하느라 바쁘고, 교인들은 가족 동반으로 식사를 하자고 초대하며, 관심이 온통 새로 부임할 교회에 쏠려 있기 때문이다. 당신이 떠난 뒤에도 교육관이 제대로 정리되고 여전히 효과적이고 효율적으로 기능할지를 확인할 중요한 책임이 당신에게 있다.
- **지금 하고 있는 일을 적으라** 스스로 '내가 교육 사역자로 가게 되면, 그 사역을 하는 데 도움이 될 만한 정보는 무엇인가?'라고 질문해보라. 지금 일상적으로 하는 사역을 적어보는데 단순히 사실을 나열하는 선에서 그치지 말고 일간, 주간, 월간, 년간 단위로 그 내용을 정리해보라. 이 사역을 감당하기 위해 당신과 동역했던 사람들을 확인해보라. 각 사역에 얼마나 많은 시간을 들였는지, 그 사역을 한 이유가 무엇인지 적어보면 도움이 될

것이다. 이 내용을 담임목사와 인사위원회에 알려주라. 어떤 일들은 후임자가 올 때까지 지체하면 안 되는 것도 있다.

- 사임하기로 결정한 이유를 사람들에게 이야기해주라 사임서에는 이것이 당신의 인생을 위한 하나님의 뜻이라고 생각한 이유를 굳이 적을 필요가 없지만, 평신도들은 당신이 그렇게 생각하기까지의 과정을 잘 모른다. 그러므로 교회를 사임하기 전에 교육기관과 기획 모임을 열어 사임하기로 결정하기까지의 과정을 이야기해주라. 그 일이 쉬운 결정이 아니었음을 알리는 것을 주저하지 말고, 치열하게 고민했던 내용을 자세히 전하는 것이 좋다. 즉 이 일을 위해 기도했고, 하나님의 뜻을 잘 분별하고자 가족과 오랜 시간 상의했음을 알려라. 또 교회를 옮기는 문제로 조언을 구하고 상의를 한 사람들이 있으며, 그들이 그 과정에서 어떤 도움을 주었는지도 말하라. 나 같은 경우에는 교회 주보에 내가 사임하기까지의 과정을 알렸다. 만약 교회를 떠나기 전에 예배를 인도할 기회가 있다면, 그때 하나님이 당신을 부르시는 새로운 사역에 대해 설명하는 것도 좋다.
- 긍정적인 면을 강조하라 사임한다고 기존 교회 내의 문제점들을 지적해서는 안 된다. 그동안 사역하면서 그 문제들을 제대로 해결하지 못했다면, 당신이 떠난다고 해서 그 문제들이 해결되지는 않을 것이다. 부정직하거나 비현실적으로 행동하라는 말이 아니다. 다만, 이 시간은 서로를 세우고 격려하는 시간임을 기억하라는 말이다. 당신은 그동안 교회를 세우고자 노력했다. 그러니 떠날 때도 같은 목적을 염두에 두어야 한다.
- 사역을 마무리하라 당신은 이 교회에서 효과적인 교육 사역을 했

다. 사람들이 신앙을 고백하고 교회에 등록하도록 도왔으며, 교인들이 아프고 병들었을 때 그들을 돌보고 장례식을 인도했다. 교인들에게 개인적이고 가정적인 문제가 있으면 상담을 해주기도 했다. 당신의 개인적인 신앙 간증 때문에 그리스도를 인생의 주와 구주로 받아들인 이들도 있다. 그뿐 아니라 당신에게 제자 훈련을 받은 사람들도 있고, 당신이 직접 리더로 세운 교회 지도자들도 있다. 당신은 그들을 훈련하고 격려하며 예수 그리스도의 선한 종이자 사역자가 되라고 도전했다. 이제 하나님이 교인들에게 베푸신 수많은 축복의 기억을 간직하고 교회를 떠난다. 사망의 음침한 골짜기를 함께 걷고 서로 삶을 나누었다. 그들은 당신에게 도움이 필요할 때 당신과 가족을 돌보아주었다. 이처럼 성도들과 깊은 관계를 맺어왔는데, 이 관계를 어떤 식으로 마무리하기 원하는가? 사역자로서 교회를 섬기는 일을 중단하면 사역이 마무리되고, 더는 공식적으로 그들의 교육 사역자가 아니다. 그래서 기존 교회와 성도들의 지원과 관심은 당신의 후임자에게 돌아가야 한다. 좋은 친구로서 관계는 유지할 수 있지만 말이다. 헤어지더라도 계속 관심을 가져달라고 부탁하는 사람이 있을 수 있다. 그럴 때는 현재 부임 중인 교육 사역자가 있으니 안 된다고 이야기하라. 그들의 기도 제목을 잊지 않고 계속 기도하며 우정의 관계를 이어가겠다는 확신은 심어주라. 친구로서 그들의 필요를 채워주려고 노력할 수 있지만, 교회 사역자로서의 관계는 끝났음을 분명히 알려주라.[10]

- 집무실을 깔끔하게 정돈하고 떠나라 개인 소지품, 즉 책과 여러 물건은 집무실에서 다 치워야 한다. 그러나 교회의 물건은 모두

남겨두라. 여기에는 교회 건축 계획서나 교회가 개인적으로 활용하도록 구입해준 설비나 교회 예산으로 구입한 책 혹은 다른 중요한 자료들이 포함된다. 교회 교육 프로그램이나 책임을 맡았던 다른 영역에 관한 정보를 잘 정리해서 후임자가 쉽게 사용할 수 있도록 하라. 파일용 캐비닛은 깨끗이 치우되, 교회 관련 정보와 자료는 남겨두고, 필요한 자료가 있다면, 복사본을 준비해서 가져가라. 비서나 담임목사에게 집무실에 남긴 비품에 대해 알려주고, 그 위치도 알려주라.

사역 윤리

교육 사역자는 교회에 부임할 때처럼, 사임할 때도 올바른 사역 윤리를 실천해야 한다.

- 사임할 때 사역이 계승될 수 있도록 배려해야 한다 담임목사에게 갑자기 일방적으로 통보하듯이 사임해서는 안 된다. 후임자가 올 때까지 교육 사역이 건강하게 유지될 수 있도록 사임 시기를 정해야 한다. 후임자가 사역을 잘 승계할 수 있도록 최대한 배려하라.
- 교회와 교인들과 좋은 관계 속에서 떠나라 언제라도 다시 돌아와 사역할 수 있을 정도로 교회와 교인들과 좋은 관계 속에서 떠나야 한다. 정면으로 얼굴을 마주하더라도 꺼릴 일이 없어야 한다. 해결하지 못한 금전적 문제도 남아 있어서는 안 된다. 그동

안 교회에서 책임감 있게 행동했고 훌륭한 시민으로서 책임을 다했기 때문에, 교인들이 당신과 가족에 대해 좋은 감정을 가진 상태에서 떠나는 것이 좋다.

- **이 교회를 다시 방문할 때 조심스럽게 행동해야 한다** 교회를 옮긴 것이 계속 아쉽다면 애초에 교회를 떠나지 말았어야 했다. 다시 방문하고 싶더라도 적당한 시간이 흐른 뒤에 하고 가능한 모든 상황을 고려해 행동해야 한다. 다시 방문하더라도 교육 사역자가 아닌 친구로서 방문해야 한다. 첫 방문은 특별한 요청의 형식으로 이루어지는 것이 좋다. 너무 자주 방문하지는 마라. 방문하게 된다면, 후임자에게 먼저 허락과 양해를 구하는 것이 옳다.[11]

교회를 옮긴 후에

새로운 교회로 부임한 후에는 전 교회와 관련해 몇 가지 문제를 처리하는 게 좋다. 전 교회의 담임목사와 사역자들에게 감사 편지를 쓰고, 핵심 리더들에게도 개별적으로 감사 편지를 보내라. 당신의 사역에 많은 도움을 주었던 비서들과 사찰 집사님에게도 감사 편지를 보내면 좋다.

후임자가 결정되었다면 축하 편지를 보내라. 이 편지에는 두 가지 목적이 있다. 첫째, 축하의 마음을 전하는 것이고, 둘째, 격려하기 위해서다. 당신이 처음 이 사역을 시작했을 때의 소감을 기억해 보라. 새 교육 사역자에게 그를 지지하고 생각날 때마다 기도하겠다고 이야기하라.

— 서문

1 Findley B. Edge, *Does God Want You as a Minister of Education*?(Nashville, Broadman Press, 1951), 서문.

2 Harry C. Munro, *The Director of Religious Education*(Philadelphia: The Westminster Press, 1930), 16.

3 W. L. Howse, *The Minister of Education*(Nashville: Convention Press, n. d.), 11

4 Maria Harris, *The D.R.E. Book: Questions and Strategies for Parish Personnel*(New York: Paulist Press, 1976), 2. 이 책은 가톨릭교회 종교교육 책임자들이 사용할 목적으로 집필되었다.

5 같은 책, 3.

6 Donald G. Emler, *Revisioning the DRE*(Birmingham: Religious Education Press, 1989), 4. Emler이 책을 저술할 당시 센터너리대학 교수였다.

— 1장

1 Harold J. Westing, *Multiple Church Staff Handbook*(Grand Rapids: Kregal Publications, 1985), 25.

2 Clarence L. Barnhart 편집, *The World Book Dictionary* 1권(Chicago: Field Enterprises Educational Corporation, 1974), 287.

3 Edmund P. Clowney, *Called to the Ministry*(Phillipsburg, N.J.: Presbyterian and Reformed Publishing Company, 1976). v.

4 Henlee H. Barnette, *Christian Calling and Vocation*(Grand Rapids: Baker Book House, 1965), 12.

5 같은 책, 17–18.

6 같은 책, 22.

7 Clowney, *Called to the Ministry*, 51.

8 F. F. Bruce, *The Epistle to the Ephesians*(London: Fleming H. Revell, 1961), 85.

9 같은 책, 85.

10 W. O. Carver, *The Glory of God in the Christian Calling*(Nashiville: Broadman Press, 1949), 149.

11 같은 책, 148–149.

12 Frances Foulkes, *The Epistle of Paul to the Ephesians*(Grand Rapids: Wm. B. Eerdmans Publishing Company, 1963), 119–120.

13 C. K. Barrett, *The First Epistle to the Corinthians*(New York: Harper & Row, Publishers, 1968), 295.

14 William Barclay, *The Letters to the Galatians and Ephesians*(Philadelphia: The Westminster Press, 1958), 174–175.

15 같은 책, 121.

16 Kenneth S. Wuest, *Ephesians and Colossians in the Greek New Testament*(Grand Rapids: Wm. B. Eerdmans Publishing Company, 1953), 101.

17 Barclay, *The Letters to the Galatians and Ephesians*, 176.

18 같은 책, 176–177.

19 William E. Hull, "Equipping: A Concept of Leadership", *Church Administration*(1972년 1월): 6.

20 같은 책, 7.

— 2장

1 George A. Buttrick 편집, *The Interpreter's Dictionary of the Bible*, K–Q권(Nashville: Abingdon Press, 1962), 881.

2 같은 책.

3 Dorothy Jean Furnish, *DRE/DCE–The History of a Profession*(Nashville: Christian Educators Fellowship of The United Methodist Church, 1976), 17.

4 같은 책, 17.

5 Louise McComb, *DCE: A Challenging Career in Christian Education*(Richmond: John Knox Press, 1963), 11–12.

6 Harry C. Munro, *The Director of Religious Education*(Philadelphia: Westminster Press, 1930), 1–18.

7 1903년–1965년의 기간은 Furnish의 개요를 참고했다. 내가 아는 한, 교육 사역자의 성장을 역사적으로 기술한 유일한 책이다.

8 Furnish, *DRE/DCE–The History of a Profession*, 22–23.

9 Furnish, *DRE/DCE–The History of a Profession*, 22.

10 같은 책, 29.

11 같은 책.

12 같은 책, 33.

13 Robert E. Bingham and Ernest Loessner, *Serving with the Saints*(Nashville: Broadman Press, 1970), 112.

14 같은 책, 29. 이 수치는 당시 종교교육 운동의 리더들인 Henry F. Cope와 Paul H. Vieth가 조사한 것이다.

15 같은 책, 38.

16 W. A. Harper, *The Minister of Education*(Ashland, Ohio: University Post Publishing Company, 1939).

17 Furnish, *DRE/DCE–The History of a Profession*, 40.

18 Bingham and Loessner, *Serving with the Saints*, 113.

19 내가 속한 교단인 남침례교는 회중 정치제를 채택하고 있다. 그러므로 각 교회가 자체적으로 기준을 정하여 각 사역 후보를 인증해준다. 6개 신학교를 운영하고 있으며, 미국과 캐나다에서 기독교 교육 관련 학교에 등록한 이들 중 약 20퍼센트가 이 교단 소속이지만 남침례교 교단은 자격 인증 기준이나 전문 훈련 과정을 별도로 마련하고 있지 않다.

20 Bingham and Loessner, *Serving with the Saints*, 113.

21 일부 침례 교인은 안수받지 않은 사역자에게도 '교육 사역자'라는 호칭을 적용한다. 일반적으로는 교육 사역자로 일하는 사람들에게 이 호칭을 사용한다.

22 *The Church's Educational Ministry: A Curriculum Plan*(St. Louis: The Bethany Press, 1966).

23 교육 사역자의 인준 기준을 마련한 다른 교단들이 있다. 이 내용은 문의 편지에 대한 답변이다.

— 3장

1 Louise McComb, DCE: *A Challenging Career in Christian Education*(Richmond: John Knox Press, 1963), 70.

2 Maria Harris, *The DRE Book: Questions and Strategies for Parish Personnel*(New York: Paulist Press, 1976), 71.

3 Paul Hersey, *The Situational Leader*(Escondido, CA: The Center of Leadership Studies, 1984). 이 책에서 이 점을 강조한다.

4 동기 부여자로서 교육 사역자의 역할에 대해 더 알고 싶다면 이 책의 14장을 참고하라.

5 위임에 대한 더 자세한 논의와 지침은 Leonard W. Wedel의 *Church Staff Administration* (Nashville: Broadman Press, 1978), 145–147을 참고하라.

6 John Drakeford, *The Awesome Power of the Listening Ear*(Nashville: Broadman Press, 1981).

7 Reginald McDonough 편찬, *Growing Ministers Growing Churches*(Nashville: Convention Press, 1980).

8 Harold J. Westing, *Multiple Church Staff Handbook*(Grand Rapids: Kregal Publications, 1985), 44–57.

9 Harris, *The DRE Book*, 30.

10 Westing, *Multiple Church Staff Handbook*, 15–23을 보라. 이 장은 팀워크의 이유와 장점을 설명한다.

11 탁월한 교사로서 예수님에 관한 설명은 J. M. *Price*의 *Jesus The Teacher*(Nashville Convention Press, 1981)를 보라.

12 Robert E. Bingham과 Ernest Loessner의 *Serving with the Saints*(Nashville: Broadman Press, 1970), 115.

13 같은 책, 116.

14 같은 책.

15 같은 책, 125.

— 4장

1 *The American Heritage Dictionary of the English Language*, S. V. "professional."

2 Felix E. Montgomery, *Pursuing God's Call: Choosing a Vocation in Ministry*(Nashville: Convention Press, 1981), 72.

3 G. Willis Bennett, "Ministry as Profession and Calling", *Review and Expositor*(Winter 1973): 10.

4 James D. Glasse, *Profession: Minister*(Nashville: Abingdon Press, 1968), 38.

5 같은 책.

6 Montgomery, *Pursuing God's Call*, 73–74.

7 남침례교 소속 6개 신학교에서 이 정책을 실시하고 있다. 이 정책은 한 개인이 대학을 졸업하고 서른 살 즈음에 신학교에 입학할 수 있다는 사고가 바탕에 깔려 있다.

8 어떤 학교들은 '종교적'이라는 용어를 사용하는 반면, 다른 학교들은 '기독교적'이라는 용어를 사용한다. 나는 '기독교적'이라는 용어를 사용할 것이다.

9 Johnie Clifford Tharp, Jr., "*The Parish Minister of Education…An Examination of His Role(s)*"(남침례신학교 교육 박사학위 논문, 1970), 52.

10 Harry C. Munro, *The Director of Religious Education*(Philadelphia: Westminster Press, 1930), 171–172. 'pastor'를 괄호로 처리한 것은 Munro가 아니라 내가 표시한 것이다.

11 Montgomery, *Pursuing God's Call*, 90–91.

12 Munro, *The Director of Religious Education*, 36–37.

13 Harold J. Westing, *Multiple Church Staff Handbook*(Grand Rapids: Kregal Publications, 1985), 14–23을 보라. 이 단락은 팀 개념을 소개한다.

14 같은 책, 44–46.

— 6장

1 Maria Harris, *The DRE Book: Questions and Strategies for Parish Personnel*(New York: Paulist Press, 1976).

2 같은 책, 4–5. 여기서 그녀는 교회 안의 다양한 연령 집단과 특별한 이익 집단의 목록을 열거한다.

3 Robert K. Bower, *Administering Christian Education*(Grand Rapids: Wm. B. Eerdmans Publishing Company, 1964), 12.

4 Bruce P. Powers, *Christian Education Handbook*(Nashville: Broadman Press, 1981), 128–132.

5 남침례교에는 여덟 가지 입장에서 프로그램을 점검하는 주일학교 검증 기준이 있다. 주일학교 성장 계획의 한 예인 Sunday School Super Growth Spiral은 남침례교에서 만든 것이다.

6 남침례교 총회 주일학교위원회는 성경 강의, 가족 사역에 필요한 사업계획서를 발행한다. 여성들을 위한 선교교육기관인 여전도회는 연감을 발행하며, 남성들을 위한 선교교육기관인 남전도회는 사업계획서를 발행한다.

7 Ida M. Clark, "Parable of a True Church…or Who Need Records", *Church Administration*(1969년 9월): 36.

8 Powers, *Christian Education Handbook*, 132.

9 Bower, *Administering Christian Education*, 18–20.

10 Robert K. Greenleaf, *Servant Leadership: A Journey into the Nature of Legitimate Power and Greatness*(New York: Paulist Press, 1977), 7.

11 같은 책, 19.

12 같은 책, 20.

13 Charles A. Tidwell, *Educational Ministry of a Church*(Nashville: Broadman Press, 1982), 223.

14 Powers, *Christian Education Handbook*, 56.

15 Tidwell, *Educational Ministry of a Church*, 227.

16 주일학교위원회 위원들은 Convention Press가 출간한 *Bible Teaching Plan Book*을 이용하면 유익한 통찰과 아이디어를 얻을 수 있다. 매년 새로운 플랜북이 출판되며, 보통 6월 1일까지 구입할 수 있다.

17 남침례교회의 주일학교 행정 가이드용으로는 Robert A. Orr의 *Being God's People: A Southern Baptist Church on Bold Missions*(Nashville: Convention Press, 1987), 68–79를 참고하라. 또한 Harry Piland와 Ernest Adam의 *Breakthrough Sunday School Work*(Nashville: Convention Press, 1990), 10–18도 참고하라. 남침례교에 속하지 않은 독자라면, 소속 교단에서 여러 다양한 행정 관리 소책자들을 구입할 수 있을 것이다. 교단에서 그런 소책자를 발간하지 않는 경우에는, 방금 소개한 자료의 해당 개념들을 교회 형편에 맞게 수정해서 사용할 수 있다.

18 *Discipleship Training Plan Book*(Nashville: Convention Press).

19 *Orr, Being God's People*, 84–91. 또한 Roy T. Edgemon, *Discipleship Training: A Church Training Manual*(Nashville: Convention Press, 1986), 8–9를 참고하라.

20 *Orr, Being God's People*, 106–115. 또한 Mickey Martin, *WMU Manual*(Birmingham: Woman's Missionary Union, 1988), 6과 *Baptist Brotherhood*(Memphis: Brotherhood Commission, SBC, 1986), 7–10을 참고하라.

21 The Lutheran Church–Missouri Synod, *Handbook for Local Boards of Christian Education*; Kenneth O. Gangel, *Leadership for Church Education*(Chicago: Moody Press, 1970), 104–105쪽에서 인용함.

22 같은 책, 110–111.

23 같은 책, 111.

24 같은 책, 112

25 Roy B. Zuck. Gangel이 *Leadership for Church Education*, 113에서 인용함.

26 Powers, 118–121.

27 같은 책, 118.

28 같은 책, 118–121.

— 7장

1 David Hunter, *Christian Education as Engagement*(New York: Seabury Press,1963), 32. 또한 Maria Harris의 *The D.R.E. Book: Questions and Strategies for Parish Planning*(New York: Paulist Press, 1976), 13에서 인용됨.

2 Myron Rush, *Management: A Biblical Approach*(Wheaton: Victor Books, 1983), 81.

3 Robert K. Bower, *Administering Christian Education*(Grand Rapids: Wm. B. Eerdmans Publishing Company, 1964), 49.

4 같은 책.

5 같은 책, 51.

6 Rush, *Management: A Biblical Approach*, 84.

7 같은 책, 85.

8 Thomas J. Peters와 Robert H. Waterman, Jr., *In Search of Excellence: Lessons from America's Best Run Companies*(New York: Warner Books, 1982).

9 Carl F. George와 Robert E. Logan, *Leading & Managing Your Church*(Old Tappan, N.J.:Fleming H. Revell, 1987), 60.

10 Charles A. Tidwell, *Educational Ministry of a Church*(Nashville: Broadman Press, 1982), 237–240.

11 Lush, *Management: A Biblical Approach*, 89.

12 같은 책, 238.

13 George Barna, *Marketing the Church: What They Never Told You About Church Growth*(Colorado Springs: Navpress, 1988), 94–96. 그의 제안은 교회가 마케팅 계획을 세우는 것과 관련이 있지만 교육 사역에도 적용할 수 있다.

— 8장

1 James E. Means, *Leadership in Christian Ministry*(Grand Rapids: Baker Book House, 1989), 59.

2 Thomas J. Peters and Robert H. Waterman, Jr., *In Search of Excellence*(New York: Warner Books, 1982), 14–15, 238.

3 Means, *Leadership in Christian Ministry*, 67.

4 Bruce P. Powers 편집, *Christian Education Handbook*(Nashville: Broadman Press, 1981), 101.

5 같은 책, 105–108.

— 9장

1 Harold J. Westing, *Multiple Church Staff Handbook*(Grand Rapids: Kregal Publications, 1985), 149–150. Westing은 또한 145–148쪽에서 새 직분자를 구해야 할 시기를 알 수 있는 몇 가지 지침을 제공하고, 직분자를 충원해야 하는 경우를 소개한다.

2 Myron Rush, *Management: A Biblical Approach*(Wheaton: Victor Books, 1983), 132.

3 Neely D. Gardner and John N. Davis, *The Art of Delegating*(Garden City: Doubleday and Company, 1965), 1–2.

4 Leonard E. Wedel, *Church Staff Administration*(Nashville: Broadman Press, 1978), 145.

5 Rush, *Management: A Biblical Approach*, 136.

6 같은 책, 135.

7 같은 책, 135.

8 같은 책, 135.

9 같은 책, 145–146.

10 같은 책, 141.

11 Gardner and Davis, *The Art of Delegating*, 21.

12 같은 책, 40.

13 Wedel, *Church Staff Administration*, 146–147.

14 Carl E. George and Robert E. Logan, *Leading & Managing Your Church*(Old Tappan: Fleming H. Revell, 1987), 117.

15 Gardner and Davis, *The Art of Delegating*, 86.

16 같은 책, 96.

17 같은 책.

18 Kenneth Blanchard and Spencer Johnson, *The One Minute Manager*(New York: Berkley Books, 1981), 50–60.(『1분 경영』 21세기 북스 역간)

19 Lyle E. Schaller, *The Multiple Staff and the Larger Church*(Nashville: Abingdon Press, 1980), 119–120.

20 같은 책, 120.

21 같은 책.

22 Robert E. Bingham and Ernest Loessner, *Serving with the Saints*(Nashville: Broadman Press, 1970), 122.

23 같은 책, 123–124.

— 10장

1 William E. Young, "The Minister of Education as an Evaluator" Will Beal이 편집한 *The Minister of Education as Educator*(Nashville: Convention Press, 1979) 80쪽에 수록.

2 Alvin J. Lindgren, *Foundations for Purposeful Church Administration*(Nashville: Abingdon Press, 1965), 30–31.

3 D. Campbell Wychoff, *How to Evaluate Your Christian Education Program*(Philadelphia: The Westminster Press, 1962), 9.

4 같은 책, 10.

5 *The Church's Educational Ministry: A Curriculum Plan*(St. Louis: The Bethany Press, 1966), 8.

6 *Church Curriculum Base Design 1984 Update*(Nashville: The Sunday School Board of the Southern Baptist Convention, 1984), 13.

7 Bob I. Johnson, "How to Plan and Evaluate" in *Christian Education Handbook*, Bruce P. Powers 편집(Nashville: Broadman Press, 1981), 60.

8 Young, "The Ministry of Education as an Evaluator", 86–87.

9 Lucien E. Coleman, "How to Evaluate Bible Teaching–Learning" in *How to Improve Bible Teaching and Learning in Sunday School*(Nashville: Convention Press, 1976), 42–43.

10 같은 책, 43.

11 같은 책, 44–51.

12 Arthur M. Adams, *Effective Leadership for Today's Church*(Philadelphia: The Westminster Press, 1978), 158–159.

13 Robert K. Bowers, *Administering Christian Education*(Grand Rapids: Wm. B. Eerdmans, 1964), 131–132.

14 Coleman, "How to Evaluate Bible Teaching–Learning", 63.

15 같은 책.

16 Howard P. Colson and Raymond M. Rigdon, *Understanding Your Church's Curriculum*(Nashville: Broadman Press, 1981), 50.

17 Coleman, "How to Evaluate Bible Teaching–Learning", 65.

18 같은 책.

— 11장

1 Charles Arn, Donald McGavran, and Win Arn, *Growth: A New Vision for the Sunday School*(Pasadena: Church Growth Press, 1980), 40.

2 같은 책.

3 같은 책, 41.

4 같은 책.

5 같은 책, 44.

6 H. W. Byrne, *Christian Education for the Local Church*(Grand Rapids: Zondervan, 1963), 56.

7 Arn, McGavran, and Arn, *Growth a New Vision for the Sunday School*, 45.

8 Doyle W. Braden, *How to Set Up and Conduct a Weekly Visitation Program*(Nashville: Convention Press, 1982), 5.

9 같은 책, 7–19.

10 같은 책, 21–39.

11 Kenneth S. Kantzer, "Time to Look Ahead", *Christianity Today*(October 17, 1986): 17.

12 Ralph W. Neighbour, Jr., *Survival Kit for New Christians*(Nashville: Convention Press, 1979).

13 Earl Waldrup, *New Church Member Orientation Manual*, rev. ed.(Nashville: Convention Press, 1970), 4.

14 같은 책, 6.

15 같은 책, 6–7.

16 같은 책.

17 John H. Westerhoff, *Will Our Children Have Faith?*(New York: Seabury Press, 1976).

18 James H. Fowler, *Stages of Faith: The Psychology of Human Development and the Quest for Meaning*(San Francisco: Harper & Row, 1981).

19 Bruce P. Powers, *Growing Faith*(Nashville: Broadman Press, 1982), Powers는 Westerhoff와 Fowler의 연구 결과를 일목요연하게 잘 요약하고 있다. 또한 신앙 성장에 대한 자신의 생각을 제시한다.

20 Peter L. Benson and Carolyn H. Eklin, *Effective Christian Education: A National Study of Protestant Congregations–A Summary Report on Faith, Loyalty, and Congregational Life*(Minneapolis: Search Institute, 1990), 3. 또한 이 책에는 이 연구에 참여한 각 교단의 보고서도 있다.

21 같은 책, 9.

— 12장

1 Gomer R. Lesch, *Creative Christian Communication*(Nashville: Broadman Press, 1965), 12–15.

2 Floyd A. Craig, *Christian Communicator's Handbook: A Practical Guide for Church Public Relations*(Nashville: Broadman Press, 1969), 6–7.

3 George Barna, *Marketing the Church: What They Never Taught You About Church Growth*(Colorado Springs: NAVPRESS, 1988), 135–136.

4 같은 책.

5 Lesch, *Creative Christian Communication*, 21.

6 Barna, *Maketing the Church*, 137–138.

7 Mancil Ezell and Charles Businaro, *Promotion Handbook for Church Media Libraries*(Nashville: Convention Press, 1983), 9.

8 같은 책.

9 같은 책, 9–10.

10 Gomer R. Lesch, "Organize for Church Public Relations", *Church Administration* III(March 1961), 8.

11 Ralph Stoody, *A Handbook of Church Public Relations*(Nashville: Abingdon Press, 1959), 10.

12 Craig, *Christian Communicator's Handbook*, 13.

13 James A. Vitti, *Publicity Handbook for Churches and Christian Organizations*(Grand Rapids: Zondervan Pulishing House, 1987), 20–24. 아주 유익한 책이다. 저자는 기업계의 수많은 사례를 인용한다. 그러나 그것을 교회에 적용한 부분은 때로 수용하기가 쉽지 않다.

14 Lesch, *Creative Christian Communication*, 91–109.

15 같은 책, 91.

16 George W. Knight, *How To Publish a Church Newsletter, rev. ed.*(Nashville: Broadman Press, 1989).

17 Lesch, *Creative Christian Communication*, 111–125.

— 13장

1 Allen W. Graves, "Education as a Function of the Church", *The Minister of Education as Educator*, Will Beal 편집(Nashville: Convention Press, 1979), 10.

2 Will Beal, 편집, *The Work of the Minister of Education*(Nashville: Convention Press, 1976), 30.

3 Maria Harris, *The DRE Book: Questions and Strategies for Parish Personnel*(New York: Paulist Press, 1976), 5.

4 W. L. Howse, *The Minister of Education*(Nashville: Convention Press, n. d.), 7.

5 Harris, *The DRE Book*, 5.

6 Maria Harris, *Fashion Me A People: Curriculum in the Church*(Louisville: Westminster/John Knox Press, 1989).(『교육목회 커리큘럼』, 한국장로교출판사 역간)

7 Donald G. Emler, *Revisioning the DRE*(Birmingham: Religious Education Press, 1989), 149–154.

— 14장

1 James E. Means, *Leadership in Christian Ministry*(Grand Rapids: Baker Book House, 1989), 65.

2 Kenneth O. Gangel, *Competent to Lead*(Chicago: Moody Press, 1974), 84–85. Gangel은 연합심리학회 회장인 Mungo Miller 박사의 글을 인용한다. 이 글은 Miller의 "Understanding Human Behavior and Employee Motivation", *Advanced Management Journal*(April 1968)에 처음 수록된 내용이다.

3 Robert D. Dale, *Pastoral Leadership*(Nashville: Abingdon Press, 1986), 149–151.

4 같은 책, 151–153.

5 Abraham H. Maslow, *Motivation and Personality*, 3rd ed.(New York, Harper & Row, 1987), 15–22.

6 같은 책, 18.

7 같은 책, 21.

8 같은 책.

9 같은 책, 22.

10 같은 책, 136.

11 Means, *Leadership in Christian Ministry*, 69.

12 Dale, *Pastoral Leadership*, 156. Dale이 긍정문으로 작성한 내용을 나는 의문문 형식으로 바꾸어 인용했다.

13 Reginald M. McDonough, *Working with Volunteer Leaders in the Church*(Nashville: Broadman Press, 1976), 58.

14 Dale, *Pastoral Leadership*, 154.

15 Carl E. George and Robert E. Logan, *Leading and Managing Your Church*(Old Tappan, New Jersey: Fleming H. Revell, 1987), 125.

16 Ted W. Engstrom and Edward R. Dayton, *The Christian Leader's 60-Second Management Guide*(Waco: Word Books, 1984), 55.

17 같은 책, 55–56.

18 같은 책, 53–54.

19 McDonough, *Working with Volunteer Leaders*, 12–18.

20 Means, *Leadership in Christian Ministry*, 176.

21 같은 책, 179.

22 McDonough, *Working with Volunteer Leaders*, 40–41.

23 Reginald M. McDonough, *Keys to Effective Motivation*(Nashville: Broadman Press, 1979), 40–41.

24 같은 책, 71–73.

25 같은 책, 82.

26 같은 책.

— 15장

1 Marvin J. Taylor 편집. *Changing Patterns of Religious Education*(Nashville: Abingdon Press, 1984), 15–16.

2 Daniel Aleshire, "Minister of Education as Theologian", 1988년 6월 13일, 텍사스 샌안토니오의 남침례교 종교교육협회 회의에서 발표한 내용이다.

3 Harry *C. Munro*, *The Director of Religious Education*(Philadelphia: The Westminster Press, 1930), vii.

4 Dorothy Jean Furnish, *DRE/DCE–The History of a Profession*(Nashville: Christian Educators Fellowship, 1976), 84–85.

5 같은 책, 85.

6 Daniel Day Williams, "Current Theological Developments and Religious Education", *Religious Education: A Comprehensive Survey*, Marvin J. Taylor 편집(Nashville: Abingdon Press, 1960), 44.

7 Sara Little, "Theology and Religious Education", *Foundations for Christian Education in an Era of Change*, Marvin J. Taylor 편집(Nashville: Abingdon Press, 1976), 31–33.

8 같은 책, 32.

9 같은 책.

10 같은 책, 33.

11 Williams, "Current Theological Developments", 44.

12 C. Ellis Nelson, "Theological Foundations for Religious Nurture", *Changing Patterns of Religious Education*, Marvin J. Taylor 편집(Nashville: Abingdon Press, 1984), 15.

13 같은 책.

14 같은 책, 16.

15 Maria Harris, *The DRE Book: Questions and Strategies for Parish Personnel*(New York: Paulist Press, 1976), 186.

16 Nelson, "Theological Foundations for Religious Nurture", 16.

17 같은 책.

18 Don S. Browning, "Practical Theology and Religious Education", *Formation and Reflection: The Promise of Practical Theology*, Lewis S. Mudge and James N. Poling 편집(Philadelphia: Fortress Press, 1987), 79.

19 Aleshire, SBREA, 1988년 6월 13일.

20 같은 책.

21 Daniel Aleshire, "Finding Eagles in the Turkeys' Nest: Pastoral Theology and Christian Education", *Review and Expositor* 85, 4(1988년도 가을호): 702.

22 같은 책.

23 Aleshire, SBREA, 1988년 6월 13일.

24 Nelson, "Theological Foundations for Religious Nurture", 17.

25 Browning, "Practical Theology and Religious Education", 81.

26 같은 책, 82.

27 같은 책.

28 같은 책, 89.

29 같은 책, 83.

30 Furnish, *DRE/DCE–The History of a Profession*, 86.

— 16장

1 Ernest E. Mosley, *Priorities in Ministry*(Nashville: Convention Press, 1978), 12.

2 같은 책, 13.

3 같은 책, 17.

4 같은 책, 18.

5 Elizabeth O'Connor, *Call to Commitment*(New York: Harper & Row, 1963), 94.

6 MacDonald의 *Ordering Your Private World*(Nashville: Oliver Nelson, 1985)를 참고하라(『내면 세계의 질서와 영적 성장』, ivp 역간).

7 같은 책, 7–8.

8 같은 책, 48.

9 같은 책, 81.

10 같은 책, 72.

11 Elton Trueblood, *While It Is Yet Day*(New York: Harper & Row, 1974), 97–98.

12 MacDonald, *Ordering Your Private World*, 107.

13 같은 책, 163.

14 Norman Lamm, *Faith and Doubt*(New York: KTAV Publishing House, 1971), 203.

15 같은 책, 202–203.

16 같은 책, 204.

17 같은 책, 204.

18 MacDonald, *Ordering Your Private World*, 165.

— 17장

1 Ernest E. Mosley, *Priorities in Ministry*(Nashville: Convention Press, 1978), 42–43.
2 같은 책, 44.
3 같은 책, 42.
4 같은 책, 42.
5 같은 책, 47.
6 Jerry M. Lewis, *How's Your Family?*(New York: Brunner/Mazel, 1978), 8–39, 53, 88.
7 Mosley, *Priorities in Ministry*, 50.
8 Lewis, *How's Your Family?*, 54.
9 같은 책, 50, 61–62.
10 같은 책, 29.
11 Howard J. Clinebell, Jr. and Charlotte H. Clinebell, *The Intimate Marriage*(New York: Harper & Row, 1970), 25.
12 같은 책, 27.
13 Guy Greenfield, *We Need Each Other*(Grand Rapids: Baker Book House, 1984), 29.
14 같은 책, 151–152.
15 같은 책, 156.
16 Clinebell, and Clinebell, *The Intimate Marriage*, 34. Clinebell 부부는 28–34쪽에서 친밀감의 다양한 수준에 대해 탁월하게 설명한다.
17 Mosley, *Priorities in Ministry*, 64–65.

— 18장

1 Harold J. Westing, *Multiple Church Staff Handbook*(Grand Rapids: Kregal Publications, 1985), 11.
2 Marvin T. Judy, *The Multiple Staff Ministry*(Nashville: Abingdon, 1969), 37.
3 Jerry W. Brown, *Church Staff Teams That Win*(Nashville: Convention Press, 1979), 23.
4 Judy, *The Multiple Staff Ministry*, 33.
5 Westing, *Multiple Church Staff Handbook*, 16. 그는 21–22쪽에서 팀 사역의 다섯 가지 장점을 소개한다.

— 20장

1 Maria Harris, *The DRE Book: Questions and Strategies for Parish Personnel*(New York: Paulist Press, 1979), 50.

2 J. Ralph Hardee, *Church Staff Entrance and Exit: A Procedural Manual for the Minister of Education*(n. p., 1979), 10–14.

3 같은 책, 14–16.

— 21장

1 J. Ralph Hardee, *Church Staff Entrance and Exit: A Procedural Manual for the Minister of Education*(n. p., 1979), 31.

2 Maria Harris, *The DRE Book: Questions and Strategies for Parish Personnel*(New York: Paulist Press, 1976), 89–90. 여기서 교구와 관련해 교회에 적용할 수 있는 몇 가지 질문을 제기한다.

3 같은 책, 94.

4 Elwood N. Chapman, *Your Attitude Is Showing: A Primer of Human Relations* 5차 개정판(Chicago: SRA, 1987), 103–109. 일반 직장에서 일하는 사람들을 위해 쓴 글이지만, 교회 상황에도 적용할 수 있다.

5 같은 책, 105.

6 같은 책, 106.

7 같은 책.

8 같은 책, 109.

— 22장

1 D. L. Lowrie, *A Glad Beginning–A Gracious Ending*(Nashville: Broadman Press, 1988), 70. Lowrie는 목회자의 입장에서 이 글을 쓰지만, 교육 사역자와 다른 교역자에게도 적용할 수 있는 통찰이 담겨 있다.

2 Duke K. McCall, *The Tie*. 이 글은 켄터키 루이스빌의 남침례신학교 동창회지에 실린 것이다.

3 J. Ralph Hardee, *Church Staff Entrance and Exit: A Procedural Manual for the Minister of Education*(n. p.,1979), 2–3.

4 Lowrie, *A Glad Beginning*, 70–71.

5 같은 책, 66.

6 같은 책, 65–66.

7 Donald Smith, *Clergy in the Crossfire*(Philadelphia: Westminster Press, 1974).

8 Lowrie, *A Glad Beginning*, 67–68.

9 같은 책, 69.

10 Robert E. Bingham and Ernest Loessner, *Serving with the Saints*(Nashville: Broadman Press, 1970), 27.

11 Hardee, *A Procedural Manual for the Minister of Education*, 4–5.